HISTOIRE
DE
L'Hôpital-Général
DE LA CHARITÉ DE BOURGES

ET DES
SŒURS HOSPITALIÈRES
De l'Hôpital-Général

AUJOURD'HUI
SŒURS DE MARIE-IMMACULÉE

PAR L'ABBÉ BOURNICHON
CURÉ-DOYEN D'AIGURANDES
De la Société des Antiquaires du Centre et de la Société académique de l'Indre.

SAINT-AMAND
SOCIÉTÉ ANONYME DE L'IMPRIMERIE CATHOLIQUE SAINT-JOSEPH
1894

L'HOPITAL-GÉNÉRAL

DE LA CHARITÉ DE BOURGES

HISTOIRE

DE

L'Hôpital-Général

DE LA CHARITÉ DE BOURGES

ET DES

SŒURS HOSPITALIÈRES

De l'Hôpital-Général

AUJOURD'HUI

SŒURS DE MARIE-IMMACULÉE

PAR L'ABBÉ BOURNICHON

CURÉ-DOYEN D'AIGURANDES

De la Société des Antiquaires du Centre et de la Société académique de l'Indre.

SAINT-AMAND

SOCIÉTÉ ANONYME DE L'IMPRIMERIE CATHOLIQUE SAINT-JOSEPH

1894

ARCHEVÊCHÉ
DE
BOURGES

Bourges, le 21 janvier 1895.

A MONSIEUR L'ABBÉ BOURNICHON

Curé-Doyen d'Aigurandes.

CHER MONSIEUR LE DOYEN,

Je donne mon entière approbation à votre ouvrage intitulé : L'HOPITAL-GÉNÉRAL ET LES SŒURS HOSPITALIÈRES DE BOURGES, *et j'y joins mes félicitations les plus vives, parce que vous avez réussi à faire œuvre d'érudition, par conséquent, de vérité.*

Ayant entrepris de remonter aux origines de la pieuse Congrégation de nos chères Filles de Marie-Immaculée, vous avez voulu faire connaître en même temps ce que fut la charité à Bourges dans les siècles passés. Dès lors vos recherches durent être patientes et longues, car vous les vouliez consciencieuses.

C'est pourquoi j'affirme que votre travail sera lu avec grand intérêt par tous ceux qui s'occupent de notre histoire locale, mais aussi avec grand fruit par tous les esprits chrétiens; car c'est une page glorieuse que vous venez d'ajouter à l'histoire religieuse de notre cher Berry.

En effet, cette histoire d'une Congrégation née à Bourges d'une pensée de charité, et qui s'y est développée pendant deux siècles dans l'exercice de cette sublime vertu, est non seulement un témoignage de reconnaissance donné à cette chère Communauté, mais elle est aussi un hommage public rendu à notre sainte Religion, qui sait inspirer des œuvres que les événements peuvent ébranler mais non détruire, parce qu'elles portent en elles, comme l'Eglise elle-même, des germes de perpétuité.

Soyez assuré que les humbles Filles, dont vous avez si bien mérité, sauront acquitter la dette de la reconnaissance en vous accordant une part perpétuelle à leurs prières et à leurs mérites. Et moi, votre Evêque, à qui toutes les gloires du Berry sont si chères, je me fais un devoir de vous bénir et de vous remercier d'avoir contribué à les mettre ainsi en honneur et en lumière.

Recevez donc, cher Monsieur le Doyen, avec ma reconnaissance personnelle, la nouvelle expression de mes sentiments affectueux et dévoués en Notre-Seigneur.

† J. PIERRE,

Archevêque de Bourges.

PRÉFACE

Notre but, en écrivant cet ouvrage, est de dresser le frontispice de l'histoire de la vénérable Mère Louise d'Héré, Supérieure des Sœurs de l'Hôpital-Général de la Charité de Bourges, Réformatrice de cette famille d'Hospitalières qu'elle a constituée en véritable Congrégation en l'appelant à prononcer les vœux ordinaires de Religion, et première Supérieure générale des *Sœurs Hospitalières et enseignantes de* Marie-Immaculée, directement sorties des Dames et Sœurs Hospitalières de l'Hôpital-Général de Bourges.

Cette Congrégation religieuse, dont la Maison-Mère s'élève aujourd'hui place du Château-lez-Bourges, n'eut pendant longtemps d'autre maison que l'Hôpital Général pour le service duquel elle fut instituée. Pendant deux siècles et demi, elle se recruta, vécut et se développa dans cet établissement unique. Les Sœurs de l'Hôpital sont les seules qui aient pris naissance à Bourges même, qui n'en soient jamais sorties pour s'établir ailleurs pendant plus de deux siècles, et qui, à ces titres, méritent bien véritablement le nom de *Sœurs de la Charité de Bourges*.

Si les premières années de leur existence sont quelque peu obscures, elle n'ont pas de peine néanmoins à trouver d'où elles viennent, et à désigner leurs auteurs. — Elles sont les Filles de l'union charitable de tous les habitants de la Cité. L'autorité ecclésiastique et l'autorité municipale se donnèrent la main pour leur institution. Monseigneur l'Archevêque, au spirituel; le maire de Bourges, au temporel, furent et seraient encore leurs supérieurs directs, en tant qu'Hospitalières, si de ce dernier côté le lien d'union n'avait été brutalement rompu.

Après deux cent cinquante ans de soins, de dévouement prodigués aux enfants abandonnés, aux vieillards et aux pauvres de Bourges, elles méritaient mieux, hélas ! que ce qu'elles ont trouvé..... Mais elles sont les Filles du Seigneur Jésus-Christ, et comme Lui elles savent porter la Croix.....

Par un dessein de Dieu, qui nous est maintenant expliqué, leur pieuse Réformatrice donna un nouvel essor à leur zèle en les faisant Ordre enseignant, et leur créa d'autres asiles à la veille du jour où celui qui fut leur berceau allait leur être enlevé ; Dieu lui a épargné la douleur de voir ses filles quitter l'Hôpital-Général, et, pour la consoler des épreuves d'autre part, qu'il ne lui a pas ménagées, il lui a donné la joie de voir l'Œuvre nouvelle à laquelle elle les destinait, prendre de son vivant un rapide développement, gage certain du développement plus grand que lui réserve l'avenir.

Les Sœurs Hospitalières de Marie-Immaculée, dans un louable sentiment d'amour filial, ont désiré avoir la vie de leur respectable Mère, et conserver pour celles qui viendront après elles le souvenir de ses travaux, de ses mérites et de ses vertus. — Que leurs devancières n'ont-elles fait comme elles ! Nous aurions moins de difficultés aujourd'hui pour découvrir les matériaux nécessaires à cet important ouvrage, et pour faire précéder la vie de la Mère des vies des Aïeules vénérées.

Ecrire l'histoire des Hospitalières de Bourges, c'est écrire l'histoire de l'Hôpital-Général même, car elles ont été fondées pour lui, avec lui, et n'ont toujours vécu que de lui et pour lui.

De l'un et des autres, surtout aux années d'origine, les documents sont rares. L'oubli de soi, d'une part, a empêché les Sœurs de rien écrire sur ce qui les concernait particulièrement ; l'incendie, d'autre part, a détruit presque tout ce que les bienfaiteurs et les administrateurs de l'Hôpital avaient écrit.

Il a fallu de longues et patientes recherches pour recueillir le peu qui reste. Deux Sœurs des plus distinguées de l'Ordre, Sœur Augustin et Sœur Anna-Joseph, se sont dévouées à cette œuvre, sous l'impulsion de leur Révérende Mère Générale, et ont minutieusement fouillé les bibliothèques, les archives de la ville et de la préfecture, et les anciens registres de l'Hôpital. Leurs efforts ont abouti, et les documents qu'elles ont tirés de la poussière méritent d'être coordonnés et d'être mis au jour.

C'est la tâche que nous entreprenons dans cet ouvrage, qui ne sera pas inutile, nous osons l'espérer, et dont plusieurs, au point de vue local, pourront tirer intérêt et profit.

Il n'y faudra chercher ni faits saillants, ni actes héroïques particuliers et définis ; il n'y faudra chercher non plus les beaux effets de la littérature. C'est une statistique, une nomenclature, une série de documents et de délibérations ; c'est une œuvre d'antiquaire autant et plus qu'une œuvre d'écrivain.

Tel quel, ce livre sera un encouragement et un exemple pour les dignes continuatrices des *Religieuses Hospitalières de la Charité de Bourges*. — Il rappellera à plusieurs de nos grandes familles Berrichonnes, qui n'ont pas dévié des vertus et des traditions des ancêtres, combien leurs pères aimaient les pauvres de Dieu, et les aidaient, non seulement de leur fortune, mais encore de leur dévouement personnel. — Il montrera aux habitants de Bourges que l'Hôpital-Général, une des plus grandes œuvres de la Cité, est sorti de l'union intime et de la charité de toutes les classes de la société; et que c'est pour cela que le Grand roi Louis XIV, dans les lettres-patentes qui consacraient sa fondation, le dénommait: *L'Hôpital-Général de la Charité de Bourges.* — Et nos Ediles, enfin, pourront aussi apprendre que si, pendant plus de deux cents ans, cette œuvre fut féconde, elle le dut au bon accord des autorités civiles et religieuses, aux efforts combinés du sacerdoce et de la municipalité; que si nous trouvons dans son histoire dix ans de défaillance, c'est que, pendant ces dix ans, la religion manqua à cette œuvre, et qu'elle ne redevint fructueuse et prospère qu'en rappelant chez elle la Religion et les Sœurs exilées.

J. BOURNICHON,

Curé-Doyen d'Aigurandes.

LIVRE Ier

Etude préliminaire sur l'Hospitalité en général.

Quelques mots sur les établissements hospitaliers de la ville de Bourges avant la fondation de l'Hôpital-Général.

L'ancienne Maison-Dieu.

L'Hôtel-Dieu.

La Maladrerie.

La Sanitat ou Maison des pestiférés.

L'hôpital Saint-Julien.

LIVRE Ier

De l'Hospitalité en général et des premiers établissements hospitaliers de la ville de Bourges.

« Sortez un peu hors de la ville; passez à cet hôpital, et voyez cette nouvelle ville qu'on a bâtie pour les pauvres; l'asile de tous les misérables, la banque du ciel, le moyen commun proposé à tous d'assurer ses biens et de les multiplier par une céleste usure. Rien n'est égal à cette ville; non, ni cette superbe Babylone (Paris) ni ces villes si renommées que les conquérants ont bâties!... Nous ne voyons plus maintenant ce triste spectacle des hommes morts avant la mort même, chassés, bannis, errants, vagabonds, dont personne n'avait soin, comme s'ils n'eussent aucunement appartenu à la société humaine. Là, on tâche d'ôter de la pauvreté toute la malédiction qu'apporte la fainéantise, de faire des pauvres selon l'Evangile. Les enfants sont élevés, les ménages recueillis; les ignorants instruits reçoivent les Sacrements. Sachez qu'en les déchargeant vous travaillez aussi à votre décharge; vous diminuez le fardeau du pauvre, et il diminue le vôtre; vous portez le besoin qui le presse, il porte l'abondance qui vous surcharge (1). »

(1) Bossuet, *Sermon sur l'aumône*. — Edition Migne. T. VI, p. 983.

Ainsi, notre grand Bossuet, dans cette langue qui n'est qu'à lui, exaltait les beautés, les gloires et les avantages de ces monuments de la charité qu'on nomme : *Les hôpitaux*. — Et, dans un autre de ses discours, nous introduisant à sa suite dans l'intérieur de ces pieux asiles de la souffrance et de la misère, soutenues par le dévouement et l'amour, il s'écrie :

« Ce lieu où vous êtes ne vous inspire-t-il pas le désir de vous fortifier dans la charité ?.... Pour vous enflammer à cette vertu, entrez, Messieurs, dans ces grandes salles pour y contempler attentivement le spectacle de l'infirmité humaine ; là, vous verrez en combien de sortes la maladie se joue de nos corps ; là elle étend, là elle retire, là elle tourne, là elle disloque, là elle relâche, là elle engourdit, là sur le tout, là sur la moitié elle cloue un corps immobile, là elle le secoue par le tremblement. — Pitoyable variété, chrétiens : c'est la maladie qui se joue, comme il lui plaît, de nos corps que le péché a donnés en proie à ces cruelles bizarreries ; et la fortune, pour être également outrageuse, ne se rend pas moins féconde en événements fâcheux.

« Regarde, ô homme, le peu que tu es ; considère le peu que tu vaux ; viens apprendre la liste funeste des maux dont ta faiblesse est menacée ! — Si tu n'en es pas encore attaqué, regarde ces misérables avec compassion ; quelque superbe distinction que tu tâches de mettre entre toi et eux, tu es tiré de la même masse, engendré des mêmes principes, formé de la même boue ; respecte en eux la nature humaine si étrangement maltraitée, adore humblement la main qui t'épargne, et, par l'amour de Celui qui te pardonne, aie pitié de ceux qu'il afflige.....

« Va-t-en, mon frère, dans cette pensée ; c'est Marie qui te le dit par ma bouche. Cet hôpital s'élève sous sa protection ! (1) »

En commençant à écrire l'histoire d'un hôpital bâti dans la ville de Bourges, et d'une congrégation religieuse née de lui, et exclusivement vouée à son service pendant plus de deux cents ans, nous ne pouvions mieux faire que de nous inspirer des belles paroles et des fortes pensées du premier de nos orateurs chrétiens, et de les offrir comme encouragement à tout lecteur qui voudra bien nous accompagner dans cette étude forcément limitée à une seule ville, à un seul établissement hospitalier, et à une *famille religieuse* bien simple et bien modeste, mais dont le dévouement trop longtemps ignoré, n'apparaît que plus digne d'échapper à l'oubli.

Un rapide aperçu sur l'hospitalité en général, et sur les établissements hospitaliers qui existaient à Bourges, avant l'année 1657, date de la fondation de notre hôpital, nous servira d'introduction à l'histoire particulière que nous avons en vue.

Par ce mot : *hôpital*, on entend toute maison destinée à recevoir les pauvres et les malades, et dans laquelle on leur fournit, par charité, les secours temporels et spirituels.

(1) Bossuet. — Premier sermon pour la Nativité de la Vierge. Edition Migne. T. VII, p. 355.

C'est au dictionnaire de Bergier que nous empruntons cette définition; et, quelles que soient les tendances de notre époque et les efforts des ennemis de Dieu et de l'Eglise pour détourner les établissements hospitaliers de leur destination principale, et en faire simplement des asiles de bienfaisance humanitaire, où l'on n'aurait plus qu'à s'occuper des maladies et des infirmités du corps, nous ne croyons pas devoir changer les termes de cette définition. Le pourrions-nous, que nous ne le voudrions pas, certain qu'un avenir prochain rendra à Dieu ses droits, et que le funeste résultat des expériences tentées de nos jours, et que l'entêtement sectaire s'obstine seul à méconnaître, n'aboutira qu'à son triomphe, et, pour le bien des miséreux, au retour éclatant à l'ancien état de choses créé par son amour, et que son amour seul est capable d'entretenir et de perfectionner.

Un hôpital est avant tout une œuvre de charité et de religion. La philanthropie peut en avoir l'idée, même le fonder de son argent; la politique peut vouloir mettre la main sur lui pour s'en faire un instrument de règne; ni la philanthropie, ni la politique n'arriveront jamais à faire de l'hôpital un asile de fraternité, de véritable amour et de dévouement désintéressé, un centre vivifiant et moralisateur, parce qu'elles s'arrêteront toujours à la surface, et ne chercheront pas, sous le corps dégradé du malheureux qui vient demander assistance, l'âme qui le relève, l'âme qui l'égalise à ceux qui le soutiennent, qui fait de lui un autre nous-mêmes, et la vivante image de Jésus-Christ souffrant.

Sans doute, à l'hôpital, on doit prendre grand soin

du corps; et nous devons bien reconnaître qu'un hôpital n'est pas un monastère et un couvent pour ceux qu'on y reçoit, et que c'est sur le vu des souffrances et des besoins corporels qu'on y trouve un asile; mais on y doit aussi prendre grand soin des âmes, et ne pas séparer ce tout harmonieux qui constitue un homme : la matière ou le corps, qui le rapproche de la terre, et l'esprit qui l'élève au ciel. C'est le sens chrétien du mot: *hôpital*, le seul, qui, bien compris, le rende absolument utile et profitable; et c'est pourquoi, même aujourd'hui, tout en proscrivant Dieu de ces maisons de la miséricorde, on n'a pas osé leur enlever les noms de *Maisons-Dieu*... d'Hôtel-Dieu, qui marquent si bien le point de départ d'où elles viennent, et le but où elles doivent aboutir.

A proprement parler, les hôpitaux, tels que nous les comprenons, et que nous les voyons fonctionner, sont d'origine presque moderne. Les XVIe et XVIIe siècles les ont vus se multiplier et prendre promptement un merveilleux essor. Et cependant, c'est au berceau du christianisme qu'il nous faut remonter pour en trouver les vrais commencements. La pauvre masure abandonnée qui reçut Marie et Joseph repoussés de partout, le lit de paille où reposa Jésus, voilà le premier hôpital... Après la crèche, et après la croix, nous retrouvons l'hôpital en germe dans la manière de vivre des premiers chrétiens; plus tard, dans la conduite des évêques et des moines qui ouvraient leurs demeures ou leurs monastères à tout nécessiteux qui n'avait pas d'asile, à tout malade qui risquait de mourir sans secours.

Jésus-Christ n'établit pas directement d'hôpital. Il n'avait pas d'abri fixe pour lui-même, comment aurait-il pu en procurer aux pauvres qu'il faisait ses amis? Toute maison qui le recevait le jour, qui le couvrait la nuit, devenait par le fait un hôpital dans le vrai sens du mot. N'était-il pas le pauvre des pauvres, et n'avait-il pas dit de lui-même: « *Les renards ont leurs tanières, et les oiseaux du ciel ont leurs nids, mais le Fils de l'homme n'a pas où reposer sa tête.* »

(Luc, IX-58.)

Il ne vécut que d'hospitalité; et, à son tour, dans chacun de ces hôpitaux de passage qu'il sanctifiait par sa présence, il faisait entrer avec Lui les qualités, les vertus, la bonté, la générosité, le dévouement et le courage qui devaient servir de règle et de modèle à ceux et à celles qui, dans la suite des âges, se sentiraient entraînés à vouer leur vie à leurs frères malheureux.

Le chapitre X^e de l'Evangile selon saint Luc, qui contient à la fois la mission donnée aux soixante-douze disciples, la réponse du Seigneur au docteur de la loi qui l'interroge sur le moyen d'aller au ciel, la parabole du bon Samaritain, et l'accueil que Jésus reçoit dans la maison de Marthe et de Marie, est assurément un de ceux qui prêtent le plus aux méditations de l'écrivain et du penseur qui cherchent à pénétrer les origines divines de l'Hospitalité.

Tous les hôpitaux ne sont-ils pas sortis de cette parole que le Maître signale comme la parole par excellence de la vie éternelle: *Tu aimeras le Seigneur ton Dieu, de tout ton cœur, de toute ton âme et de tout ton esprit ; et tu aimeras le prochain comme toi-même ?*

Et ce prochain, qu'il faut aimer à l'égal de soi, quel est-il ? — Le misérable, abandonné, perdu, roué de coups, et dépouillé par les voleurs qui l'ont laissé à demi-mort sur le chemin ; ce pauvre que le Samaritain relève, dont il bande les plaies, et qu'il conduit dans l'hôtellerie où sa charité prendra soin qu'on achève de le guérir, et qui changera ainsi sa nature, et deviendra un hôpital.

Et ces disciples qu'il a choisis, et qu'il envoie deux à deux devant lui pour travailler à la moisson des âmes, à qui les confie-t-il ?... — A la charité de Dieu et à la charité des hommes, à l'Hospitalité. — *Allez ! ne portez ni bourse, ni sac, ni souliers avec vous... En quelque maison que vous entriez, dites d'abord : Paix à cette maison !..... Demeurez-y, mangeant et buvant de ce qu'il y aura..... Ne passez point de maison en maison..... En quelque ville que vous entriez et où vous serez reçus, mangez ce qu'on vous présentera.*

Mais, en échange de ces dons de l'hospitalité, le Maître veut que ses disciples se montrent reconnaissants, se conduisent en hommes qui rendent plus qu'ils ne reçoivent, et pratiquent envers leurs hôtes les devoirs des *Hospitaliers*.

Guérissez les malades qui se trouveront dans les maisons où vous serez reçus !.....

Et, pour bien montrer que les soins à donner ne doivent pas s'arrêter aux maladies du corps, après avoir dit : *Guérissez les malades !.....* Il ajoute : *Et dites-leur : Le royaume de Dieu est proche de vous.*

Enfin ce beau chapitre se termine par l'hospitalité qu'il reçoit lui-même à Béthanie, de Marthe et de Marie, les deux sœurs de Lazare le ressuscité. — Nous y voyons Marthe s'empresser autour de lui, chercher à prévenir ses besoins, à satisfaire à ses désirs, et devenir ainsi le modèle de la vie active, dévouée, sacrifiée et désintéressée, la vie que doivent suivre les *Sœurs hospitalières ;* tandis que Marie à ses pieds se recueille et l'admire, et devient le modèle des *Sœurs contemplatives,* dont la part nécessaire est belle aussi et est bénie de Dieu.

Dès les premiers siècles du christianisme, dit l'abbé Fleury, une partie considérable des biens de l'Eglise fut appliquée à fonder et à entretenir des hôpitaux pour les différentes espèces de misérables. La politique des Grecs et des Romains allait bien à bannir la fainéantise et les mendiants valides, mais on ne voit point chez eux d'ordre public pour prendre soin des misérables qui ne pouvaient rendre aucun service. On croyait qu'il valait mieux les laisser mourir de faim que de les entretenir inutiles et souffrants. Les chrétiens, ayant principalement en vue le salut des âmes, n'en négligeaient aucune, et les hommes les plus abandonnés étaient ceux qu'ils jugeaient les plus dignes de leurs soins. Ils nourrissaient non seulement leurs pauvres, mais encore ceux des païens. Julien l'Apostat en était confus, il aurait voulu qu'à leur imitation l'on établit des hôpitaux et des contributions pour les pauvres;

mais une charité uniquement fondée sur la politique n'a jamais produit de grands effets (1). »

Aussitôt que l'Eglise fut libre, on bâtit différentes maisons de charité, et on leur donnait différents noms suivant les différentes sortes de pauvres. Bientôt il y en eut dans toutes les grandes villes. Ordinairement c'était un prêtre qui en avait l'intendance. Il y avait aussi de riches particuliers qui les entretenaient à leurs dépens.

Si l'on ne voit point d'hôpitaux établis en France dans le commencement de la monarchie, c'est qu'alors les évêques prenaient le soin des pauvres et des malades. Il leur était ordonné par plusieurs Conciles de visiter les prisonniers, les pauvres, les lépreux, de leur fournir des vivres et les moyens de subsister. La maison épiscopale servait souvent d'asile aux pauvres, aux veuves, aux orphelins, aux malades, aux pèlerins et aux étrangers; le soin de les recevoir, de leur laver les pieds, de les servir à table, fut toujours une des principales occupations des ecclésiastiques, et, à proprement parler, les monastères alors étaient ordinairement des *hôpitaux*, où tous les pauvres indistinctement étaient accueillis et soulagés.

Ce fut néanmoins sous les rois de la première race que fut fondé de tous les hôpitaux de l'Europe et du monde le plus célèbre par son antiquité, par ses richesses, par son gouvernement et par le nombre de ses malades. Nous avons nommé l'*Hôtel-Dieu de Paris*.

(1) *Dictionnaire de Théologie*. Bergier.

Tous les historiens s'accordent à faire remonter cette maison avant Charlemagne, et en attribuent l'origine à saint Landry, évêque de Paris, l'illustre conseiller de Clovis II et de la reine Bathilde, qui signala sa bienfaisance pour les pauvres dans la famine de 651. Il fit bâtir pour eux l'Hôtel-Dieu auprès de l'église Saint-Christophe, qui dépendait alors d'une communauté de religieuses qu'on appelait du nom de ce saint. Ce fut son successeur, l'évêque Chrodobert, qui insinua aux religieuses, dites de Saint-Christophe, de commuer leur vœu de clôture contre celui de servir les pauvres. Elles le firent, et unirent leurs maisons et leurs biens à la maison de Saint-Landry, et devinrent, en 670, religieuses hospitalières de Saint-Augustin, car elles suivaient la règle donnée par ce grand saint (1).

On trouvera bon, puisque nous avons nommé l'Hôtel-Dieu, que nous donnions ici quelques détails sur cet établissement fameux qui a servi de modèle à tant d'autres.

Jusqu'au temps de Robert le Pieux, cet hôpital fut la propriété des évêques de Paris. L'évêque Raynaud en avait donné la moitié à ses chanoines; l'évêque Guillaume le leur abandonna entièrement avec l'église, en 1097. L'hôpital fut alors gouverné par le chapitre de Notre-Dame. Ce dernier y envoyait deux prêtres qui prêtaient serment au chapitre et s'occupaient de l'hospice. Ils desservaient l'église de Saint-Christophe tour à tour. Quand cette

(1) Note reçue de l'Hôtel-Dieu de Paris, sous la signature de Sœur Saint-Grégoire.

église fut érigée en paroisse, l'hôpital fut transféré au lieu où il se trouve maintenant ; ce qui probablement eut lieu sous le règne de Philippe-Auguste. Depuis, il s'agrandit d'après les besoins. En 1258, saint Louis augmente les bâtiments de cet hôpital, qui est dès lors appelé : *l'Hôpital de N.-D. de Paris.*

En 1382, la chapelle de l'Hôtel-Dieu est fondée par Oudart de Moireux, maître-changeur et bourgeois de Paris. En 1555, Antoine du Prat, chancelier, cardinal et légat, fait bâtir la grande salle, appelée depuis : la salle du Légat. De 1602 à 1606, Henri III fait bâtir la petite et la grande salle Saint-Thomas, avec les trois piliers qui sont dans la rivière.

En 1772, un incendie terrible causa de grands ravages dans cette maison. On ne put voir sans être édifié et attendri, Mgr l'Archevêque de Paris, le clergé séculier et régulier, les premiers magistrats accourus pour sauver les malades et les faire transporter dans l'église cathédrale. Le temple du Seigneur devint le refuge des fidèles souffrants, et les actions de grâces de ces malheureux échappés du danger se réunirent aux chants et aux louanges des ministres des autels.

Trente ans avant que saint Landry fît bâtir l'Hôtel-Dieu, saint Jean l'Aumônier, patriarche d'Alexandrie (620 et suiv.), se distinguait en Orient par son amour pour les pauvres, et les libéralités extraordinaires qui lui méritèrent son nom d'*aumônier*. — « Il fit construire, dit Rybadeneïra, des hôpitaux pour y traiter les malades, et d'autres pour recevoir les pèlerins, comme aussi des maisons à part pour les femmes enceintes, où elles peussent être secourues, y assignant de bons revenus pour conserver ces œuvres de piété. »

Si nous en croyons La Thaumassière, le vieil historien du Berry, saint Sulpice-Sévère, archevêque de Bourges de 584 à 596, aurait doté Bourges d'un hôpital, bien avant qu'on eût jeté à Paris les fondements de l'Hôtel-Dieu, par la création, proche son église cathédrale, de la première *Maison-Dieu* berruyère.

— Mais nous en parlerons plus loin.

Sous le grand règne de Charlemagne, et sous les rois issus de lui, l'institution des hôtelleries à l'usage des pauvres fut fort encouragée, et les évêques déployèrent tout leur zèle à favoriser l'essor de ce mouvement charitable. Dans tous les monastères s'ouvrirent des salles spéciales destinées aux mendiants, aux pèlerins et aux voyageurs. — L'Espagne alors, émule de la France, donna l'exemple de la plus admirable libéralité. Les incursions sans cesse renouvelées des musulmans exposaient les malheureux espagnols à toutes les calamités qui sont les conséquences de la guerre. Des armées de mendiants et de vagabonds sillonnaient le territoire. Que fit l'Eglise? En 1084, Pélage, évêque de Léon, construit en face de sa cathédrale une maison d'hospitalité, où les pauvres, les languissants, les infirmes, les pèlerins et les étrangers trouvent le vivre, le couvert, le repos, et, s'ils sont malades, les soins nécessaires jusqu'à leur complète guérison. — D'après la règle de saint Isidore, tous les revenus de chaque abbaye sont partagés en trois fractions égales ; l'une, pour les vieillards et les infirmes de la communauté, l'autre pour l'entretien des religieux et des enfants élevés dans l'enceinte du cloître, la troisième pour les indigents. En vertu de la charte monastique, le portier reçoit tous les hôtes qui se présentent et les confie aux soins d'un religieux qui doit veiller à ce que rien ne leur manque. Une clause spéciale lui enjoint d'accueillir les pauvres avec un visage joyeux, de leur laver les pieds, de leur assigner une chambre, et de pourvoir à tous leurs besoins. La conscience fait de cette hospitalité un devoir rigoureux.

Pour les moines dignes de ce nom, et c'était le plus grand nombre, cette pratique de la charité envers les déshérités du monde n'était pas seulement un devoir de conscience, mais aussi et plus encore un besoin du cœur. Enivrés de l'amour de Jésus-Christ que le regard de leur foi, perçant le voile d'une chair mortelle, leur montrait présent et vivant dans chacun de leurs frères, et plus particulièrement dans les pauvres, ils goûtaient une joie ineffable à se dépenser, à se dévouer au service de ce Rédempteur devenu visible dans chacun de ceux qui franchissaient le seuil de leur domaine. Tous étaient accueillis avec empressement, et l'hospitalité monastique, si lourde que fût la charge, ne chômait jamais. Ni l'insolence des grands ou de leur suite, ni les tentatives de friponnerie des faux indigents, ni les brutalités des soldats malades dont la guérison leur était confiée, ne lassaient ni ne déconcertaient cette hospitalité.

Dans les temps malheureux qui suivirent la chute de la maison de Charlemagne, les pauvres furent à peu près abandonnés. Comment auraient-ils été secourus utilement par les clercs qui avaient eux-mêmes alors tant de peine à subsister ?...

Les Croisades, en donnant un nouvel essor à la Foi, donnèrent pareillement un nouvel essor à la sainte charité.

Comme il arriva, au cours de ces lointaines expéditions, que la terrible maladie de la lèpre se développa rapidement, on accusa les Croisés de l'avoir apportée de la Palestine, où elle avait toujours sévi. La Foi qui avait fait les Croisades sut trouver des ressources pour élever des maladreries afin de combattre la lèpre.

Les maladies contagieuses des XIIIe et XIVe siècles, la peste noire surtout de 1348, rendirent indispensable la création de refuges nombreux et de nombreux hôpitaux. — La charité chrétienne se montra à la hauteur des besoins; et en même temps que des asiles nouveaux étaient ouverts, ceux qui les desservaient multipliaient les actes de dévouement et d'héroïsme.

En 1348, pendant la peste noire qui enleva près des deux tiers des habitants de l'Europe, les vertueuses filles de l'Hôtel-Dieu de Paris poussèrent la charité envers les malades jusqu'aux limites les plus extrêmes. La multitude de celles qui périrent en assistant les pestiférés ne rebuta point les autres et n'ébranla pas leur courage. Il fallut renouveler plusieurs fois la communauté pendant ces tristes jours ; mais celles qui mouraient trouvaient toujours des remplaçantes; et elles ne cessèrent pas de braver la mort tant que dura la contagion (1).

Nous terminerons ici cet aperçu général sur l'hospitalité, car nous sommes parvenus à l'époque où Bourges, la ville aux seize paroisses et aux nombreux monastères, va entrer à grands pas dans le mouvement de charité qui se dessinait autour d'elle; et comme c'est sur Bourges et sur un de ses établissements hospitaliers en particulier que nous désirons attirer et retenir l'attention du lecteur, nous lui présenterons sans plus tarder les autres établissements qui existaient dans son agglomération urbaine et suburbaine avant que fût fondé l'*Hôpital-Général* qui doit nous occuper principalement.

Ces établissements sont les suivants : 1° La Maison-Dieu de Saint-Sulpice-Sévère. 2° Le nouvel Hôtel-Dieu. 3° La Maladrerie. 4° La Sanitat, et 5° l'hôpital Saint-Julien.

I

LA PREMIÈRE MAISON-DIEU

Saint Sulpice-Sévère, archevêque de Bourges, fit bâtir l'ancien hôpital proche l'église cathédrale pour y soulager les pauvres malades; et, à côté de sa principale entrée, on fit cette inscription :

Deum time... *Pauperes sustine...* *Memento finis...*
Crains Dieu !... Aide le pauvre !... Et pense à la mort !...

Sa situation est à remarquer, proche l'église

(1) Bergier, *passim*.

cathédrale, comme il a été pratiqué en plusieurs autres villes de France ; ce qui témoigne le soin et la charité de nos anciens évêques, qui logeaient les pauvres proche de leurs maisons, afin d'avoir plus d'occasions et de facilité de leur rendre de favorables assistances et de les visiter plus souvent.

Il se trouve une charte d'Henri de Sully, archevêque, de l'an 1196, pour cet Hôtel-Dieu.

Ce bâtiment a été délaissé par les magistrats de police à notre université pour les facultés de droit et de médecine, depuis que les pauvres ont été transférés au nouvel Hôtel-Dieu, en la rue Saint-Sulpice, le 28 octobre 1527.

Extrait de La Thaumassière.
Histoire de Berry, livre II, ch. xxxiii.

Catherinot dit de son côté, dans son Opuscule sur les *Eglises de Bourges :*

« L'Hôtel-Dieu était dans le voisinage de l'église cathédrale, comme tout autre Hôtel-Dieu ; mais, pour la commodité des eaux, très nécessaires à ces sortes de maisons, il fut transporté au quartier Saint-Sulpice en 1528. (*Différence d'un an avec La Thaumassière.*) Depuis ce temps, le vieux Hôtel-Dieu a été métamorphosé en école de droit.

Hic ubi curabant ægros, jura docentur.
On apprend la justice, là où l'on guérissait.

« Alcyat y fit sa première leçon le lundy, 10 avril 1529. »

II

LE NOUVEL HOTEL-DIEU

Le nouvel Hôtel-Dieu (celui qui existe aujourd'hui dans la rue Saint-Sulpice) fut, d'après La Thaumassière, dédié, béni et livré aux pauvres, le 27 octobre 1527, par l'évêque d'Embrun.

« Ce nouvel Hôtel-Dieu a été bâti des charités des citoyens, et principalement de Guillaume de Cambray, archevêque de Bourges, et de Pierre Carré, évêque d'Orange.

« *Les maire et eschevins y établirent, en 1629, une famille de douze religieuses hospitalières, pour le service des pauvres malades*, qui sont sous la direction, pour le temporel, des maîtres et administrateurs que nomment les maire et eschevins, qui en sont les directeurs primitifs, et devant lesquels les comptes des revenus se rendent tous les ans ; et pour le spirituel, ces filles sont sous la visite et correction de Mgr l'Archevêque.

« M. Jean Taillon, chanoine en l'église du Château, et vicaire de la Sainte-Chapelle, a beaucoup contribué à l'établissement des religieuses, ayant fait construire le grand logis qui est en face, qui lui coûta la somme de cinq mille livres, comme justifie le contract du 12 mai 1629, et l'inscription qui est au frontispice de ce bâtiment. M. Jean Poujault, curé de Saint-Aoustrillet, fit construire, en 1647, le logis du chapelain ; M. Matthieu Feydeau, docteur en Sorbonne, fit bâtir la salle des enfants, l'an 1682.

« Cet Hôtel-Dieu est très bien situé, proche de la rivière, qui passe dans les jardins, spacieux et agréables. Les bâtiments sont très commodes et magnifiques. La chapelle est très belle, bien voûtée et percée. La grande salle des hommes malades est joignante à la chapelle, et d'icelle on entre dans la salle des femmes, dans laquelle est l'appartement des nourrices et des enfants. Le dortoir et le bâtiment des religieuses sont derrière. Sur le devant de la rue est un grand corps de logis bâti comme les autres de pierres de taille, où est l'appartement du chapelain et des prêtres qui desservent la chapelle, et administrent les sacrements aux pauvres malades. — Pour un si superbe bâtiment, il faudrait de plus amples revenus que ceux de cet Hôtel-Dieu qui sont très modiques. »

La Thaumassière. — *Ancien et nouvel Hôtel-Dieu — Histoire de Berry*. Livre II., ch. xxxiii.

Les mots soulignés plus haut nous apprennent qu'une *Famille de douze religieuses hospitalières fut établie à l'Hôtel-Dieu en 1629 par les maire et eschevins de Bourges.*

D'où venaient ces Religieuses ?...

Nous nous posons cette question d'ores et déjà, et plus tard nous aurons à nous la poser de nouveau pour la discuter plus à fond, car elle a pour nous, on le verra en temps, une capitale importance.

Elles venaient, c'est à croire, des Augustines de l'Hôtel-Dieu de Paris. — M. Raynal le dit en son *Histoire*, et la tradition le confirme. Pour nous, nous n'avons pu parvenir à élucider ce point.

Une lettre reçue de M. l'abbé Faure, ex-aumônier de la Grande Roquette, et écrite sous la dictée de deux religieuses Augustines de l'Hôtel-Dieu de Paris, laisse la chose à l'état de tradition.

Ce qui est certain, c'est que les religieuses hospitalières appelées à l'Hôtel-Dieu de Bourges, en 1629, y restèrent jusqu'à la grande révolution. — Or, de ce fait, qui sera amplement démontré, nous prétendons tirer un argument puissant en faveur de l'origine propre et personnelle de cette autre *Famille d'hospitalières*, créée pour le service de l'Hôpital-Général, et dont nous voulons étudier l'histoire conjointement avec celle de cet *Hôpital*.

III

LA MALADRERIE

Au XIIe siècle, les Lazarets se multiplièrent, à cause de la lèpre apportée, dit-on, des Croisades.

La multiplication des Lazarets au XIIe siècle est réelle, mais la cause qu'on lui assigne est une erreur ; plus qu'une erreur, une calomnie. Les Croisés n'eurent pas la peine d'aller chercher la lèpre en Palestine, l'horrible maladie sévissait avant eux en Europe et en France. Un savant professeur de l'Université de Liège, M. Kurth Godefroid, a vengé la vérité sur ce point, au Congrès scientifique international de Paris, en 1891 (1). Dès le IVe siècle, nous

(1) Compte-rendu du Congrès. — Sciences historiques, p. 125. *La lèpre en Occident, avant les Croisades.*

voyons saint Martin guérir des lépreux à Paris, à Levroux, dans le centre de notre Berry; et ailleurs. Fortunat, dans l'*Histoire de sainte Radegonde*, nous apprend qu'au ve siècle, il y avait beaucoup de lépreux à Poitiers, et que la sainte, par un raffinement d'héroïque charité, allait jusqu'à baiser leurs plaies et leur figure.

Bourges avait son Lazaret ou Maladrerie.

Les recherches de M. l'abbé Guidault, curé de Saint-Gaultier, publiées par la *Semaine Religieuse* de Bourges, nous permettent de donner sur cet établissement quelques intéressants détails, et d'en fixer l'origine et la fin.

« Au nord-est de Bourges, en suivant la route de Saint-Michel, vers la chaussée Jacques-Cœur, ou voie romaine, on traverse un groupe de maisons appelé le quartier Saint-Lazare, nom que la langue corrompue du Moyen Age a changé en Saint-Ladre. On remarque, à droite, une maison beaucoup plus élevée que les autres, à pignon aigu et à ramperolles, c'est la modeste chapelle de la léprerie ou maladrerie de Saint-Lazare au *faux-bourg de Saint-Privé-les-Bourges*...

« Ce fut sous le règne de Louis VII, en plein XIIe siècle, que cette léproserie fut fondée. Le titre le plus ancien que nous ayons porte la date de 1172...

« La maladrerie fut affectée au logement des lépreux jusqu'en 1616, époque où la lèpre avait disparu. Alors, elle servit de refuge aux pauvres voyageurs, ce qui était facile, vu la position à la jonction de plusieurs routes.

« Un *maître*, nommé par les maire et eschevins, et pourvu par l'Archevêque, gouvernait l'établissement à titre de bénéficier ecclésiastique. C'était un membre du clergé de la ville. Appartenant à quelque collégiale, il ne résidait pas à la léproserie. Il avait sous ses ordres un *aumônier* appelé indifféremment chapelain ou vicaire, auquel on affermait le revenu de la chapelle, le jardin et circuit, à charge *de bailler les Sacrements aux malades*.

« Un *receveur* ou *administrateur* était chargé de tous les registres, de rédiger les baux, de percevoir les revenus et rentes... Un *intendant* visitait les métairies et les divers immeubles appartenant à l'établissement.

« De cette léproserie, il reste aujourd'hui la chapelle et une maison que l'on désigne comme l'habitation même des lépreux. Une autre maison fort ancienne, tout près de la léproserie, a probablement servi de conciergerie. La chapelle, dont l'abside a été démolie pendant la révolution, sert d'habitation à son propriétaire. Elle mesure huit mètres de long sur quatre de large. La voûte, en bois, était en forme de cintre soubaissé. De petites fenêtres oblongues l'éclairaient. Elle est, à part cela, dépourvue de tout caractère architectonique. Seule, la ramperolle du pignon la signale au regard du passant. Au XVIe siècle, il devait y avoir, posé à cheval sur la toiture, un petit clocher, car un ouvrier de cette époque réclame « trois sols pour une corde mise à l'une des clouches du cloucher de la chapelle. » Pour permettre aux malades d'entendre la messe sans être vus, on avait pratiqué, à côté du porche, des ouvertures appelées : *auditoires*. Il y avait trois autels ; le maître-autel était dédié à sainte Madeleine. Outre cette chapelle, dans leur enclos, les malades avaient un oratoire dédié à saint Aignan, où ils pouvaient vaquer à la prière. »

La Léproserie de Bourges, par l'abbé GUIDAULT.
(Chez Tardy-Pigelet).

Le cimetière Saint-Lazare et la maison de Saint-Michel (noviciat et maison-mère des sœurs de la Charité) occupent aujourd'hui la plusgrande partie de l'ancienne maladrerie berrichonne. Le faubourg Saint-Ladre en a tiré son nom.

IV

L'HOPITAL SAINT-JULIEN

Cet hôpital était sis à l'intérieur des murs, tout près de la porte Saint-Privé.

Il était de petite dimension, et ne pouvait contenir qu'un nombre de pauvres bien limité.

Catherinot *(Opuscule sur les Eglises de Bourges)* nous apprend qu'en 1670 il devint la propriété des Invalides de Paris.

Il servit longtemps de refuge pour les filles repenties.

En 1731, le désordre s'y mit. — Il disparut alors et vint se fondre dans l'Hôpital-Général.

V

LA SANITAT OU MAISON DES PESTÉS

Outre la lèpre, le moyen âge offrait, à des intervalles rapprochés, diverses maladies ou contagions, toutes désignées sous un nom unique et redouté : La Peste. — Les moyens hygiéniques manquaient totalement ; de plus, l'agglomération des habitants dans des maisons où pénétraient difficilement l'air et la lumière, des rues étroites et malpropres, dont nous pouvons encore nous faire une idée par certaines ruelles de notre ville, tout, en un mot, contribuait à faire d'une maladie épidémique une effroyable contagion pestilentielle. Cet état de choses amena les autorités à fonder en dehors des murs un asile pour tous les malheureux atteints de maladies contagieuses. On l'appela *la Sanitat* ou *la Santé.*

Cet établissement public date des premières années du XVIe siècle.

M. Buhot de Kersers, le savant et consciencieux auteur de la *Statistique Monumentale du département du Cher*, en fait mention dans son important ouvrage.

« Un refuge pour les pestiférés, nous dit-il, existait à Bourges dès le commencement du XVIe siècle, près de la fontaine Saint-Ambroise; on l'appelait : La Sanitat ou La Santé. Le service y était fait par des *Moutonniers*. Probablement des employés que l'on nommait ainsi, parce qu'ils portaient les armes de la ville. »

Nous aurons à reparler bientôt de cette *Maison des*

Pestés dont les bâtiments abandonnés vont devenir le premier local de notre *Hôpital-Général*. Ce qu'on va lire ne nous démontrera que trop les causes du délaissement dont pendant plus d'un quart de siècle cette maison de refuge fut l'objet.

« En 1580, la peste qui sévissait à Paris éclata à Bourges et y fit un grand nombre de victimes. A côté d'exercices pieux qui devaient éloigner l'épidémie se commettaient des sacrilèges et des actes inqualifiables. On ne voyait dans les rues que mascarades et folies du même genre. C'est dans la maison des « Pestés » qu'eurent lieu les plus grands désordres, et les misérables chargés d'ensevelir les morts s'y distinguèrent entre tous par des excès sans nom. Il fallut décréter que si les malades s'y comportaient immodestement, blasphémaient le nom de Dieu, y commettaient paillardise, ils seraient pendus, estranglés, ou bien arquebusés, selon le rapport qu'en ferait Baudon, *barbier* des dits « Pestés. »

On s'étonnera peut-être de ce rôle confié au barbier des Pestés, mais à cette époque, presque toujours un barbier était en même temps chirurgien.

« En 1628, une nouvelle peste plus terrible que la précédente vint jeter la terreur chez les habitants du pays berrichon.

« *Ils ne mouraient pas tous, mais tous étaient frappés.*

« Au présidial il ne resta qu'un conseiller ; de l'université, un seul docteur en médecine, Jacques Leblay. Quatre Jésuites, quatre capucins et trois membres du clergé séculier affrontèrent l'épidémie pour porter les secours spirituels aux malades. Tous les autres avaient pris la fuite, ainsi que 6,000 habitants de la ville de Bourges. »

Etude sur le Berry — par Edmond PLANCHAT, publiée dans la *Revue des Deux Mondes*. 1er août 1892.

Pour les aider à conjurer ce fléau, le maire et les échevins firent appel au dévouement des religieuses de l'Hôtel-Dieu de Paris. Douze d'entre elles furent envoyées, et se conduisirent si bien pendant tout le temps que sévit l'horrible mal, qu'on ne voulut pas les laisser repartir. On installa à l'Hôtel-Dieu, en 1629, celles qui avaient survécu. Et la *Sanitat* fut abandonnée.

Nous signalons à l'attention des magistrats civils et des conseillers municipaux qui ont remplacé les maires, échevins et conseillers d'autrefois les lignes suivantes du vieux La Thaumassière :

« En 1628, il mourut de peste 5000 personnes ; et entr'autres les sieurs Girard et de la Garde, eschevins. Les maire, eschevins, et les 32 conseillers de la ville, ordonnèrent des prières publiques, le dimanche 8 d'octobre 1628, pour appaiser la colère de Dieu, et par ce moyen le cours de la maladie contagieuse. Ils firent vœu en l'église des Pères Jésuites d'aller en pèlerinage à Notre-Dame de Liesse, et d'y offrir à la sainte Vierge, en actions de grâces, la représentation de la ville de Bourges en relief d'argent, et de faire tous les ans une procession générale de l'église de Saint-Etienne en celle des PP. Jésuites, *à laquelle assisteront les maire et eschevins en robbe de livrée, après s'être confessés et communiés.* — Le vœu fut accompli le 21e jour de juin 1629. »

Histoire de Berry. — Liv. I, ch. VI.

Quelle différence avec ce que nous voyons aujourd'hui ! — Il y a deux siècles, nos édiles ordonnaient des processions et des prières publiques, y assistaient eux-mêmes, en grande pompe et en grand cortège, après s'être dévotement approchés des Sacrements; ceux qui occupent à présent leur place ont interdit les processions, et supprimeraient, s'il ne tenait qu'à eux, toute cérémonie religieuse dans l'enceinte de la cité.

Et cela vaut-il mieux ?...

Mais ne récriminons pas; contentons-nous d'observer et d'attendre, et laissons à Dieu le soin, à son heure, de ramener tout dans l'ordre voulu de Lui.

N'avons-nous pas vu déjà sa main s'appesantir bien durement sur celui qui eut le triste courage, pour se créer une popularité factice, de signer la suppression de ces magnifiques processions de la Fête-Dieu, qui mettaient tout Bourges et ses alentours en mouvement, et l'inondaient pendant une semaine entière de foi, d'amour et de bonheur ? — Pouvons-nous oublier que l'année même de cette suppression funeste, le deuil le plus cruel étant venu le frapper, le reposoir construit derrière les grandes portes de Saint-Etienne empêcha ces portes de s'ouvrir pour laisser entrer le cercueil qui contenait les restes de son épouse ?... Et le cortège nombreux qui suivait ce cercueil, cortège composé de tout ce que la ville et le département avaient de plus grand, de plus haut, dut entrer par la porte des pauvres dans la maison de Dieu...

Et nunc erudimini qui judicatis terram !...

LIVRE II

Fondation de l'Hôpital-Général de Bourges.

Les causes de cette fondation.... Guerre de la Fronde et les misères qui en furent la suite, dans le Berry surtout.... Influence de saint Vincent de Paul.... Réunion à l'hôtel-de-ville, d'où sortit l'Hôpital-Général.... Les noms des premiers fondateurs et des plus insignes bienfaiteurs de l'Hôpital.... Construction et clôture.... Règlements d'administration temporelle et spirituelle.... Lettres-patentes du roi Louis XIV, confirmant l'existence de l'Hôpital-Général et lui assurant de nombreux privilèges.

LIVRE II

Fondation de l'Hôpital-Général.

I

DE 1650 A 1657.

Richelieu était mort.

Mazarin, avec la reine-mère, exerçait le pouvoir pendant la minorité du roi enfant qui devait être le grand roi Louis XIV.

Les princes et les seigneurs supportaient difficilement l'autorité du cardinal-ministre. En protestant de leur fidélité au roi, ils s'étaient ligués contre le puissant cardinal.

De là les troubles ou guerres de la Fronde.

Or, à cette époque, le prince de Condé était gouverneur de Berry; il était en même temps le principal chef de la Fronde, et marchait à la tête des princes et des seigneurs coalisés contre Mazarin.

Il paraîtra peut-être extraordinaire que, de ce fait, nous voulions tirer un des principaux motifs de la création de l'Hôpital-Général; mais, pour nous, c'est un fait d'évidence. L'Hôpital-Général procéda des misères qui suivirent la Fronde, comme l'effet procède de la cause. Les troubles et les désordres de cette guerre intestine, dont Bourges et le Berry furent l'un des principaux théâtres, amenèrent dans la ville et dans la province un débordement de misère effroyable. Il fallut créer un asile d'importance aux mendiants sans nombre, aux malheureux de toutes sortes qui en étaient issus.

Faisons la preuve de cela.

Si on ne voit la Fronde que dans les mémoires de ses héros et de ses héroïnes, elle paraît une guerre moitié sérieuse, moitié bouffonne ; *une « guerrette »* comme l'appelle Tallemant des Réaux, où les dentelles se mêlent aux cuirasses, les petits vers et les chansons aux coups d'épée et aux batailles. »

Regardons-la sous un jour plus véritable, et faisons le compte des résultats de ces marches de troupes pendant dix ans, des pillages, des incendies, des famines, des épidémies, et nous trouverons que si la Fronde ne fut qu'une intrigue pour les seigneurs, elle a été pour le peuple la plus douloureuse des guerres.

Avant de parler de Bourges et du Berry, parlons de Paris et de la France.

Les hostilités n'ont pas plutôt commencé contre les princes, le parlement et la cour, qu'à Paris toutes les relations habituelles de la vie régulière sont interrompues, brisées. On a beaucoup de peine à approvisionner la ville. Il faut des postes au marché pour maintenir l'ordre dans les jours de cherté ou de pénurie, des escortes pour assurer l'arrivée des convois, des piquets pour défendre les boucheries et les boulangeries.

Dans les environs, c'est bien autre chose : « Les gens de guerre se mettent dans les fermes, font battre le blé, et n'en veulent pas donner un pauvre grain aux maîtres qui leur en demandent par aumône. »

Lettre d'Angélique Arnaud, abbesse de Port-Royal, 7 janvier 1650.

A mesure qu'on s'éloigne de Paris, les maux augmentent. La Champagne est ravagée par les soldats mercenaires que Mazarin avait soudoyés et ne payait pas, la Normandie par l'armée que le duc de Longueville y avait recrutée.

Au midi, souffrances horribles. Les ravages de la guerre amènent la peste. A Marseille, à Aix, c'est une fuite générale. Dans les provinces du Centre, la Bourgogne, le Bourbonnais, le Nivernais, l'Anjou, on n'entend parler que de villages entiers détruits. Une diminution effrayante de la population s'en suit. On ne paye plus les taxes. Le nombre des mendiants augmente tellement que Nevers, le 29 mai 1650, est obligé d'établir aux frais de la ville, avec les appointements de *cent sols par mois*, un *chasse-pauvres*, ou *chasse-coquins*, revêtu d'une robe aux livrées de la municipalité, et qui prêtait serment entre les mains des échevins ; mesure renouvelée des plus mauvais jours du Moyen Age, aux époques de peste.

Histoire populaire de la France. (Henri Martin.)

En Berry, les choses se passaient de façon non moins fâcheuse, et peut-être pire encore.

Nous l'avons dit, le prince de Condé était gouverneur de Berry. Il avait d'abord pris le parti du Roi; mais, froissé dans son orgueil, « après s'être repenti trois cents fois en trois jours, » comme le dit le prince de Rohan, il s'était enfin déclaré pour le parlement. Arrêté et enfermé à Vincennes avec son frère, le prince de Conti, et son beau-frère, le duc de Longueville, dès qu'ils furent relâchés, ils ne pensèrent qu'à la vengeance. — Le prince de Conti s'était installé à Bourges, et s'y conduisait en maître tout-puissant. Il fit arrêter le maire de Bourges, Claude Biet, qui montrait trop de fidélité à la cause du ministre et du Roi, et le fit incarcérer dans la citadelle de Montrond, qui appartenait à Condé.

Le Berry était ravagé par les amis autant que par les ennemis.

« Plusieurs troupes s'avancèrent dans la province, sous prétexte de la conserver, qui la ruinèrent..... — M. le comte de Saint-Aignan, qui avait remplacé le prince de Condé au gouvernement de Berry, fit un régiment sous son nom, composé de trente compagnies, qui furent distribuées dans la province et dans les paroisses, ce qui augmenta le désordre... — Le Berry fut très fort ravagé, épuisé par la Fronde; la misère y sévit plus qu'ailleurs... — Une députation composée du sieur Lebègue, maire, Hodeau, échevin, et Lelarge, avocat, fut envoyée au Roy, pour obtenir retrait ou décharge des gens de guerre qui y faisaient débauche; cette démarche fut sans résultat... — Une visite que fit le Roy à Bourges, en 1652, et pour laquelle la ville et les habitants durent se mettre en frais, ne fit qu'augmenter la misère... »

Toutes ces citations sont empruntées à La Thaumassière.

Liv. III, p. 137et autres.

La princesse de Condé, avec son fils, s'était retirée à Montrond. Les troupes royales firent le siège de cette place. En même temps, autour de Bourges, on se battait à Baugy, à Mehun, à Dun-le-Roi, etc... — « Pendant le siège de Montrond, dit encore La Thaumassière, la province fut exposée au pillage des gens de guerre de l'un et de l'autre parti, qui volaient impunément, enlevaient les bestiaux, battaient les granges, et faisaient toutes sortes de dommages. »

Liv. III, p. 243.

Catherinot dit, de son côté : « La ville n'était pas remise des maux causés par la peste effroyable de 1628, lorsque, en 1652, Dieu ajoutant le dernier et le plus terrible des fléaux à nos malheurs passés, fit de la province le théâtre sanglant d'une guerre funeste et un objet de désolation, après avoir souffert le passage des armées, le brigandage des soldats et la ruine de nos campagnes. »

CATHERINOT... *Discours politique* sur l'établissement de l'Hôpital-Général.

Ces citations de deux historiens locaux, contemporains des événements qu'ils racontent, dont l'un, Catherinot, qui excellait dans le vers latin, a écrit de l'autre :

Non metuit morbos, non lites, bella, tumultus,

. . . .

Thaumasius... solum promere falsa timet.

Sir Thaumas de La Thaumassière
N'a craint fléaux, procès, ni guerre;
Mais il a très fort redouté
De manquer à la vérité.

nous montrent plus que suffisamment quel degré de misère dut se déchaîner alors sur le Berry, et expliquent les moyens exceptionnels qu'on dut chercher pour y subvenir. — L'un desquels fut l'Etablissement de L'HOPITAL-GÉNÉRAL.

L'Hôpital-Général de Bourges procéda donc des misères causées par les guerres intestines d'alors. Il procéda aussi, par l'entraînement et par l'influence de l'exemple, d'une autre cause que nous ne ferons qu'indiquer.

Pour venir en aide à toutes les misères du temps, la charité chrétienne, qui n'est jamais en défaut, s'ingéniait de tout son pouvoir.

Un homme fut alors suscité de Dieu pour grouper les efforts, et réchauffer les âmes de la flamme du dévouement, de l'amour et du sacrifice.

Qui n'a reconnu déjà et nommé Vincent de Paul, la plus haute personnification de la charité que le Christianisme ait produite, lui qui en a produit tant d'autres, et de si belles; l'*Intendant de la Providence*, le *Grand Aumônier de France*, celui que le gouverneur de Saint-Quentin appelait : *Le Père de la Patrie.*

« Cet humble prêtre s'était donné la mission de guérir toutes les blessures, de soulager toutes les souffrances causées par la guerre. Saint Vincent de Paul nourrit la Lorraine, la Champagne et la Picardie dévastées. Dans son zèle infatigable, il court au-devant de toutes les misères pour les consoler. Les trésors de la charité sont inépuisables dans ses mains. Il recueille les enfants que leurs mères selon la nature ont abandonnés, il devient leur père selon la grâce, et leur donne d'autres mères. Il ouvre des hôpitaux pour les malades, les vieillards et les incurables, et, afin de perpétuer dans l'avenir tant d'œuvres fécondes dont il data son siècle, il crée cette institution admirable des *Sœurs de la Charité*, la merveille du monde, et la démonstration vivante de la divinité de la Religion catholique (1). »

Cet homme apostolique cherchait chaque jour de nouveaux moyens de procurer au prochain tous les secours spirituels et corporels. Ce fut lui qui procura et dirigea la fondation des hôpitaux de la Pitié, de Bicêtre, de la Salpêtrière et des Enfants-Trouvés. — Cela pour Paris seulement. — En dehors des faubourgs, il fonda encore l'hôpital de Saint-Laurent, celui du Nom de Jésus, pour quarante pauvres vieillards, et celui de Sainte-Reine, en Bourgogne, au diocèse d'Autun, qui devint si célèbre.

Pour procurer des secours encore plus efficaces aux pauvres et aux malades, Vincent de Paul, de concert avec Mlle Legras, forma le dessein de choisir un certain nombre de filles auxquelles on apprendrait à servir les malades, et que l'on formerait aux exercices de la vie spirituelle. Les premières que l'on trouva entrèrent chez Mlle Legras, qui se chargea de les loger et de les entretenir, et qui travailla de toutes

(1) DARRAS... Abrégé. — T. IV, p. 265.

ses forces à les rendre capables de ce qu'on attendait d'elles. Leur modestie, leur douceur, leur zèle à remplir leurs devoirs et la sainteté de leur vie charmaient tous ceux qui eurent l'occasion de les voir. Leur nombre s'augmenta insensiblement, et devint bientôt considérable. Tels furent les commencements de cette compagnie connue sous le nom de *Filles de la charité*.

On est étonné de voir faire de si grandes choses à un homme qui n'avait rien de recommandable du côté de la fortune ou de la naissance, même du côté du talent, et qui était dépourvu de ces qualités brillantes qui attirent l'attention et l'admiration du monde. Mais que ne peuvent l'amour de Dieu et l'amour du prochain réunis?... Et Vincent de Paul était plein de ces deux amours. A la Cour, on le regardait comme un ange envoyé du ciel, et il jouissait, dans la France tout entière, de la plus grande vénération.

C'était en 1655, que Vincent de Paul, au milieu de difficultés que tout autre que lui aurait jugées insurmontables, avait fondé le grand Hôpital-Général de *La Salpêtrière*. — Quoique les moyens de publicité ne fussent pas expéditifs alors comme ils le sont devenus depuis, et qu'il fallût plus d'un jour pour porter les nouvelles d'un bout de la France à l'autre, le bruit de cet établissement, néanmoins, n'avait pas tardé à se répandre partout. — En Berry, où des besoins non moins urgents réclamaient la fondation

(1) Godescard, *Vie de saint Vincent de Paul.*

d'une œuvre similaire, il dut nécessairement attirer l'attention des magistrats civils et des hommes de charité et de dévouement; et nul doute que la fondation de cet hospice et l'immense impulsion donnée par le saint prêtre aux œuvres de charité n'aient eu, moins de deux ans après, une influence considérable sur la détermination que prirent les magistrats de la ville, maire, échevins et autres, de provoquer l'assemblée générale des citoyens d'où devait sortir la fondation de l'*Hôpital-Général*.

On a dit, s'appuyant sur je ne sais quel document, que l'Hôpital-Général de Bourges avait était construit par suite de l'Edit de Colbert, imposant l'établissement d'un hôpital dans toutes les villes et dans tous les bourgs du royaume. Il n'y a pas à tenir compte de cette assertion, et une seule preuve suffira. — L'Edit royal est de 1662; notre Hôpital est de 1657. — Il avait donc devancé l'Edit de cinq années. Que si l'on veut parler d'un autre Edit de Colbert, daté de 1656, et ayant trait à la *Salpêtrière*, nous ne nions pas que cet édit particulier n'ait pu avoir une influence indirecte mais réelle, et cela vient à l'appui de la seconde cause que nous avons indiquée.

II

Nous allons maintenant tâcher de reproduire sur le vif, la physionomie de cette assemblée de tous les principaux citoyens de Bourges, dans laquelle fut discutée et décidée la fondation de notre hôpital, en nous inspirant pour la peindre, des souvenirs, des noms, des considérants, et bien souvent des phrases et du texte même du bon Catherinot, auteur contemporain, qui fut administrateur de l'Hôpital-Général, et qui, à ce titre, lui portait un intérêt et un dévouement qui percent dans tous ses écrits.

Donc, le quatrième jour de décembre de l'an de grâce 1657, le roi Louis XIV régnant, Mgr Anne de Lévy de Ventadour, occupant le siège archiépiscopal de Bourges ; et Son Excellence, messire Philippe de Clérambault, Maréchal de France, étant gouverneur et bailly de Berry, pour le Roy...... Les maire et échevins de Bourges convoquèrent en assemblée extraordinaire les trente-deux conseillers de ville, tous les officiers municipaux et royaux, les députés du clergé, et un grand nombre de notables habitants et commerçants par quartiers, dans la grande salle de la *Maison-commune*, ou Hôtel-de-Ville (1).

Presque tous ceux qui avaient été convoqués s'empressèrent de répondre à l'appel. On distinguait parmi eux les représentants des principales familles, les prieurs des abbayes, les membres notables de l'Uni-

(1) Appelée par La Thaumassière: L'hôtel-commun de la ville. Ledit Hôtel-de-Ville, bâti aux frais de la cité en 1488, après l'incendie du prieuré de *Notre-Dame de la Comtal*, en 1487, où se tenaient auparavant les réunions communes, fut délaissé en 1683, pour le palais de Jacques-Cœur. — Il fut acheté par les *Pères* Jésuites... Il existe encore aujourd'hui. — C'est le petit collège annexé au Lycée.

versité,* et la plupart des curés des seize paroisses.

Quand tout le monde fut réuni, le maire, Messire Pierre Gayault, écuyer, sieur de Mennetou, alla s'asseoir dans la haute chaire de la maison de ville, et, ayant à ses côtés les quatre échevins, Messires Nicolas Tourtier, écuyer, sieur de Lutz, — Gabriel Desfriches, écuyer, sieur d'Aubilly, — Noble Léonet Guinet, écuyer, sieur de la Trays, — et Jacques Bourges, écuyer, sieur du Boucher et de la Vaudelle, il salua l'assemblée, et annonça que l'objet de la réunion était de délibérer sur la nécessité et la fondation d'un Hôpital-Général à Bourges, dans lequel on réunirait tous les mendiants, vagabonds, malades et miséreux, fondation que les calamités du temps et l'insuffisance de l'Hôtel-Dieu rendaient indispensables (1).

Alors Messire Gayault donna la parole au sieur Claude Lelarge, advocat de la ville, pour exposer la question. — Ledit Claude Lelarge, en termes de choix, bien appuyés et bien déduits, démontra: « Que la nombreuse population de la ville de Bourges, la multiplicité des pauvres et les besoins de l'humanité, prescrivaient depuis longtemps l'établissement d'un hôpital. — Que cet établissement serait un ouvrage, non seulement de charité, mais encore de police...., non seulement d'utilité, mais encore de nécessité...., non seulement pour la commodité des hommes, mais encore pour la gloire de Dieu.... — Que l'hospital servirait à retrancher de grands vices

(1) Catherinot dit: « M. Gayault composa un excellent discours de cet établissement, et le fit imprimer en 1659 à Paris. » Nous n'avons pu mettre la main sur ce discours.

et de grands crimes.... : et qu'au contraire il servirait à pratiquer de grands biens et de grandes vertus.... ; que les gueux originaires s'appliqueraient au travail, et que les gueux étrangers qui sont sans adveu, sans règle, et fort souvent sans loy, ne se répandraient plus dans la ville, par la crainte d'être enfermés au dit hôpital et chastiés.... ; que les pauvres cesseraient d'être oisifs et, par conséquent, d'être misérables et vicieux.... ; que les riches appliqueraient plus méritoirement leurs aumônes, et qu'ils seraient moins incommodés par les fâcheux dans les églises, les rues et les maisons. »

A quoi le sieur Jean Torchon, receveur des deniers communs de la ville, répondit : « Qu'il était bien d'advis de l'utilité et de la nécessité de l'hôpital projeté ; mais que l'état des finances communales ne permettait pas une si grosse entreprise.... Que les frais de la guerre civile, les régiments à entretenir, les rigueurs des partisans, les indemnités réclamées par ceux qui avaient subi des pertes, une taxe de 3.000 livres perçue par chacun an par ordre du Roy, les réparations si souvent nécessaires aux murs et portes de l'enceinte, les frais de la destruction et du déblaiement de la Grosse-Tour, etc..., avaient porté la dette à plus de 300.000 livres... (RAYNAL, tome IV, p. 336). Qu'il fallait songer à cela, et qu'avant de décider la fondation, il fallait adviser aux moyens. »

Sur ce, le sieur Bourdaloue, échevin sortant d'exercice, demanda la parole et dit : « Qu'il était à sa connaissance, en effet, que la ville ne pouvait présentement trouver dans ses caisses assez d'argent pour bâtir l'hôpital ; mais qu'à défaut d'argent, elle pouvait au moins donner l'emplacement du dit, et même, jusqu'à développement plus grand et constructions nouvelles, les bâtiments indispensables à une installation provisoire. — « En dehors de la ville, sur les « bords de l'Yèvre, et près des marais de Taillegrain, « nous avons les bâtiments de la *Sanitat*, abandonnés « depuis la dernière peste. Il est à espérer que de « longtemps une nouvelle épidémie ne rendra pas « ces bâtiments nécessaires à leur destination primi« tive. Pourquoi ne s'en servirait-on pas pour établir « et commencer l'hôpital projeté, et pour tâcher de « supprimer graduellement par cette institution le « fléau de la mendicité que les grandes aumônes « des communautés religieuses ne suffisent plus à « contenir dans des limites raisonnables ? Car ces « grandes aumônes ont diminué, et diminuent « encore par l'appauvrissement continu des chapitres « et des monastères et par l'augmentation de leurs « dépenses ; tandis que le nombre des indigents « s'accroît de jour en jour.... »

Un murmure approbatif de toute l'assemblée montra qu'on goûtait ce discours. Le maire ayant pris l'avis des échevins, et voyant que tous les conseillers présents semblaient être de cet avis, déclara que la proposition faite par le sieur Bourdaloue ne trouverait pas d'opposition dans l'assemblée de ville, et que d'ores et déjà il s'engageait à donner les bâtiments et dépendances de la *Sanitat* pour établir et installer l'Hôpital-Général.

Alors, du milieu de la foule, une voix s'éleva. C'était le sieur Cemeuve, un simple bourgeois, un marchand qui parlait :

« Puisque l'emplacement est trouvé, dit-il, puisque la ville fournit le premier local, il n'y a pas à hésiter. Il faut aller ferme de l'avant. Les bâtiments de la *maison des Pestés* ne sauraient suffire. Il faut qu'ils soient agrandis ; il faut de plus qu'ils soient appropriés et enclos. Cela peut entraîner à des dépenses considérables. Mais il n'y a pas de dépenses trop grosses quand tout le monde en prend sa part. Nous avons tous à gagner, nobles, clercs, bourgeois et marchands, à ce qu'on ne voie plus courir par nos rues et nos places ce flot de mendicité qui nous inonde. Qu'on établisse une souscription de tous ! Que des quêtes soient faites par quartiers ! Que tout le monde donne, peu ou prou, en argent ou en nature, selon sa générosité et ses moyens... Et l'hôpital ne tardera pas à être élevé et doté !... »

Une acclamation unanime accueillit ces paroles chaleureuses et vibrantes. Quand l'émotion fut calmée et le silence rétabli, M. Jean Guénois, curé de Saint-Ambroix, demanda à son tour la parole et dit : « Qu'il était autorisé par Mgr l'archevêque, absent pour le service du Roy, et par tous ses honorables collègues du clergé, à déclarer qu'ils étaient prêts à s'associer à toutes les mesures prises pour la création de l'hôpital, et à y subvenir par leurs propres ressources. Que loin de s'opposer à la quête demandée par le sieur Cemeuve, ils la feraient eux-mêmes dans les églises, ouvriraient leurs portes et leurs bourses aux quêteurs, et aideraient de toutes leurs forces à la fondation d'un établissement qui devait être si utile aux pauvres, à la ville de Bourges et à la Religion. »

Tout le monde étant d'accord, la résolution suivante fut arrêtée et votée séance tenante :

« En assemblée faicte et tenue à l'hostel et maison-commune de la ville de Bourges, par devant Messieurs le Maire et Eschevins d'icelle, et Messieurs les commissaires députés d'un chacun quartier, pour l'establissement de l'Hospital-Général, le quatrième de décembre (1) mil six cent cinquante-sept, sur la proposition faite par M. Cemeuve.

« A esté conclu et arrêté à la pluralité des voix que le plus tôt que faire se pourrait, Messieurs les Eschevins de chaque quartier, accompagnés des dits sieurs commissaires, se transporteront dans toutes les maisons pour demander et recepvoir d'un chascun..... Et sera tenu registre de ce qui sera reçu de chascun des particuliers, et estat du nom, et de la somme que les dits voudront donner pour les retirer en temps et lieu. Mesme que l'on ira chez Messieurs les ecclésiastiques pour retirer de chascun en leur particulier leurs libéralités. Et Monsieur le Doyen de l'église de Bourges sera informé du desseing qu'on a permis de faire la queste pour le dit hôpital, en particulier chez

(1) La délibération porte le huitième décembre. Ce doit être une erreur de celui qui l'a écrite. Nous la ramenons à la date donnée par tous les auteurs : le quatrième jour de décembre.

Messieurs les ecclésiastiques, dont Monsieur... *(pas de nom)* sera chargé. »

La délibération que nous venons de copier est signée des deux noms suivants :

GAIAULT, maire.

TOURTIER DE LUTZ.

Catherinot nous a conservé les noms des citoyens désintéressés et zélés qui, mûs par l'amour de Dieu et du prochain, se dévouèrent à aller tendre la main dans toutes les maisons de Bourges pour créer un abri aux pauvres et aux délaissés. Nous donnons tous ces noms ici ; c'est un titre d'honneur que les survivants de ces noms dans notre ville et dans la province ne récuseront pas.

« Voici, dit Catherinot, les noms des citoyens de Bourges qui furent nommés en l'Hôtel-de-Ville, le 4 décembre 1657, pour faire la première queste nécessaire à un si saint établissement.

1° Pour le quartier de Bourbonnoux, que nos anciens nommaient plus correctement : *Bourbonnais*.

MM. BONNET DE GENNETOY, conseiller,
BIGOT DE CONTREMORET, trésorier de France,
GASSOT DE LIZY, président en l'élection,
Et GASSOT DE DÉFEND.

2° Pour le quartier d'Auron :

MM. LABBE DE CHAMPGRAND, conseiller,
DUCOING D'ACON, esleu,
GUÉNAIS DE PRUNAY, receveur des décimes,
Et COUSIN DE LA BREUILLE.

3° Pour le quartier de Saint-Sulpice :

MM. Gougnon du Bois de Vèvre, avocat du Roy et son conseiller,
Debrielle du Coudray,
Léveillé de la Grigossaine,
Et Thibault.

4° Pour le quartier de Saint Privé :

MM. Hodeau de Tronçay,
Bourges Lainé de la Vaudelle,
Prévost,
Et Ragneau.

III

BIENFAITEURS DE L'HOPITAL-GÉNÉRAL

L'élan qui s'était manifesté pour la création de l'Hôpital ne s'arrêta pas sur son premier feu. On s'aperçut bien vite que l'œuvre avait été comprise et était passée dans l'âme de la cité. Il est bien rare qu'une entreprise nouvelle ne rencontre pas quelque traverse dans ses commencements. L'Hôpital-Général offrit cela de remarquable qu'il recueillit à son début une approbation universelle, et qu'une louable émulation s'empara de tous les ordres ecclésiastiques et séculiers pour contribuer à l'envi à son établissement. Personne ne voulut rester en dehors d'une œuvre si belle. Les commissaires passèrent partout, chez le pauvre comme chez le riche ; et, malgré la rigueur des temps, firent abondante collecte. On établit des *boîtes* et des troncs dans les églises, au coin des rues, à la porte des communautés, des couvents et des édifices publics. Le peuple donnait son obole; le noble et le bourgeois faisaient des dons proportionnés à ce qu'ils possédaient.

« Il faut avouer que la plus grande merveille de ce « nouvel établissement a esté de voir la conspiration « amoureuse et soudaine de tous les esprits; les « efforts extrêmes que la charité des habitants a déjà « faits, apparemment par-dessus ses forces, l'ouver-« ture libérale des bourses, et un élargissement « universel de tous les cœurs, en un temps où la « misère publique devait les resserrer naturellement, « et les fermer aux actions de miséricorde pour se « soulager soi-même dans sa propre nécessité. En « quoi on a reconnu par une expérience sensible ce « que l'Ecriture sainte nous enseigne; *que la miséri-« corde triomphe de toutes les misères; que toutes les eaux « des afflictions ne la sauraient éteindre dans les âmes « généreuses; que sans être beaucoup riche, l'on peut être « bien libéral;* et que, selon le mot de saint Augus-« tin: *Quiconque a la charité dans le cœur, trouvera « toujours en sa main de quoi faire l'aumône.* »

Discours politique sur l'établissement de l'Hôpital-Général dans la ville de Bourges, inséré, sous le n° 30, parmi les opuscules de CATHERINOT conservés au Grand-Séminaire.

L'auteur que nous avons déjà cité plusieurs fois, et qui est bien le meilleur guide que nous puissions suivre, fait un très long dénombrement des premiers bienfaiteurs de l'Hôpital. Tout en s'excusant de ne pouvoir les nommer tous, il tâche pourtant de n'oublier personne.

« Il importe qu'ils soient connus publiquement, dit-il, afin qu'ils reçoivent une petite partie de ce qu'ils méritent en ce siècle, en attendant la récompense grande au royaume des cieux; et afin que la postérité prenne la résolution de bien faire aux pauvres à leur exemple. »

Nous entrerons dans l'esprit de notre auteur, et résumerons ce qu'il dit des Bienfaiteurs de l'Hôpital, regrettant seulement de ne pouvoir tout citer dans son style un peu naïf, mais si honnête et si chrétien.

En tête, après le *Dieu* très bon et très grand auquel il envoie son premier hommage, il place le Roy, qui, pour la construction de l'Hôpital, fit abandon de son droit de régale. — Et ce n'était pas un don sans valeur; car, après le décès de Mgr de Ventadour, qui eut lieu dans les premières années de l'Hôpital, le siège de Bourges fut vacant pendant deux années entières.

Immédiatement après le Roy, il nomme les deux archevêques qui ont occupé le siège métropolitain de l'époque de la fondation à celle où il écrivait : Mgr Anne de Lévy de Ventadour et Mgr Jean de Monpezat. Le premier, bienfaiteur insigne entre tous, s'était épris d'un bel amour pour le nouvel établissement. Indépendamment des secours qu'il lui avait prodigués de son vivant, il lui légua par testament une somme de 8000 livres, dont nous verrons l'emploi plus loin.

Quoique Catherinot prenne grand soin d'avertir que, dans l'énumération des Bienfaiteurs, il n'entend pas préjudicier aux préséances des corps en général, et des personnes en particulier, *l'hôpital étant un lieu sans façon et sans cérémonie*, il ne manque pas néanmoins de donner à chacun la place qui lui revient, et il fait défiler devant nous, comme Bienfaiteurs de l'Hôpital, les gouverneurs, intendants, conseillers, procureurs, officiers municipaux et royaux, qui ont aidé l'Hôpital de leur argent ou de leur influence.

Passant aux membres du clergé, il n'omet aucune abbaye, collégiale, communauté religieuse ou paroisse, tellement, que les pages qu'il consacre à cette énumération donnent une idée complète de l'état religieux de la ville à cette date. — Mais il cite de façon spéciale Mgr Colbert, évêque de Mâcon, trésorier de la sainte Chapelle de Bourges; M. le Chevalier de Vieux-Bourg, abbé de Saint-Ambroix, MM. les curés de N.-D.-de-Fourchaud, de Saint-Pierre-du-Marché, et de Saint-Aoustrille-du-Château. — Et enfin deux insignes libéralités de gens d'église, celle de M. l'abbé de Saint-Fargeau, de l'illustre maison de Châteaubodeau, qui institua les pauvres ses héritiers, et celle de M. Carré, qui abandonna librement à l'Hôpital toute la rétribution qu'il avait reçue pour avoir prêché l'Avent à la cathédrale en 1661.

La longue énumération se continue ensuite à travers les nobles, les bourgeois, les marchands et les ouvriers. — Mention spéciale est faite de ces bons ouvriers qui donnèrent, les uns gratis, les autres à des prix modérés, leur travail pour l'édification de l'Hôpital, la construction du neuf, ou la réparation du vieux, et de ces pages, où on ne lit que des noms, il ressort avec une évidence qui va au cœur, que tout le monde à Bourges, depuis le plus petit jusqu'au plus grand, voulut poser sa pierre au monument de la Charité.

Citons encore quelques noms « de ces bons citoyens « dont les libéralités charitables s'exercent tous les « jours en faveur de l'Hôpital, par les troncs et *boëtes*, « toutes les principales fêtes de l'année par les quêtes, « et tous les ans en deniers, en blés, en vin, en « laine, ou autres espèces de denrées, de quelque « manière que ce soit, car tout sert à l'Hôpital-Géné« ral qui est une maison d'ordre et d'économie » ; citons-les, comme dit Catherinot, « *digérés par l'ordre « fortuit des lettres, afin d'éviter toute contestation pour la « priorité.* »

Messieurs Agard, Bigot, Bourdaloue, Brifacier, Chenu, Claveau, Foucault, Gassot, Georges Guénois, Heurtault, Jaupitre, Labbe, Lebègue, Lelarge, Maillet, Rigolet, Tullier.

Et parmi les dames de qualité : Mme de Maubranches, Mme de Tullier, Vve Régnier des Chaises, Mme Le Maréchal, Vve de La Croix, Vve d'Estat, Mme Esterlin, Mme Barathon, Vve Depardieu, Mme Boisseau, Vve Corbin de La Renardière, etc., etc.

Nous terminerons cette longue nomenclature des Bienfaiteurs de l'Hôpital, que nous avons, à notre regret, dû beaucoup raccourcir, par le nom de Mgr Barjon, qui a droit de prendre rang immédiatement après Mgr de Ventadour.

« L'un des principaux bienfaiteurs entre les citoyens particuliers de cette ville, c'est Mgr Barjon, seigneur de Vouzay et de Pierrelay, et de Lutz. Il a été longtemps directeur de l'Hôpital et longtemps receveur. Comme il a l'expérience de plus d'un demi-siècle dans les affaires, il a mis celles de l'Hôpital au meilleur état où elles pouvaient être. Tous les registres nous représentent sa main en plusieurs pages. Enfin, pour comble de ses charités, il a fait bâtir un pavillon qui accompagne celui de Mgr l'Archevêque. Il est secondé dans ses charités par MM. Sarrazin de Soulangy, et d'Orsenne de Coulon, ses gendres. »

Tout ce qu'on vient de lire sur les Bienfaiteurs de l'Hôpital est résumé du *Manuel* de Catherinot sur l'Hôpital-Général.

IV

CONSTRUCTION DE L'HOPITAL

Les ressources trouvées, on s'appliqua à les employer au mieux des intérêts des pauvres.

L'ancien local de la *Sanitat* fut tout d'abord affecté aux services de l'Hôpital-Général.

C'était un long parallélogramme, partagé en plusieurs corps de logis, qui s'étendaient sur la rive septentrionale de la rivière l'Yèvre.

On l'appropria pour l'usage auquel on le destinait; et afin d'isoler les futurs pensionnaires de la Charité, et de les empêcher d'aller vagabonder par monts et par vaux, et de se soustraire à la surveillance nécessaire, on ceignit de murs tout l'espace réservé aux

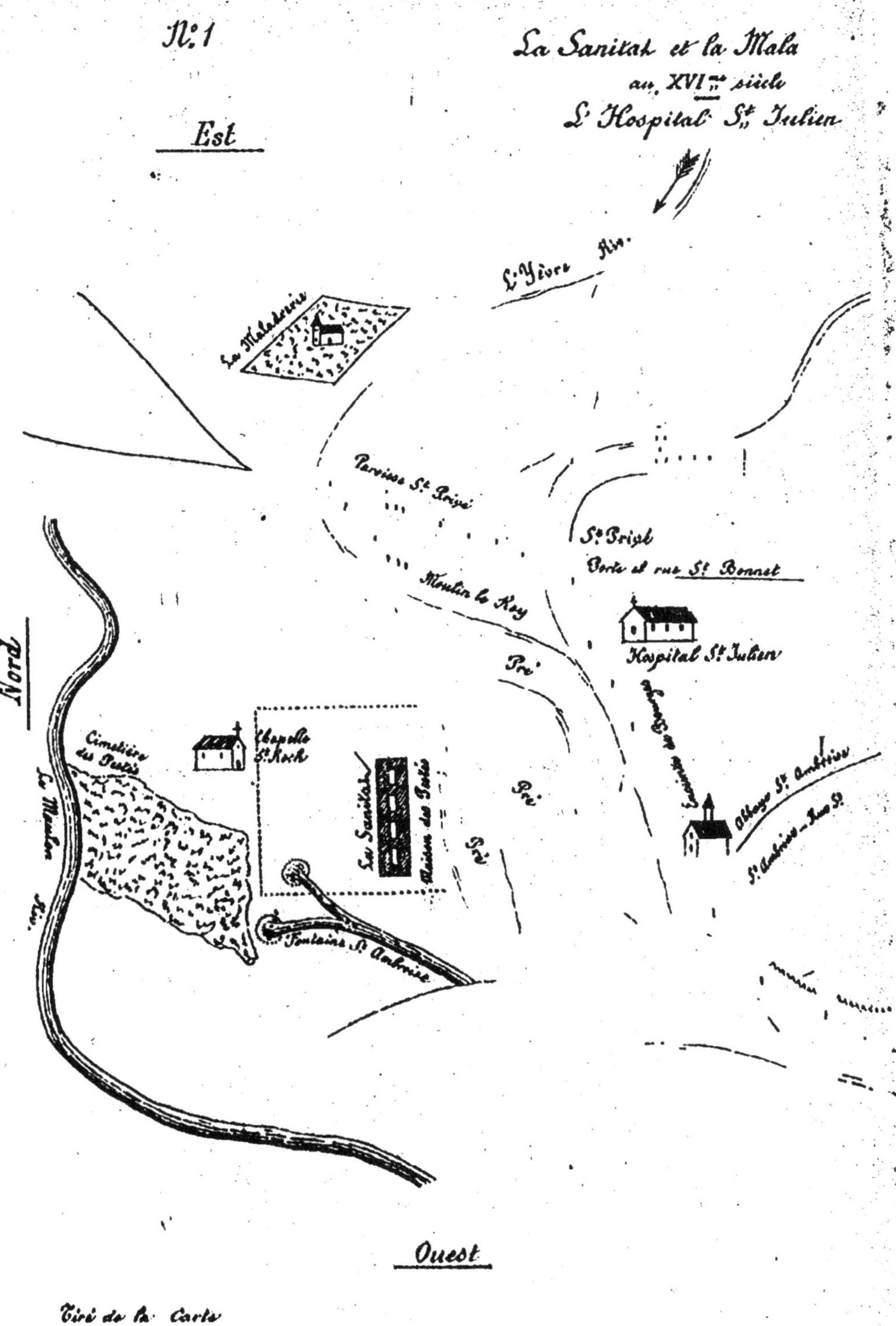

Tiré de la Carte

Le vray pourtraict de la Ville de Bourges,
Capitale du païs et Duché de Berry – 1567.

Plan sans mesures exactes
tracé de souvenir après la visite faite à l'hôpital avec Mr. Roch
le 8 Xbre 92.

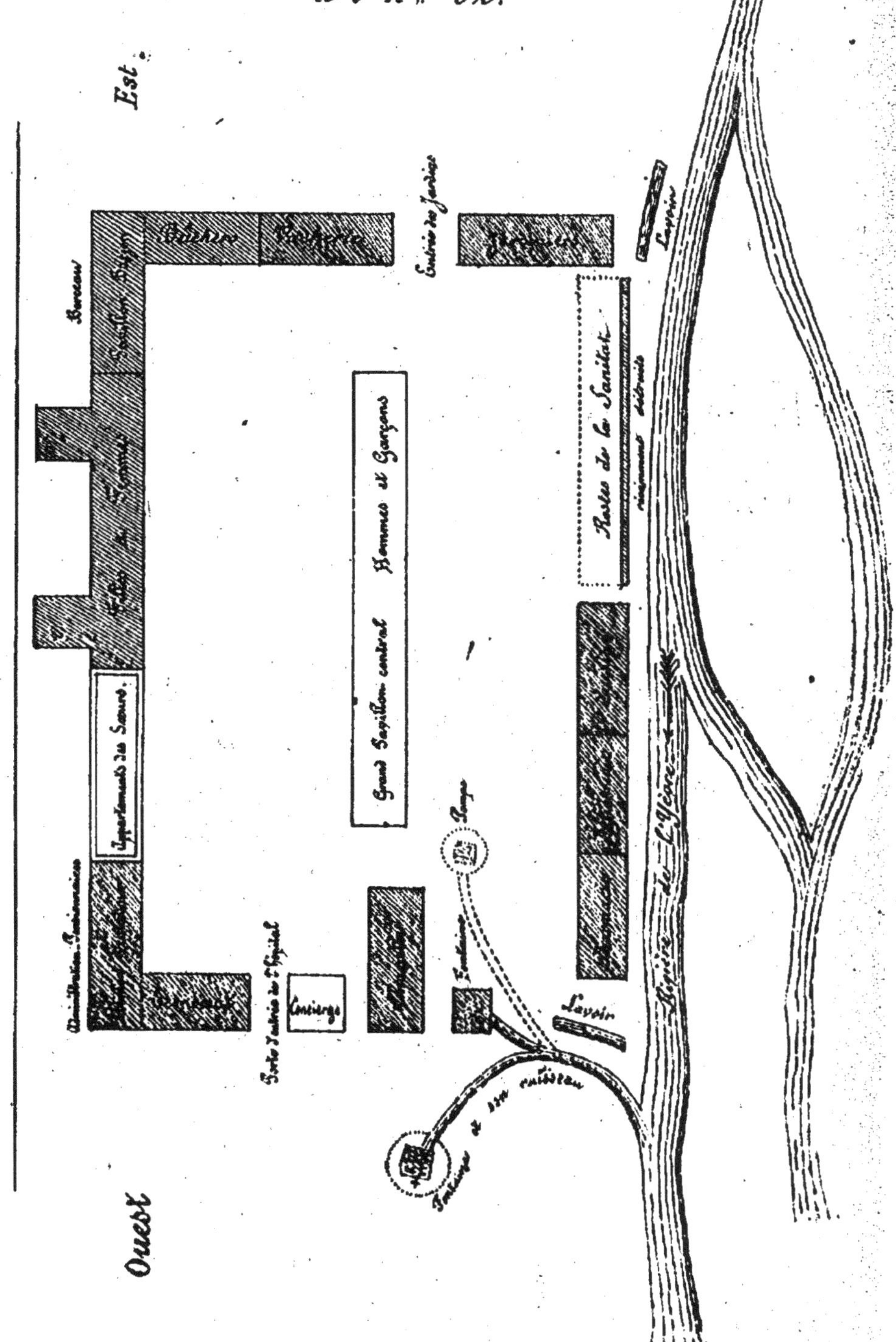

Les bâtiments teintés marquent les anciennes constructions

futurs bâtiments, et aux cours et préaux indispensables pour un vaste hôpital.

Les deux plans ci-annexés, permettront de se rendre compte :

1° De la position de l'ancienne *Sanitat.*

2° Des constructions qui la complétèrent à l'origine.

3° De l'état présent de l'Hôpital-Général.

Les parties teintées sur la plan n° 2, indiquent ce qui reste des constructions primitives... Les parties blanches indiquent les constructions modernes.

Nous emprunterons à la *Statistique monumentale* de M. de Kersers, président de la Société des Antiquaires du Centre, la description des constructions anciennes de l'Hôpital-Général.

« Il existe encore en bas de la cour, un long bâtiment peu élevé, à pignons saillants, qui doit avoir fonctionné à cette époque (c'est-à dire à l'origine), probablement celui qu'éleva, en 1564, Belyveau Jean, placé près de la rivière, au milieu des marais. Il ne fait guère honneur à l'intelligence hygiénique du temps. »

Depuis que M. de Kersers écrivait ces lignes, le vieux bâtiment a été détruit ; il n'en restait plus qu'un long tronçon de mur, coupé à hauteur de clôture, le long de la rivière, lorsque je visitai l'Hôpital (8 décembre 92) en vue de ce travail. Cette longue muraille croulante est tout ce qui nous reste de *l'ancienne maison des Pestés* ou *Sanitat.*

Ces premiers bâtiments de la Sanitat furent complétés par la construction des Pavillons de Ventadour et Barjon, le premier bâti au moyen de 4000 livres, prises sur les 8000 qu'avait léguées Mgr de Ventadour, le second, bâti entièrement aux frais de Mgr Barjon.

Le mur d'enceinte, les cuisines et différentes annexes, furent construits avec les revenus de la régale et les dons, quêtes et souscriptions des particuliers.

On attribue à l'infirmerie, qui date de la même époque, une origine bien différente.

Deux gentilshommes de Bourges s'étant battus en duel, l'un d'eux fut tué. Le meurtrier, en réparation de l'homicide dont il s'était rendu coupable, donna de bon gré, ou fut condamné à donner la somme nécessaire à l'érection d'un pavillon, qui constitua l'infirmerie de l'Hôpital-Général (1).

C'est une des anciennes traditions conservées chez les Sœurs de l'Hôpital. Cette légende, à supposer que ce ne soit qu'une légende, se rapporte parfaitement aux faits et aux mœurs du XVIIe siècle. Elle est fort vraisemblable ; mais rien dans nos recherches ne nous permet d'en certifier la vérité.

Citons encore M. de Kersers :

« Au nord-ouest de la cour s'élève un pavillon qui porte des écussons. Il est facile de reconnaître les armes archiépiscopales de Mgr de Lévis de Ventadour qui portait :

> Ecartelé, au 1er d'or et de gueules de six pièces ; au 2e bandes d'or et de gueules de six pièces ; au 3e de gueule à trois étoiles d'or, 2 et 1 ; au 4e d'argent au lion de gueules — et sur le tout un écusson échiqueté d'or et de gueule (2).

« Il reste, au nord de la cour, un long bâtiment à deux étages avec deux avant-corps... La porte est

(1) Notes de la Communauté.

(2) Quand M. de Kersers décrivait ainsi les armes de Mgr de Ventadour, le marteau du démolisseur ne s'était pas acharné sur ces armes. Aujourd'hui les meilleurs yeux n'y peuvent voir autre chose que les glands et la cordelière. Tout l'écusson est martelé.

encadrée de bossages; au-dessus est un fronton soutenu par deux consoles; à l'intérieur les solives sont apparentes. »

. . . .

« Un autre pavillon à l'angle ouest est analogue... Sans doute celui qui fut bâti par Mgr Barjon, seigneur de Vouzay.

. . . .

« Un autre bâtiment à l'extrémité orientale de la cour, porte aussi un écusson, mais tellement détruit que la reconnaissance en est impossible. Le portail qui donne accès au jardin du fond est à rampants et à volutes. La porte d'entrée est voûtée de plein cintre, à bossages, avec clef saillante; elle est accompagnée d'une petite porte. Au-dessus de la corniche est une niche accostée de rampants terminés en volutes. Tous ces bâtiments paraissent proches de la fondation officielle 1657. »

. . . .

« La chapelle porte la date de 1691. La porte est accostée de deux fenêtres basses. Le haut de la façade est meublé de trois niches. L'intérieur est voûté en plâtre, accosté de deux chapelles latérales. Le chevet est cassé. »

Le lecteur qui visiterait aujourd'hui l'Hôpital, et qui désirerait se reconnaître au milieu de ces descriptions techniques, empruntées au savant président de la Société des Antiquaires du Centre, trouvera :

1° Le pavillon de Ventadour, dans la partie occupée

par les bureaux de l'administration, et les pensionnaires payants de l'Hôpital.

2° Le pavillon Barjon, dans la partie qu'occupe le Berceau, là où sont soignés avec tant d'amour les enfants recueillis.

3° Le bâtiment du nord de la cour, avec ses avant-corps, abrite les filles et les femmes, celles qu'on nomme : *les jeunesses !* Sans doute parce qu'elles touchent, pour la plupart, à ce bout de la vie où l'on redevient enfant.

4° Les jardiniers occupent le vieux bâtiment de l'extrémité orientale.

5° La pharmacie, l'infirmerie et les cuisines sont aux mêmes locaux d'autrefois. La chapelle est proche de la grande porte d'entrée.

Voilà pour les anciens bâtiments.

Le grand et magnifique pavillon central, construit tout récemment, et qui, par conséquent, n'appartient pas à cet ouvrage, est occupé par les hommes et les garçons.

Les appartements des Sœurs, remis aussi à neuf, sont au nord, entre le pavillon Ventadour et le vieux bâtiment des femmes.

V

ADMINISTRATION ET RÈGLEMENT TEMPORELS

Nous ne parlerons que des règlements primitifs de l'Hôpital-Général, et parmi eux nous citerons intégralement le premier de tous, qui, modifié par la suite des temps, à mesure que l'expérience faisait connaître qu'il fallait ajoûter ou diminuer quelque chose, a néanmoins établi la tradition administrative qui n'a cessé d'être suivie pendant plus de deux siècles, avec une interruption de quelques années aux jours mauvais de la Révolution de 93. Ce règlement servira à démontrer dans quel esprit de zèle, de dévouement, d'amour de Dieu et de ses frères, d'union intime de l'élément ecclésiastique avec l'élément civil, notre Hôpital fut fondé et presque toujours dirigé.

Voici ce règlement : *Il est non seulement remarquable par cette circonstance d'être le premier en date, mais en outre par ceux qui en sont les autheurs.*

(CATHERINOT. *Manuel de l'Hôpital.*)

1er TITRE. — Articles accordés pour l'establissement de l'Hospital-Général, entre Monseigneur l'Archevêque de Bourges, Anne de Lévy de Ventadour, et MM. les Maire et Eschevins.

2° DIRECTEURS. — Il y aura neuf directeurs ou administrateurs, savoir : trois ecclésiastiques et six laïques. -- Les trois ecclésiastiques seront choisis par Monseigneur l'Archevêque et le clergé, et les six laïques par mesdits sieurs maire et échevin et conseil de ville.

3° EXERCICE. — Lesdits administrateurs exerceront ladite charge et administration pendant trois ans seulement, sans pouvoir être continués après les dites trois années, en chacune desquelles seront changés trois desdits administrateurs, savoir, un ecclésiastique et deux laïques.

4° CHAPELAIN. — Monseigneur l'Archevêque cèdera son droit et pouvoir (tant pour luy que pour ses successeurs) qu'il a d'instituer, *pleno jure*, les ecclésiastiques nécessaires pour le service divin, administration des sacrements et instruction des pauvres dudit hospital, et consentira que la présentation lui en soit faite par les administrateurs, lesquels lui nommeront le double du nombre qui en sera besoin pour en faire choix par iceluy archev. de ceux qu'il jugera le plus capables de s'acquitter de cette charge et des dites fonctions, et leur en donnera les lettres d'institution, sans néanmoins que lesdits ecclésiastiques puissent prétendre ladite commission en titre de bénéfice, mais seront destituables *ad nutum*.

5° CHANGEMENT DE CHAPELAIN. — Mon dit seigneur l'Archevêque pourra destituer et congédier lesdits ecclésiastiques sur les plaintes qui lui seront faites par lesdits directeurs et administrateurs et, en tous autres cas, selon son droit; auquel cas de destitution ou congé, ou que les dits ecclésiastiques fussent sortis ou décédés, il en sera nommé et institué en leurs places, ainsi qu'il est dit ci-dessus.

6° JURIDICTION. — Lesdits administrateurs pourront admettre et congédier les pauvres, les domestiques et *officiers laïques* dudit hôpital, même les pourront corriger, sauf la juridiction, laquelle appartiendra aux maire et échevins.

7° RECEVEUR. — Le receveur ne pourra exercer que trois années ladite recette, et aura voix délibérative au bureau.

8° DÉPENSE. — La dépense dudit hospital sera réglée par chaque semaine en l'assemblée desdits administrateurs, et les mandements signés de ceux qui seront présents à la dite assemblée, au nombre de trois pour le moins, sans qu'aucun denier puisse être délivré qu'en vertu desdits mandements.

9° CONTROLE. — Il y aura un registre de contrôle pour la recette, et un autre registre pour les mandements; chacun desquels registres sera tenu par l'un des administrateurs, le tout écrit de luy, et les feuilles paraphées par le maire ou par l'un des échevins en son absence.

10° BUREAU. — Le bureau où s'assembleront les dits administrateurs sera estably dans l'enceinte et étendue dudit hôpital, si faire se peut, sinon au lieu le plus proche et commode qu'il se pourra.

11° ASSEMBLÉES. — Les assemblées se tiendront au bureau chaque jour de mardy, à deux heures de relevée. Les administrateurs ecclésiastiques auront les premières places au dit bureau.

12° PRÉSÉANCES. — Monseigneur l'Archevêque présidera esdites assemblées, et en son absence, le plus ancien des administrateurs ecclésiastiques; et lorsque lesdits maire et échevins seront audit bureau pour l'exercice de leur juridiction, auront la présidence en l'absence de mon dit seigneur.

13° CONSTRUCTIONS. — Les administrateurs ne pourront entreprendre de construire ou démolir aucuns bâtiments dans ledit hospice sans l'authorité, avis ou participation de mon dit seigneur l'archev. et mes dits sieurs maire et échevins.

14° COMPTES. — Le Receveur sera tenu rendre compte par chacun an, en l'assemblée desdits administrateurs audit bureau le premier jeudy d'après la feite de Pâques, par devant mon dit seigneur et mes dits sieurs maire et échevins, en laquelle assemblée, si ledit seigneur est présent, il présidera, et en sôn absence les maire et échevins, sans que le jour de la reddition des comptes puisse être avancé ou reculé, sous quelque prétexte que ce soit.

15° DATE. — Fait et arrêté à Bourges, double, ce 29 mai 1658.

Ainsi signé :

ANNE DE LÉVY DE VENTADOUR.
P. P. arch. de Bourges.
GAYAULT,
TOURTIER DE LUT,
GAYNET,
DESFRICHES et BOURGES.

Ce premier règlement sur lequel l'Hôpital fut fondé ne tarda pas à subir quelques modifications qui, du reste, n'en changèrent ni l'esprit ni le sens général. La plus importante fut qu'au lieu de neuf directeurs, on décida qu'il y en aurait douze, quatre ecclésiastiques et huit laïques, et qu'ils exerceraient quatre ans au lieu de trois ans.

Le règlement du 29 mai 1658 fut suivi d'un autre, le 20 décembre 1661, qui doit être considéré comme un annexe nécessaire et le complément du premier. Il entre plus particulièrement dans les détails de l'administration, et indique à chaque directeur de service ce qu'il doit faire pour le bon ordre et l'entretien de l'Hôpital. — Certes, ce n'était pas une sinécure que les dignes citoyens qui se dévouaient au service des pauvres avaient acceptée ! Ils en comprenaient tout l'honneur, mais ils en subissaient aussi et généreusement toute la charge. Ils se partageaient à tour de rôle la surveillance effective de la maison, et s'y succédaient de trois jours en trois jours. — Nous ne voyons pas, à l'origine, qu'il y ait eu d'autres supérieurs (ou supérieures religieuses) de l'Hôpital que les administrateurs eux-mêmes. — Ils prennent soin directement de mettre en œuvre les officiers, officières et domestiques de la maison, — les surveillent et les *corrigent charitablement* au besoin ; ils vont à domicile faire les quêtes pour les pauvres, et recueillir les aumônes des particuliers. Deux des membres ecclésiastiques sont commis à la surveillance du service divin, à l'entretien de la chapelle et de la sacristie, et doivent s'assurer que le chapelain remplit exactement ses fonctions pour l'enseignement et l'édification des pauvres de l'Hôpital. — Le blé, le pain, le bois, les dons en nature, les constructions nouvelles et les réparations aux bâtiments, les affaires contentieuses, etc., etc., tout est prévu, ordonné, partagé, dans ce second règlement, et chacun de MM. les administrateurs en accepte sa part.

Le Révérend Père abbé de Saint-Sulpice et M. le curé de Saint-Jean-le-Vieux se sont chargés du service divin, etc.

. . . .

Le Révérend Père Prieur de l'abbaye de Saint-Ambroix et M. Picault se sont chargés de veiller sur les officiers, etc.

. . . .

MM. Lelarge, chanoine de l'église de Bourges, et du Massé se sont chargés de faire recueillir les grains et les dons des églises, les aumônes des chapitres, etc.

. . . .

MM. de La Grégossaine et Bourges auront le soin et se sont chargés de faire les provisions de charbon, gros bois et fagots nécessaires, etc.

. . . .

MM. du Genetay et Barjon auront le soin et se sont chargés de poursuivre tous les procès qui concernent le dit hôpital, tant en demandant que défendant, jusqu'à sentence et arrêt définitif, etc.

. . . .

MM. Gassot et Bigot se sont chargés et auront le soin de recevoir les dons et les legs qui seront faits au profit dudit hôpital, etc., etc.

VI

LE RÈGLEMENT SPIRITUEL DE M. COUVRANT

Les deux règlements d'administration temporelle qu'on vient de lire, furent suivis d'un troisième que nous croyons devoir reproduire intégralement, car c'est de deux ou trois articles de ce règlement que nous allons voir sortir la famille religieuse dont l'Hôpital fut le berceau, et qui n'eut longtemps d'autre règle que la tradition qui se forma, d'après les différents services qui lui étaient confiés, sur ce règlement spirituel du docte et pieux abbé Couvrant.

Laissons encore parler Catherinot.

« Ce troisième règlement *est bien le plus nécessaire de tous, car il est pour le spirituel.* Il fut dressé sur la fin de l'année 1663 par M. Couvrant, très digne ecclésiastique, chapelain de l'Hôpital-Général. Il est écrit d'un style populaire afin qu'il soit plus intelligible... C'est le style ordinaire de tous les livres pleins d'onction et de piété...

... Le titre en est ainsi conçu :

RÈGLES

POUR L'HOPITAL-GÉNÉRAL DE BOURGES

LEVER

1° — Il y aura *une Sœur* préposée pour sonner la levée, qui sonnera en hyver à six heures du matin, savoir : depuis la my-octobre jusqu'à la my-avril ; l'été à cinq heures du matin, savoir. depuis la my-avril jusqu'à la my-octobre.

2° — La levée sonnée, la *même Sœur* ira dans les dortoirs des femmes et des filles pour les faire lever et habiller avec la modestie chrétienne.

3° — Levées et habillées, et après qu'elles auront fait leurs lits, *Elle* les fera ranger dans le réfectoire pour, devant quelques images, leur faire faire les prières ordinaires de la maison, comme étant la première chose que tout chrétien doit faire avant le travail, pour y pouvoir obtenir bénédiction ; et soignera aussi que la *gouvernante des enfants* les fasse pareillement prier Dieu.

4° — Les prières faites, *Elle* en choisira pour ballier les chambres et dortoirs, et fera ranger les autres dans les chambres destinées pour le travail, qu'elle leur fera commencer par un signe de croix, en disant : Mon Dieu, nous vous offrons le travail que nous allons faire, et vous prions d'y donner votre sainte Bénédiction !

5° — Elle commencera par celles du réfectoire, pendant que les autres iront placer et accommoder leurs rouets, puis les ira trouver pour les faire commencer, ainsi qu'il est dit à l'article 4.

6° — Elle aura soin que les balléieuses portent toutes les ordures en un lieu qu'elle leur destinera, éloigné des portes, afin que les avenues n'en soient point salies ni empêchées.

. . . .

Voilà comme Elle s'occupera et fera occuper tout le monde jusqu'à la sainte Messe.

MESSE

7° — La cloche sonnante, Elle les fera sortir du travail sans bruit et sans clameur, les conduisant toutes à l'église devant elle, deux à deux dans la modestie des filles sages.

8° — Etant derrière elles, Elle observera leur maintien et leurs postures, pour, dans la chambre, reprendre et corriger leurs fautes ou immodesties.

9° — La messe de communauté qui sera celle que toutes personnes de travail entendront, se sonnera à 8 heures en hyver, et à 7 en été.

10° — Au retour de la messe, celles qui voudront déjeûner auront un petit quart d'heure (pourquoi la Sœur aura un sable), puis recommenceront leur travail comme à l'article 4, jusqu'au dîner.

DINER

11° — Le dîner sonnera à dix heures en tout temps. Pour lors chacun quittera son travail sans bruit, prendra sa soupe et son écuelle, et s'en ira au réfectoire pour y dire tous ensemble le *Benedicite* et, après dîner, les *Grâces*. Le temps depuis 10 heures jusqu'à 11 sera donné tant pour dîner que pour se récréer.

12° — A onze heures chacun reprendra son travail comme le matin, article 4.

13° — A midi ou à une heure, *la Sœur* leur fera une lecture spirituelle pendant le temps d'une demi-heure ou d'une heure, selon la commodité qu'elle aura.

14° — La lecture finie, on sera une heure sans parler, pensant et ruminant sur ce qu'on aura entendu lire.

15° — A deux heures, celles qui voudront goûter le pourront, sans pourtant sortir de leurs places.

16° — Sur les trois ou quatre heures, la joie étant recommandable, la Sœur prendra un livre de chansons spirituelles, afin que leur en apprenant de spirituelles, elles bannissent de leurs esprits les mondaines et déshonnêtes qu'elle ne leur permettra jamais de dire.

17° — A quatre heures et demie en hyver, on sonnera la cloche de l'église pour les prières et l'examen de conscience, où tout le monde se trouvera.

SOUPER

18° — A cinq heures en hyver, et à six heures en été, on sonnera le souper, où tout le monde ira au réfectoire comme en l'article 11. En hyver, il y aura une lampe allumée pour voir donner le souper, s'il fait obscur.

19° — Le temps de souper et de se récréer durera une heure, et cette heure finie, elles reprendront leur travail comme à l'art. 4, et travailleront ainsi jusqu'à 8 heures 1/2, que *la Sœur* fera commencer le chapelet en une des chambres, pour l'aller commencer elle-même en une autre chambre, ce qu'elle fera alternativement tous les soirs en chaque chambre.

20° — En été, après le chapelet, on viendra dans

l'églisc pour les prières et l'examen de conscience, avec la même modestie qu'à la messe.

21° — A neuf heures, en tout temps, tout le monde se couchera modestement et sagement, sans bruit et sans clameur... A quoy la Sœur prendra garde, faisant tous les soirs un tour par les dortoirs, et en ce, faisant mettre ordre de donner les lits aux nouvelles venues.

22° — Un des grands soins de la Sœur sera de faire communier toutes les personnes dont elle aura soin, du moins aux quatre fêtes annuelles, et aussi les nouvelles venues, dans le temps de huit à dix jours.

23° — *Elle représentera aux Damoisellesqui ont soin de l'entretien les personnes qui auront besoin, se contentant de cela, ne les importunera point.*

24° — Elle ne laissera personne quitter son travail à toute heure, ni sans savoir pourquoi; ni les laissera point non plus vendre les hardes les unes aux autres.

25° — *La Sœur ne sortira point sans nécessité, comme pour aller quérir ou vendre les laines ou filaces; il sera même très à propos qu'elle en avertisse, le matin ou le soir précédent, les Demoiselles, afin que pendant qu'elle sera en ville, elles veillent sur les fileuses.*

26° — Quand elle sera obligée de sortir, elle prendra, autant que faire se pourra, le temps depuis la messe jusqu'au dîner, ou mieux encore depuis le dîner jusqu'au souper; et fera en sorte de se trouver toujours à la maison à toutes les heures qu'elles doivent changer ou commencer le travail.

27° — Les fêtes et les dimanches, elle ne laissera personne jouer dans la cour avant la messe de communauté, où elle soignera que tout le monde se trouve dès que la cloche commencera à sonner.

28°. — Le temps de la revenderie sera celui du diner ou du souper, et ne leur permettra point de rien venir acheter en autre temps, à moins de quelque incommodité et infirmité. — Elle priera aussi *Messieurs* de ne point souffrir que d'autres vendent ny apportent aucunes choses de la ville, pourquoi il sera défendu au portier de ne laisser sortir ni entrer aucunes choses dans la maison sans permission.

29° — Celui qui aura soin des garçons suivra ce règlement pour la manière de les faire lever, prier Dieu, et s'habiller, et aura pareillement soin de les faire ranger à l'église, aux heures dites ci-dessus, avec toute la modestie et retenue chrétienne.

30° — Ce règlement sera lu aux pauvres tous les mois; mais ceux et celles qui le devront observer et faire observer, le liront plus souvent. *Voilà le bon chemin, suivez-le bien !* (Jérémie, vi, 16.)

« Ce troisième règlement, conclut Catherinot, comme les deux autres précédents, contient quelques articles hors d'usage, et entr'autres les 23ᵉ et 25ᵉ, concernant les *Demoiselles*, car, à présent, elles ne prennent plus ce soin comme autrefois. Ce n'est pas néanmoins que le gouvernement de ce sexe dévot par excellence ne soit plûtôt heureux que malheureux, car, aux Athalies, aux Cléopâtres, aux Messalines, aux Faustines et aux Frédégondes, nous opposerons les Zénobies, les Cornélies, les Pulchéries, les Clotildes et les Isabelles, et, pour accabler leurs médisants, nous formerons un corps d'armée composé des Muses, des Grâces et des Vertus. »

(*Manuel de l'Hôpital-Général.*)

Quel était ce corps d'armée que, dans un naïf excès de style qui ne lui est pas ordinaire, l'écrivain que nous avons tant de fois cité, voit déjà se former pour continuer ou remplacer les *Demoiselles de l'Hôpital*, travailleuses de la première heure, que la critique et la médisance semblent avoir quelque peu découragées ?... Nous ne pouvons le trouver ailleurs que dans les *Dames hospitalières*, dont un rayon de soleil commence à nous éclairer l'origine, précisément à l'époque où Catherinot écrivait. — Nous traiterons ce point au livre suivant.

VII

LETTRES-PATENTES DE LOUIS XIV, CONSACRANT LA FONDATION DE L'HOPITAL-GÉNÉRAL DE BOURGES

L'Hôpital-Général était bâti. — On l'avait enclos de murs. — Les pauvres y avaient été entièrement enfermés le 25 mars de l'année 1661. Après les quatre premières années de la fondation, années laborieuses et difficiles, *où il n'estait encore qu'une masse indigeste* (CATHERINOT), il fonctionnait régulièrement, et on pouvait en attendre pour l'avenir les meilleurs résultats ; mais il restait une formalité importante à remplir pour en assurer l'existence légale, la prospérité, la durée, c'était l'obtention des lettres-patentes du Roy lui maintenant le droit de vivre, le prenant sous sa protection, et lui octroyant les dons et privilèges dont jouissaient déjà bon nombre d'hôpitaux...

La signature du Roy fut obtenue au mois de décembre de l'an 1669.

Voici le résumé de la Patente royale, avec la simple nomenclature des droits et faveurs concédés :

« Louis, par la grâce de Dieu, Roy de France et de Navarre : A tous présents et à venir, salut !

« Le zèle pour le bien public et la charité pour les pauvres que Dieu a suscitée dans nos jours a fait résoudre notre amé et féal conseiller le sieur Archevêque de Bourges, les maire et eschevins de nostre ville dudit Bourges, d'establir un Hôpital-Général en l'ancienne Maison de santé de ladite ville, pour exercer avec plus de facilité dans un même lieu les œuvres de miséricorde...... lequel establissement ils nous ont représenté avoir commencé et continué avec succès depuis l'année 1660... Et pour l'affermir entièrement, et le rendre stable à perpétuité, nous ont sur ce demandé nos lettres, et les privilèges et immunités accordés aux hôpitaux-généraux de Lyon et autres principaux lieux ; et étant bien et dûment informé du bon effet que ledit establissement a déjà produit, de notre certaine science, propre mouvement, pleine puissance et autorité royale,

1°. — Confirmation et dénomination.

avons agréé, approuvé, confirmé, agréons, approuvons et confirmons l'establissement dudit Hospital-Général en ladite Maison de santé : Voulons que ladite Maison soit appelée à l'avenir : *L'Hôpital-Général de la Charité de Bourges*,

2°. — Droit d'enfermer les pauvres.

où nous donnons pouvoir aux maire et eschevins de renfermer tous les pauvres mendiants, principalement les originaires de ladite ville et banlieue de Bourges, pour être assistés, nourris et employés ainsi que les administrateurs dudit Hospital le verront bon estre.

3°. — Protection royale et directe.

Duquel Hospital voulons et entendons estre conservateur et protecteur, comme de nos fondations royales, sans que pourtant il dépende en aucune manière de la supériorité, visite et juridiction de notre Grand-Aumônier, ny d'aucun de nos officiers de la générale réformation et grand Aumosnerie, ny de tous autres auxquels nous en interdisons toute juridiction et connaissance.

4°. — Règlement et Directoin

— Et sera ledit Hospital-Général régy et gouverné selon les statuts et règlements qui ont été et pourront être faits avec notre dit amé et féal conseiller le sieur Archevêque de Bourges, pour le spirituel, et *avec Luy* lesdits maire et eschevins de ladite ville et administrateurs dudit Hospital-Général, présents et à venir, pour ce qui est du temporel.

Les autres articles de la Patente royale portent :

5°. — Défense de mendier dans la ville, sous peine de prison, une première fois — et d'être rasé et banni la seconde fois.

6°. — Droit d'ouvrir une manufacture, et d'en écouler les produits avec exemption de toutes charges.

7°. — Droit de recevoir *maîtres* ou *compagnons*, les pauvres qui auront travaillé six ans en ladite manufacture, sans qu'ils soient obligés de faire de chef-d'œuvre, ni de payer les frais de maitrise ou compagnonnage.

8°. — Droit de tenture aux funérailles.

9°. — Permission de faire des quêtes et de mettre des troncs dans les églises et chez les marchands.

10°. — Tous les dons, legs ou fondations, faits aux pauvres d'une manière générale, dans la ville et banlieue de Bourges, appartiendront à l'Hôpital.

11°. — Abandon du quart des amendes de police et des confiscations dans Bourges et la banlieue en faveur des pauvres de l'Hôpital.

12°. — Tous les meubles apportés par les pauvres qui décéderont à l'Hôpital appartiendront à celui-ci.

13°. — Droit aux administrateurs d'accepter les dons, legs et fondations, en faveur de l'Hôpital, et d'en poursuivre le recouvrement.

14°. — Exemption de la tutelle. Droit aux administrateurs d'échanger, de vendre, d'aliéner, d'acquérir comme majeurs.

15°. — Droit de volière et colombier, — de moulins à vent et à eau.

16°. — Exemption d'impositions, de droits de péage et d'octroi pour les denrées de l'Hôpital.

17°. — Exemption de logement et contributions pour gens de guerre.

18°. — Exemption de guet et garde aux fortifications.

19°. — Défense aux salpêtriers d'entrer dans l'Hôpital pour y chercher du salpêtre.

20°, 21° et 22°. — Exemption de droits pour actes de justice, signification d'exploits, actes notariés et autres de même sorte.

23°. — Et enfin permission d'avoir des prisons et carcans pour la police de l'Hôpital.

Ainsi est conclue la patente :

« Ci, donnons en mandement, à nos amez et féaux conseillers, les gens tenant notre Cour de Parlement à Paris, et tous autres nos justiciers et officiers qu'il appartiendra, que ces Présentes, nos lettres d'establissement d'Hospital, circonstances et dépendances, ils aient à enregistrer et le contenu en icelles maintenir, garder et conserver, pleinement et paisiblement, cessant et faisant cesser tous troubles et empêchements, nonobstant toutes choses à ce contraires ;... car tel est notre bon plaisir... et afin que ce soit chose ferme et stable à toujours, nous avons fait mettre notre scel à ces dites Présentes.

Donné à Saint-Germain-en-Laye, au mois de décembre, mil six cent soixante-neuf ; et de notre règne le vingt-septième.

Signé... Louis.

Et plus bas... par le Roy.

De Lyonne — avec paraphe.

Et à côté : *Visa.*

Et scellé du grand sceau de cire verte, sur lacs de soye verte et rouge.

Il ne restait plus qu'à enregistrer ces Patentes données en forme de charte, et à les exécuter. Pour y parvenir, il y eut arrêt interlocutoire du 20 mai 1670, par lequel il fut dit qu'avant de procéder à cet enregistrement, les lettres royales seraient communiquées à Mgr l'Archevêque de Bourges pour consentir à cet établissement, aux sieurs maire et échevins et aux sieurs Curés de la même ville pour donner leur avis, et que même il serait informé de la commodité ou incommodité. — L'exécution de cet interlocutoire fut entièrement remplie dans la suite.

Le 5 mai 1671, MM. les Curés donnèrent un avis favorable.

Le 9 mai, MM. les Maire et Echevins firent de même.

Le 26 mai, Mgr l'Archevêque donna son consentement par acte solennel de lui signé et scellé.

Enfin le 20 juillet suivant, l'information *de commodo et incommodo* fut faite, par devant M. de Biet, seigneur de Maubranches, lieutenant-général, et signée des sept témoins classiques dont les noms suivent :

MM. Heurtault, chanoine,
Lelarge de Parassay,
Labbe de Champgrand, conseiller,
Monicault de la Chaussée,
Léveillé de la Grigossaine,
Cluzel, prieur de Saint-Ursin,
Et Agard des Roziers.

Toutes autres mesures nécessaires ayant été exécutées, l'entérinement des lettres-patentes du Roy, concernant l'Hôpital eut lieu devant les autorités compétentes à Bourges, en 1672. — Par cet enregistrement, l'Hôpital-Général était bien, dûment et irrévocablement fondé.

Nous dirigerons maintenant notre étude principalement sur l'histoire de la Congrégation des *Sœurs Hospitalières*, qui naquit de l'Hôpital-Général, se développa dans son sein, et pendant plus de deux siècles n'eut pas d'autre vie que la sienne.

LIVRE III

Les Dames de l'Hôpital.

La question d'origine des Sœurs Hospitalières de Bourges.... Doutes et difficultés.... Solution probable.

ANNÉES INCERTAINES	**Madame Louyse CHENU.** **Sœur Madeleine GALLET.** **Sœur Andrée BOULLAT.**
SUPÉRIORAT DE	**Madame SALAT.** **Mademoiselle CHAUHIAC.** **Madame MOTIN.** **Madame CHARMOY.** **Madame CARDINAL.**

LIVRE III

I

Nous nous sommes étendus longuement sur la fondation de l'Hôpital-Général. — C'était nécessaire. Il fallait bien connaître cet établissement charitable, sa raison d'être, ses moyens, ses règlements, son administration, avant de faire connaître la pieuse Communauté qui va sortir de lui, et qui, après en avoir reçu l'existence, deviendra à son tour son âme, son soutien et sa vie.

La voilà donc bâtie cette maison des pauvres, des petits enfants abandonnés, des vieillards sans abri et sans pain! Les déshérités du monde, les errants de la ville et de sa banlieue, les malheureux sans ressources sont déjà en grand nombre réunis dans ses murs. Ils y ont été accueillis à bras ouverts par la bienfaisance des hommes et par la charité de Dieu.

Mais à cette grande famille de pauvres il fallait des mères et des sœurs; car, si l'homme compatissant sait donner, s'il sait aussi se dévouer lui-même, et nous avons vu que les fondateurs et les administrateurs de l'Hôpital ne reculaient pas devant les sacrifices et le dévouement personnels, il n'a pas toujours la main douce et amène de la femme pour faire accepter ce qu'il donne... Et même, parmi les femmes, il n'y a que celles qui se dévouent entièrement à Dieu qui sachent aussi se dévouer entièrement à leurs frères, et voir dans ceux que le monde rejette les remplaçants de Jésus-Christ. — Oui, on aura beau chercher partout, pour soulever une tête de moribond et verser sur ses lèvres desséchées le breuvage qui soulage, pour rendre au désespéré la confiance en une destinée meilleure, il n'y a tel que la douce main, il n'y a tel que la sympathique voix de l'Hospitalière par vocation divine, de la Sœur de charité!...

Au moment d'aborder cette partie capitale de notre œuvre, nous n'hésitons pas à le dire, nous sommes dans un grand embarras. Les documents précis et positifs nous manquent pour établir d'une manière certaine, sans prêter prise aux objections et à la critique, l'origine de la communauté d'Hospitalières dont nous écrivons l'histoire. Les premières Sœurs de l'Hôpital-Général de Bourges, comme celles qui les ont remplacées du reste, pendant un siècle et plus, n'ont jamais eu l'idée de rien écrire sur elles-mêmes. Elles auraient cru manquer à l'humilité et à leur désir de vivre cachées. Comme le Maître et le Modèle, elles se sont contentées de passer en faisant le bien, se souciant fort peu du bon renom qu'elles laisseraient à la terre, et ne se préoccupant que d'arriver au ciel. Il n'y avait donc rien à chercher dans les annales de l'Institut, si ce n'est quelques traditions que nous avons été heureux de recueillir. — A défaut de ce qui manquait chez les Sœurs, les registres de l'Etablissement où elles ont vécu et exercé leur zèle auraient pu mieux nous renseigner. Mais ceux des vingt-cinq années de la fondation ont presque tous été détruits par l'incendie, ou sont tellement enfouis dans la poussière des archives, que nous n'avons pu en retrouver la trace. Nous sommes donc réduits, sur cette importante question des *Origines*, aux conjectures et aux déductions logiques que nous ferons sortir des quelques textes, des quelques faits, des quelques actes, des quelques délibérations que nous avons pu çà et là rencontrer. Et cependant à force de réflexion et de rapprochement, nous croyons être arrivé bien près de la vérité, sinon tout à fait à la vérité absolue.

La plupart des ordres religieux peuvent montrer à leur naissance un nom illustre, un grand saint, une grande sainte, qui ont voulu les faire dès le principe ce qu'ils sont devenus. Le nôtre ne saurait indiquer sûrement sa fondatrice ni son fondateur. C'est un arbre qui a crû lentement dans l'ombre solitaire. Nous voyons son tronc s'élever, ses branches et ses rameaux se couvrir de feuillage, sans savoir quelle main a jeté sa semence, et comment cette semence a poussé sa racine. Mais l'arbre est là pourtant... Sorti de l'ombre, il étale au soleil ses ramures vivaces, et il a produit d'autres arbres qui portent à présent fleur et fruit. Il a vécu deux siècles, et nous suivons sans interruption son développement progressif depuis le jour où nous apercevons sa tige s'élancer hors de terre.

La Sœur intelligente et perspicace dont les recherches et le travail nous ont le plus servi, a écrit au sujet de sa chère famille religieuse : « Peu de congrégations « ont une origine aussi modeste que la nôtre ; mais « tout humble qu'elle soit, nous y tenons, considé- « rant comme un honneur réel de n'avoir comme « fondateur que cette parole du Sauveur Jésus : *Aimez*

« *votre prochain comme vous-même!*... C'est ce grand « précepte de l'Evangile qui a donné à l'Hôpital-Géné- « ral de Bourges ses premières servantes, et à nous « nos premières mères : Mmes Chenu, Gallet et « Boullat, Mmes Motin et Dugué... etc... (1). »

C'est raison de penser ainsi ; c'est bien placer sa gloire. Il faut tenir à ce qu'on est sans essayer de se surfaire. Et d'ailleurs, quand on vient de Dieu, il est difficile d'aspirer à plus grand et meilleur fondateur. — Pour nous, qui voulons remonter à la source terrestre, sans nous tenir uniquement à la parole évangélique, nous allons tâcher de bien clairement démontrer que les Sœurs Hospitalières qui ont desservi l'Hôpital-Général depuis sa fondation en 1657, et qui se continuent aujourd'hui dans les Sœurs de Marie-Immaculée (du Château-les-Bourges), sont les filles de l'Hôpital même, qu'elles sont nées de lui, à cause de lui et pour lui, uniquement pour lui, et que, créées à Bourges par l'union charitable des autorités spirituelle et temporelle de la ville, elles ont le droit indiscutable de prendre le nom de *Filles de la Charité de Bourges.*

Citons d'abord, et discutons l'opinion des auteurs qui, de près ou de loin, se sont occupés de l'Hôpital-Général et des Sœurs qui en faisaient le service.

1° La Thaumassière est le premier en date. Contemporain de l'Etablissement de l'Hôpital-Général, il signale cet Etablissement dans son Histoire, et l'entérinement des lettres-patentes qui lui furent octroyées,

(1) Notes de la Communauté.

mais il ne dit rien de son organisation et de son fonctionnement intérieur. — Dans le chapitre qu'il consacre à l'Hôtel-Dieu de la rue Saint-Sulpice, il parle d'*une famille de douze religieuses hospitalières, qui y fut établie en 1629, par les maire et échevins, pour le service des pauvres malades.* — Cette famille d'Hospitalières n'appartenait pas à la ville par sa fondation. Elle était composée des religieuses empruntées aux Augustines de l'Hôtel-Dieu de Paris pour soigner les *pestés* à la *Sanitat*, pendant la terrible épidémie de 1628, et qu'on réussit à retenir une fois le fléau passé. — Il ne peut pas être question de nos Sœurs, puisqu'en 1629 l'Hôpital-Général n'existait pas, et n'était même pas en projet.

2° L'abbé Couvrant, chapelain de l'Hôpital-Général en 1663, et auteur du règlement spirituel suivi dans cette maison, parle dans ledit règlement *d'une Sœur* chargée de la surveillance générale sur les femmes et les filles... *et de Demoiselles*... partageant cette surveillance avec elle. Il ne dit pas qu'elle était cette Sœur, ni si elle avait été prise d'un autre ordre déjà existant, ni s'il y avait d'autres Sœurs avec elle, quoiqu'on ne puisse inférer de son silence la non existence de ces autres Sœurs, et qu'au contraire le mode de rédaction qu'il emploie laisse croire qu'elle n'était pas seule.

3° Catherinot qui faisait imprimer en 1672, quinze ans après la fondation, le *Manuel de l'Hôpital-Général* où nous avons si largement puisé, qui fut pendant une période quatriennale l'un de ses administrateurs, et qui, par conséquent, était mieux à même que personne de bien connaître son fonctionnement intérieur, ne parle qu'incidemment des *Sœurs* qu'il range parmi les bienfaitrices de l'Hôpital *au rang des Officières ou servantes des Pauvres.* Il en nomme deux par leurs noms, ce qui est précieux pour nous : *Sœur Madeleine Gallet*, et *Sœur Andrée Boullat* ; et il fait précéder les noms de ces deux Sœurs, du nom d'une autre *Officière* qui, sans doute, avait le pas sur elles : *Dame Louyse Chenu*, qu'il qualifie de *fille de grande piété et de grande économie.*

Du reste, pas plus que l'abbé Couvrant, il ne nous apprend de quel ordre ces Sœurs auraient été tirées.

Voilà pour les contemporains de la fondation de l'Hôpital-Général.

4° Butet, dans sa *Statistique du département du Cher*, dit : « Douze religieuses furent appelées de l'Hôtel-Dieu de Paris, en 1628, pour administrer l'Hôpital ; et restèrent à Bourges après la peste. »

Il ajoute :

« C'est une communauté particulière de religieuses ayant une règle particulière à cette maison. Les religieuses ont un noviciat pour pouvoir se renouveler ; mais elles ne fournissent pas de sujets à d'autres maisons... Il y a ordinairement quinze à dix-huit Officières, y compris la supérieure et les autres dignitaires, et celles devenues infirmes, désignées sous le nom de Reposantes... trois ou quatre novices et huit Sœurs converses. »

Butet se trompe évidemment dans la première partie de cette citation. Les Religieuses de Paris ne furent pas appelées pour l'*Hôpital* qui n'existait pas; et elles furent installées après la peste à l'Hôtel-Dieu.

La seconde partie s'applique mieux à nos Hospitalières : « C'est une communauté particulière... ayant une règle particulière... et ne fournissant pas de sujets à d'autres maisons. »

Nous retiendrons ces mots.

5° M. Louis Raynal (*Histoire du Berry*, t. IV, 392) dit : « Les Religieuses qu'on avait fait venir, en 1628, pour soigner les malades, pendant la grande épidémie qui régnait à cette époque, furent chargées de la surveillance de l'Hôpital-Général. »

M. Raynal a puisé aux mêmes sources que Butet, ou lui a emprunté ce renseignement... Il se trompe comme lui.

6° Pierquin de Gembloux dit : « Les Sœurs Hospitalières furent établies pour soigner les vieillards, les infirmes et les enfants abandonnés dans l'Hôpital-Général, fondé en 1657... Cette communauté fut reconnue et confirmée par lettres-patentes de Louis XIV, du mois de décembre 1669. »

— Cela est vrai pour l'établissement des Hospitalières... Quant aux lettres-patentes de Louis XIV dont Catherinot nous a conservé le texte dans son *Manuel de l'Hôpital*, elles ne font pas mention directe des Sœurs.

7° Enfin M. l'abbé Renaudet, prêtre de Saint-Sulpice, ancien supérieur du grand-séminaire de Bourges, a écrit :

« Dès la fin de 1629, l'Hôtel-Dieu se trouve confié

aux Augustines de Paris, qui l'ont conservé jusqu'à la Révolution. »

— Et relativement à l'Hôpital-Général :

« Des bourgeois zélés et de *pieuses demoiselles* s'offrirent pour partager les soins intérieurs de la maison, et veiller tour à tour au bon ordre, jusqu'à ce qu'on pût les remplacer par des *Sœurs à demeure*, lesquelles, sans être pour lors religieuses, formaient néanmoins un corps qui s'est constamment perpétué. »

L'érudit sulpicien, qui avait dû connaître Mme Bourgoing, supérieure de l'Hôpital avant et après la Révolution, et recueillir près d'elle les traditions originelles, nous semble toucher presque au but, et nous fournira la formule exacte de la thèse que nous voulons établir.

Nous avons écarté, et nous écartons à nouveau, et définitivement cette fois, l'hypothèse de l'entrée à l'Hôpital des Sœurs venues de Paris, en 1628, dont nos Hospitalières n'auraient été que les continuatrices, ce qui ferait d'elles, au lieu d'un ordre à part, une simple colonie détachée de la Maison-Mère des Augustines de l'Hôtel-Dieu de Paris. En voici les raisons.

Il semblerait bien, de prime-abord, que les deux établissements hospitaliers de Bourges, l'Hôtel-Dieu et l'Hôpital-Général, dépendant des mêmes supérieurs au spirituel et au temporel, on ait dû emprunter au premier une part de son personnel de Sœurs pour aider à l'organisation et au bon fonctionnement du second. Mais comment les contemporains n'auraient-ils pas signalé ce fait, et Catherinot, en particulier, qui s'est occupé avec un soin si minutieux de tout ce qui concernait l'Hôpital ?... Or, nous n'avons aucune preuve positive de cet emprunt de Sœurs fait à l'Hôtel-Dieu, et nous pouvons, au contraire, produire plusieurs arguments contre lui. Les Augustines étaient à peine assez nombreuses pour subvenir à tous les services de l'Hôtel-Dieu, et ne pouvaient se dédoubler sans nuire à la bonne tenue des offices. De plus, elles avaient apporté de leur vieil Institut des règlements et des usages qui ne se prêtaient pas toujours à ce que les administrateurs avaient attendu d'elles. Leur vœu de clôture, il est vrai, avait été commué contre celui de servir les malades et les nécessiteux ; néanmoins, elles avaient conservé certaines immunités qu'elles savaient faire valoir, et ne permettaient pas facilement l'accès de leur résidence et de leurs offices, même aux surveillants envoyés par la municipalité pour contrôler les manquements et les besoins de l'Hôpital. De là, quelques difficultés gênantes qui ne durent pas engager les administrateurs civils à mettre le nouvel établissement en leurs mains ; et un conflit récent que M. Renaudet nous rapporte, ne devait pas être oublié quand il s'agit de pourvoir au choix des gouvernantes à donner à l'Hôpital-Général.

Nous citons notre auteur :

« Il se passa, en 1653, à l'Hôtel-Dieu de Bourges, une scène qui dut affliger tous les bons fidèles, quoique le défaut de renseignements ne nous permette pas d'en démêler les causes ou les suites...

« Les conseillers municipaux s'étant transportés à

l'Hôtel-Dieu, selon l'usage, pour faire la visite des Pauvres, et mettre ordre aux manquements s'il y en avait, mandèrent la Supérieure dans la salle où ils étaient réunis pour l'interroger sur l'administration de la maison. Cette Dame, au lieu de se présenter en personne, envoya deux jeunes religieuses qui, aux questions qu'on leur adressa, ne répondirent pas autre chose, sinon qu'elles ne pouvaient pas reconnaître l'autorité de ces messieurs, et ne devaient des comptes qu'à Mgr l'Archevêque de Bourges. Sur ce qu'on leur dit qu'elles avaient raison de ne reconnaître que lui pour le spirituel, mais que, pour le temporel, c'étaient eux qui en avaient la surveillance, elles s'en tinrent obstinément à leur première déclaration, et se retirèrent. Les magistrats se rendirent alors à la maison des Religieuses, mais ils la trouvèrent fermée. Après avoir inutilement heurté, ils firent enfoncer la porte, et n'ayant rencontré personne, ils dressèrent procès-verbal et s'en retournèrent. — Cependant l'Archevêque, averti de ce qui se passait, se rendit lui-même à l'Hôtel-Dieu, prit connaissance des faits, et manda le sieur Gagnon (1), un des échevins, auquel il fit entendre que le plus expédient dans cette affaire était d'avoir ensemble une explication sur les droits réciproques de la ville et des religieuses, et de régler le différend à l'amiable, étant bien disposé de sa part à avoir pour les intérêts de la ville tous les égards, et d'obliger les religieuses à l'observation exacte de tout ce qui serait convenu. La ville agréa cette proposition,

(1) Il doit y avoir erreur de transcription. — On aura dû écrire Gagnon pour *Gourdon*. — M. Gourdon de Gènetay était échevin en 1653. Il n'y a pas de Gagnon.

et chargea le même échevin de traiter cette difficulté avec l'Archevêque « s'en reposant sur son zèle, est-il dit, pour empêcher que les religieuses, qui n'avaient été prises que sur le pied de *servantes*, ne prétendissent s'ériger en *maîtresses*. » La commission était exprimée en termes un peu durs ; on ne manqua pas apparemment de les adoucir dans les pourparlers qui semblent, du reste, avoir eu le résultat qu'on s'en promettait. »

Manuscrit de M. Renaudet.

Après cette scène, où il semble bien que Messieurs de la maison de ville, s'ils avaient des droits et de la raison pour eux, n'avaient ni toute la raison, ni tous les droits, et n'eurent pas non plus tout le triomphe, il n'est pas probable qu'ils aient songé aux Augustines de l'Hôtel-Dieu pour leur confier l'Hôpital. Ils ne pouvaient songer davantage à aucun des autres couvents de religieuses établis dans la ville, aux Dames de Buxières et de la Visitation, ni aux Ursulines, ni aux Bénédictines, etc. N'y aurait-il eu que le vœu de clôture comme obstacle, il était plus que suffisant.

Alors, puisque nous croyons savoir d'où elles ne venaient pas, il nous reste à savoir d'où pouvaient venir ces *Sœurs* autour desquelles l'abbé Couvrant fait mouvoir tout le règlement spirituel dont il est l'auteur, et que Catherinot nous montre, dès le principe, existantes dans l'Hôpital ?

C'est de l'Hôpital même que nous allons les voir procéder lentement, graduellement, d'une manière toute spéciale, toute originale, pouvons-nous dire, qui fera d'elles un ordre à part, et dont on chercherait difficilement le semblable parmi tous les ordres connus.

Après le magnifique élan de charité qui avait réuni tous les citoyens de Bourges, sans distinction de classes, dans la création du nouvel Hôpital, l'autorité spirituelle et temporelle fut dévolue, comme de droit, à Mgr l'Archevêque d'une part, et à la municipalité de l'autre. Mais comme Monseigneur ni le maire ne pouvaient exercer leur autorité d'une manière directe et continue, un conseil d'administration composé de neuf membres d'abord, puis de douze (quatre ecclésiastiques, huit laïques), en devint le dépositaire; de telle sorte, qu'au point de vue exécutif et réel, les administrateurs étaient seuls les véritables supérieurs de l'Hôpital. — Ils en étaient aussi les premiers Serviteurs. — C'était le titre qu'ils aimaient à se donner: *Serviteurs des Pauvres.... Domestiques de la maison de Dieu... Domestici Dei*, comme saint Paul autrefois le disait des Apôtres.

Eprises du même zèle que leurs maris, leurs parents ou leurs frères, des Dames et Demoiselles notables de la ville se dévouèrent à cette œuvre, et devinrent aussi les Servantes des Pauvres. Mais elles ne venaient qu'à leurs jours et à leurs heures, et ne résidaient pas à l'Hôpital. Sous elles étaient des *Officières* qui s'occupaient de la cuisine, de la boulangerie, de l'infirmerie, de la lingerie, de la crèche, de la surveillance des filles et des femmes assistées, etc., etc.... Ces Dames, qui donnaient volontairement leurs soins, avaient une influence directive sur le personnel féminin des *Officières*, plutôt qu'une véritable supériorité, laquelle restait toute entière à MM. les Administrateurs.

On s'aperçut bien vite, ou plutôt elles s'aperçurent bien vite elles-mêmes que le va-et-vient de leur maison de ville à la maison des pauvres ne servait en rien à l'esprit de suite, au bon ordre et à la discipline. A l'exemple des Sœurs de la Charité de saint Vincent de Paul et de Mme Legras, qui venaient d'être reconnues en cette année 1657, par lettres-patentes de Louis XIV, et qui ne faisaient pas de vœux, celles de nos Dames ou Demoiselles qui, non contentes d'offrir aux pauvres une assistance temporaire, voulurent bien s'établir à l'Hôpital, y résider, et s'y dévouer en s'éloignant du monde, sans obligation de conscience néanmoins, sans vœux proprement dits, s'offrirent aux administrateurs, et reçurent d'eux, ou prirent, du consentement de l'autorité ecclésiastique, le nom de *Sœurs*. — Les autres Dames et Demoiselles que les liens du monde retenaient davantage, ou qui ne pouvaient les briser sans léser quelque droit, n'en continuaient pas moins à venir avec les Sœurs coopérer au travail de la maison des pauvres, et les aider aux différents offices. Elles partageaient avec elles la direction et le gouvernement intérieurs, autant du moins que le Bureau des administrateurs les laissait en leurs mains. Cela ressort des articles 3, 23 et 26 du Règlement de M. Couvrant :

> La Sœur soignera que la *Gouvernante* des enfants leur fasse prier Dieu...
>
> — La Sœur fera des représentations aux Demoiselles, mais elle se contentera de cela et ne les importunera pas.
>
> — La Sœur ne sortira pas sans nécessité..., et

elle avertira les Demoiselles, afin qu'elles veillent en son absence.

On donnait indistinctement alors, aux Dames, aux Demoiselles et aux Sœurs, le nom d'*Officières* ou *domestiques* de l'Hôpital; et elles ne s'en trouvaient pas humiliées. Plus tard, ce titre d'*Officières* ne sera plus donné qu'aux *aspirantes* destinées à aider les Sœurs dans les offices de la maison, ou à les occuper à leur tour, et équivaudra à celui de novice, ou de Sœur converse.

L'Ordre des Hospitalières de Bourges était ainsi dans son germe; mais son développement nous échappe, et il fallut plusieurs années pour le bien établir. Soit que la période laborieuse et difficile qu'eut à traverser l'Hôpital au début ait arrêté ou retardé les vocations; soit que la malice des hommes, et la critique jalouse qui s'attaquent partout au bien, et en compriment trop souvent l'essor, aient nui à l'ordre naissant, nous ne trouvons devant nous qu'un très petit nombre de Sœurs véritables, et nous sommes obligés de constater un relâchement de zèle chez les Dames et Demoiselles du dehors qui venaient leur prêter assistance.

Cet état de trouble dans l'Hôpital à sa formation, ou plutôt d'hésitation, de tâtonnements, de recherches, pour bien faire et pour aller du bien au mieux; ce relâchement de zèle chez les Officières volontaires, avec la volonté énergique et persistante de la part des administrateurs de créer un corps spécial de filles pieuses et dévouées pour gouverner l'Hôpital; tout cela ressort des textes suivants de l'auteur du *Manuel de l'Hôpital-Général* :

« Dans les années qui précèdent 1561, l'Hôpital ne pouvait passer tout au plus que pour un chaos qui fut débrouillé peu à peu dans la suite. »

Et en parlant du Règlement de l'abbé Couvrant :

« Ce troisième règlement contient quelques articles hors d'usage, entr'autres ceux concernant les *Demoiselles*, car, à présent, elles ne prennent plus ce soin comme autrefois..... Ce n'est pas néanmoins que le gouvernement de ce sexe dévot par excellence ne soit plutôt heureux que malheureux, — car aux Athalie, etc., nous opposerons les Clotilde et les Isabelle, — et pour accabler leurs médisants, nous formerons un corps d'armée composé des muses, des grâces et des vertus. »

Ces textes ne sont pas des plus clairs, et cependant ils laissent passer assez de jour pour que nous puissions en tirer argument.

Catherinot écrivait ces lignes en 1672 ; le règlement de l'abbé Couvrant est de 1663. — En 1672, le *corps d'armée du sexe dévot* dont on désirait le recrutement pour le gouvernement de l'Hôpital, n'était donc pas encore complètement formé. Des tentatives avaient été essayées, mais la médisance s'en était mêlée, et le découragement des *Demoiselles* avait suivi. Les neuf années écoulées entre 1663 et 1672 et les huit années d'après jusqu'en 1680 marquent la période nébuleuse et critique pendant laquelle l'œuvre de Dieu eut à lutter contre les embûches que l'ennemi du bien lui suscite toujours. Cette dure période passée, il se trouva que quelques âmes d'élite avaient su résister aux fatigues du dedans, et aux contradictions du dehors; et parmi elles, nous distinguons les noms de Dame Louyse Chenu, de Sœur Madeleine Gallet, et de Sœur Andrée Boullat ; et c'est en elles que nous devons dès à présent reconnaître, sinon les fondatrices véritables de l'Ordre des Hospitalières de l'*Hôpital-Général de la Charité* de Bourges, du moins les trois premières Hospitalières qui se donnèrent aux pauvres de l'Hôpital, s'engagèrent à suivre le règlement de l'Hôpital, et par amour de Dieu et désir du salut, se mirent absolument et sans réserve, *comme servantes des pauvres*, à la disposition des administrateurs de l'Hôpital.

C'est par ces trois Hospitalières que nous allons voir commencer le modeste Institut qu'il serait trop prétentieux d'appeler du nom de *Corps d'armée*, selon l'expression du bon Catherinot. C'est une simple Compagnie, à nombre limité, commise à la garde d'un poste unique qu'elle saura protéger et défendre, et où elle fera régner la discipline et la vertu. Pour le moment, elle se recrute comme elle peut, et n'a que des engagées volontaires; elle n'a encore ni supérieure propre, ni règlement particulier; mais attendons un peu, ses rangs se serreront, ses supérieures sortiront d'Elle, et sans interruption nous suivrons leur filière depuis Mme Salat, la première Dame supérieure de l'Hôpital, après les années incertaines, jusqu'à Mme Motin, que la tradition des Hospitalières a longtemps regardée comme leur fondatrice et leur mère;... et depuis celle-ci jusqu'à Mme Bourgoing, la dernière des Hospitalières proprement dites, qui cèdera la place à la Révérende Mère Louise d'Héré, réformatrice des Hospitalières, et fondatrice des Sœurs de Marie-Immaculée.

II

Dame Louyse Chenu	Sr Madeleine Gallet Sr Andrée Boullat ... Sr Marie Renaud	de 1653 à 1680.

La question d'origine établie, et tenant pour suffisamment démontré que les Hospitalières de Bourges ne sont pas venues d'un autre Ordre, et constituent un Ordre à part créé pour l'Hôpital, nous consacrerons un chapitre spécial aux premières Hospitalières connues : Dame Louyse Chenu, et les deux Sœurs Gallet et Boullat.

Qu'elles aient bien été parmi les premières Mères de l'Institut naissant, cela ne peut faire aucun doute : Nous avons un texte précis :

> « Les plus anciennes Officières sont Dame Louyse Chenu, fille de grande piété et de grande économie..... et Sœur Madeleine Gallet, avec Sœur Andrée Boullat, qui donnent gratuitement leur temps et leur peine pour le service des pauvres. »

(Manuel de l'Hôpital-Général, 1672.)

Il ne faut donc pas chercher d'autres Sœurs à l'Hôpital, avant les deux ici nommées ; ni d'autres

Dames de la ville unies à elles par le lien de la charité, avant Mme Louyse Chenu. — Mais cette ancienneté remontait-elle jusqu'à l'origine même de l'Hôpital, c'est-à-dire, jusqu'à l'année 1657 ? — Un simple rapprochement de dates va nous fixer ce point.

En 1683, une autre Hospitalière qui ne nous est connue que par son acte de décès trouvé dans les registres de la mairie de Bourges, mourait à l'Hôpital. Or, cet acte est ainsi conçu :

> « Le 16 septembre 1683, Sœur Marie Renaud, est décédée à l'Hôpital, après avoir consacré *vingt-quatre ans* au service des pauvres, avec un zèle infatigable ; et après avoir passé par *tous les offices de la maison*, elle est décédée dans celui de l'économie..... Elle a été inhumée le lendemain, 17 septembre, au cimetière, proche la Croix. »

Sœur Marie Renaud avait donc vécu à l'Hôpital en même temps que les Sœurs Gallet et Boullat, et que Mme Chenu, puisqu'elle y passa vingt-quatre ans au service des pauvres, occupa tour à tour chacun des différents offices de la maison, et finit par en devenir l'Econome, ce qui lui donnait une position importante et en vue. — Par ses vingt-quatre ans de services, son entrée remontait à l'année 1659, deux ans après la fondation. Assurément, Catherinot, qui écrivait son *Manuel* en 1672, avait dû la connaître. Pourquoi ne la nomme-t-il pas parmi les plus anciennes Officières, avec les trois qu'il range au nombre des plus insignes bienfaitrices de l'Hôpital ? — Uniquement parce qu'elle n'avait pas traversé avec Elles les graves difficultés des deux années originelles ; car le zèle infatigable qu'elle déploya dans tous les offices qu'elle occupa, aurait bien mérité qu'il ne l'oubliât pas.

Et maintenant, quelle était la situation respective de ces trois servantes des Pauvres ?

Mme Chenu, c'est évident par le contexte, avait le pas sur les deux Sœurs qui ne sont nommées qu'après elle et par concomitance. Etait-elle Supérieure de l'Hôpital ? Nous hésitons à lui donner ce titre que rien ne confirme dans les écrits et dans la tradition ; mais il nous semble probable qu'elle fut la première Supérieure des Hospitalières, qu'elle en exerça les fonctions, et qu'elle avait, sous le regard de l'administration, la direction des Sœurs en voie de se former, et de toutes les Officières de la maison. Elle dut servir de point de départ au système que nous allons voir pratiquer jusqu'en l'année 1732, par les administrateurs, et qui consistait en ceci :

Créer des Sœurs pour l'Hôpital, en nombre suffisant pour assurer tous les services, sans plus, sans moins ;

Se réserver à eux-mêmes l'admission des Sœurs, après épreuve dont ils seraient les juges,

Et mettre à la tête de ces Sœurs, pour les représenter eux-mêmes, une personne de leur monde, qui garderait le titre de Dame, et qui, par ses relations, pourrait provoquer les sympathies du dehors pour l'Etablissement qu'elle gouvernerait sous eux, ou par sa fortune propre pourrait venir en aide aux miséreux devenus ses enfants.

Mme Louyse Chenu était bien dans les conditions voulues des administrateurs. Elle appartenait, à n'en pas douter, à cette vieille famille du Berry, encore existante de nos jours, dont La Thaumassière fait remonter l'origine au XIVe siècle; qui déjà avait donné à Bourges plusieurs hommes célèbres, et qui, à l'époque où vivait la vénérée servante des Pauvres qui nous occupe, comptait parmi ses membres : Jean Chenu, avocat au Parlement, échevin de Bourges en 1653 et 1654; Jacques Chenu, recteur de l'Université de Bourges, mort en 1664, et enterré dans l'église de Saint-Austrégésile; et André Chenu, échevin en 1669 et 1670, puis maire de Bourges en 1683, 84 et 85, et qui, à ce titre, fit hautement valoir ses droits à la noblesse (1).

(1) Pour ne rien avancer à la légère, et bien déterminer à quel degré dame Louise Chenu leur appartenait, je me suis adressé à plusieurs des représentants actuels de la noble et chrétienne famille Chenu. Mais leurs recherches n'ont pu aider les miennes... et leur arbre généalogique à cette époque a bien des rameaux égarés...

M. l'abbé Roche, professeur de rhétorique au petit séminaire Saint-Célestin, mon érudit collègue à la *Société des Antiquaires du Centre*, qui a fouillé les archives et les bibliothèques de la ville pour élucider avec moi la question de l'origine des Hospitalières, a découvert au greffe l'acte de décès d'une Dame Chenu, morte en 1680 — et enterrée dans l'église Saint-Bonnet, — et croit qu'il s'agit bien dans cet acte de Dame Louyse Chenu, Supérieure de l'Hôpital. — Je ne saurais être aussi affirmatif que lui, et je le regrette, car la date du décès de cette Dame Chenu concorde exactement avec la date de l'entrée en fonction de la première Supérieure en titre de l'Hôpital que nous connaissons — *Mars 1680*. Mais cette Dame Chenu, enterrée dans l'église Saint-Bonnet, honneur que son dévouement à l'Hôpital eût certainement mérité, est dite *Femme du sieur Babou, — marchand de draps et soye*, — lequel était échevin pour le quartier Saint-Privé en 1673 et 1674. — Il ne paraît pas probable que Dame Louyse Chenu, avec son époux vivant, ait pu donner les soins de Supérieure à l'Hôpital, — et d'ailleurs, cela contredirait le texte de Catherinot : « Dame Louyse Chenu, *fille* de grande piété et de grande économie. »

Mme Louyse Chenu, les Sœurs Gallet et Boullat, et un peu plus tard Sœur Marie Renaud, avec les Demoiselles de la ville qui eurent le courage de persévérer, et qui préparaient d'autres Sœurs, eurent à supporter les difficultés du gouvernement intérieur de l'Hôpital naissant, au moins en ce qui concernait les femmes, les filles et les enfants, car il paraît bien que pour le service des hommes on essaya de former des officiers à demeure, sans avoir réussi. — Et bien grosses et bien lourdes étaient ces difficultés au début : les bâtiments à construire et déjà encombrés avant d'être entièrement construits ; le contact et le mélange des pauvres et des ouvriers du dehors ; l'amoncellement des matériaux dans les cours et préaux, tout cela n'aidait guère à la discipline de la maison. Les pauvres d'ailleurs ne sont pas gens facilement disciplinables. Nul ne tient plus à sa liberté que celui qui n'a jamais eu d'autre bien ; nul n'est plus difficile à contenter que celui qui a toujours manqué de tout. Le mendiant s'accoutume à vivre au jour le jour, à vagabonder et à chercher sa vie, et il préfère cela au bien-être tranquille et à la régularité de l'Hôpital. Rarement sa reconnaissance sait tenir compte des services qu'on lui rend. Ah ! que souvent il faut ouvrir bien grands les yeux de la foi pour ne pas oublier qu'il représente Jésus-Christ !

Les difficultés venaient de lui, venaient d'ailleurs, venaient surtout du manque de ressources, car l'Hôpital n'avait pas de capitaux assurés, et pendant longtemps il dût s'alimenter de dons volontaires et de collectes incertaines et précaires.

Mais qu'importait aux vaillantes Hospitalières ?

Elles se mirent à l'œuvre avec tout leur amour de Dieu, tout leur dévouement, tout leur cœur.

« Aimer Dieu par-dessus tout, et les Pauvres pour Dieu;...

« Obéir aux supérieurs ecclésiastiques et aux administrateurs civils;...

« Accepter tous les offices qu'on voudrait leur donner;...

« Ne jamais refuser une tâche, quelque rebutante qu'elle fût;...

« Marcher, agir et travailler toujours, et ne jamais dire : Assez! »

En ces points, se résume la vie à l'Hôpital de Mme Louyse Chenu et de ses compagnes; et c'est dans leur pratique qu'elles traversent les vingt-trois années obscures qui vont de 1657 à 1680. Leurs noms émergent de cette nuit comme des rayons suffisants pour éclairer notre marche et nous guider dans notre étude. Elles furent les premières Hospitalières de l'Hôpital-Général de Bourges. — Elles se firent *Sœurs* pour les pauvres de l'Hôpital. — Elles vécurent à l'Hôpital « et y moururent cachées, dans le devoir, dans le travail, dans la vertu et dans la charité. » — Les hommes les avaient oubliées; mais leurs survivantes en Dieu ont ressuscité leur mémoire, et les invoqueront désormais comme des protectrices au ciel.

III

PERSONNES ET CHOSES INTÉRESSANT L'HOPITAL PENDANT LA DIFFICILE PÉRIODE DE SES COMMENCEMENTS

Dans la période difficile de sa formation, la mort de Mgr de Ventadour, archevêque de Bourges, survenue le 17 mars 1662, fut une perte cruelle pour l'Hôpital-Général. C'était en fait son premier supérieur, au point de vue spirituel, incontestablement, mais même au point de vue temporel, puisqu'aucune décision importante ne pouvait être prise sans lui, d'après les règlements, et que toutes les fois qu'il assistait à une délibération du Bureau ou du conseil il la présidait et la dirigeait de droit, et avait la préséance sur le maire et les échevins. Les Hospitalières de Marie-Immaculée le considèrent, et non sans raison, comme l'un de ceux qui ont pris le plus de part à leur formation, comme celui qui, seul, ayant dans le diocèse le pouvoir de sanctionner de son approbation la création et l'organisation de leur Institut naissant a le plus contribué, soit par l'idée première qu'il en eut, soit par l'appui qu'il prêta aux administrateurs ecclésiastiques chargés de le suppléer, à le tirer des limbes et à le lancer dans la vie.

« Ce prélat fut nommé par le Roy Louis le Grand, hûreusement régnant, le 11 novembre 1649, obtint ses bulles du pape Innocent X, prêta le serment de fidélité au Roy le 19 d'avril, fut sacré en l'église des religieuses Carmélites du faubourg Saint-Jacques à Paris, le dimanche 30 du même mois par M. Georges d'Aubusson, archevêque d'Embrun, prit possession par procureur de l'archevêché le 13 mars 1651, et fit son entrée solennelle le 20 mars suivant, et mourut le 17 mars 1662, âgé de 57 ans. Son corps est inhumé dans le chœur de l'Eglise cathédrale, à laquelle il a donné sa chapelle, ses ornements et sa bibliothèque, et fait autres legs considérables. »

« ...Par son testament, il a légué 4000 livres à l'Hôpital-Général de Bourges... Il était issu de l'illustre maison de Lévy Ventadour, l'une des premières du royaume, qui possède deux duchés et pairies, plusieurs comtés et baronnies, qui a donné deux cardinaux et plusieurs archevêques et évêques à l'Eglise...

« ...Il portait écartelé au 1 de Lévy, qui est d'or, à trois chevrons de sable, au 2 de Villars, qui est bandé d'or et de gueule de six pièces ; au 3 de l'aire Cornillon, qui est de gueule à trois étoiles d'or 2 1 ; au 4 d'Anduse de la Voute, qui est d'argent au lyon de gueule ; et sur le tout de Ventadour qui est un échiquier d'or et de gueules. »

Thaumas de la Thaumassière,
Liv. IV, ch. cxii.

La vacance du siège dura quatre ans. Cette vacance si longue ne nuisit pas aux intérêts temporels de l'Hôpital-Général, puisque le Roy Louis XIV fit abandon aux pauvres qui l'habitaient de son droit de régale.

Le 12 mai 1666, Mgr Jean de Montpezat de Corbon, transféré de l'évêché de Saint-Papoul à l'archevêché de Bourges, faisait son entrée dans sa ville archiépiscopale.

Il s'occupa de l'Hôpital-Général avec autant d'amour

et de zèle que son prédécesseur. — « Ce prélat ne cédait en rien à aucun de ses devanciers en noblesse, en vertus, en mérite et en doctrine, et les surpassait tous par une insigne humanité et accortise qui luy attirait l'affection de tout le monde. »

La Thaumassière. Liv. IV, ch. cxiii.

Il quitta Bourges pour Toulouse en 1674, et fut remplacé par Mgr Michel Poncet, transféré de Sisteron, qui ne fit que passer sur le siège métropolitain, du 30 octobre 1675 au 21 février 1677, jour et an de sa mort.

Catherinot nous a conservé les noms des administrateurs prêtres et laïques, qui, pendant la dure période d'organisation de l'Hôpital-Général, prêtèrent leur généreux concours aux trois archevêques précités et à Messieurs de la ville, pour subvenir aux intérêts des pauvres.

« Les autres bienfaiteurs sont MM. les Directeurs qui sont au nombre de douze, quatre d'Eglise et huit du siècle, tous lesquels sont quatriennaux, en sens que tous ans un ecclésiastique et deux laïques sont changés; ils font du bien à l'Hôpital par leurs aumônes en entrant en charge et en sortant, et pendant leur gestion; et, en outre, par les soins qu'ils prennent incessamment dans leurs assemblées ordinaires et extraordinaires au bureau et dans leurs semaines d'exercice.

« Voici ceux qui, jusqu'à présent, ont exercé ces offices de charité.

Du corps de MM. les Ecclésiastiques ont été nommés :

En 1661. Dom Placide RATEAU, abbé de Saint-Sulpice.
M. LELARGE, chanoine en l'église de Bourges ;
M. LOUZERT, curé-recteur de Saint-Jean-des-Champs ;
Et le R. P. DOUCHARET, prieur de Saint-Ambroix.

En 1662. M. HODEAU, prieur du Château, près Bourges ;
Et M. CLUZEL, prieur de Saint-Ursin.

En 1663. M. DE CHARLES, prieur de Pradines.

En 1664. Dom Benoît GABELLE, prieur de Saint-Sulpice.

En 1665. M. BIGOT, chanoine de l'église de Bourges.

En 1666. M. ALABAT, chanoine de la Sainte-Trinité.

En 1667. M. FOUCAULT, doyen de la ville de Bourges.

En 1668. Dom Hugues BÉRARD, prieur de Saint-Sulpice, et en son lieu ;
Dom Victor MARCHAL, et en son lieu ;
Dom VICAIZ, prieur...

En 1669. M. GAUDINOT, chanoine en l'église de Bourges.

En 1670. M. THIÉRY, curé-recteur de Saint-Médard.

En 1671. M. GASSOT, chanoine en l'église de Bourges.

En 1672. M. DUBOT, chanoine de la Sainte-Chapelle.

Du corps de MM. les séculiers ont été nommés aussi :

En 1661. MM. PICOT D'HIERRY, BONNET DE GÉNETOY, conseiller, BARJON DE VOUZAY, GASSOT DE DEFFEND, BIGOT DE CONTREMORET, trésorier de France, GEORGES DU MASSÉ, LÉVEILLÉ DE LA GRIGOSSAINE, et BOURGES DU BOUCHET, maître des eaux et forêts.

En 1661. MM. GASSOT DE PRIOU, SARRAZIN DE SOULANGY, trésorier de France, GUÉNOYS DE

PRUNAY, receveur des décimes, et BOURDALOUE DE SAINT-MARTIN, conseiller.

En 1663. M. NIGUET DE FÉNESTRELAY.

En 1664. MM. DE VIGNOLLES DE MAUTOUR, ESTERTAIN DE PIGNY, conseiller, HODEAU DE TRONÇAY, père.

En 1665. MM. BICHET DE CHANTIGNELET, trésorier de France, CHAMILLARD DE VILLATTE, et après son décès arrivé à Paris le 1er août 1865, M. LABBÉ DE CHAVANNES.

En 1666. MM. AGARD DE ROZIERS, DANJON DE MAIZON.

En 1667. MM. CATHERINOT DE CHAMPROY, receveur des décimes, HODEAU DE TRONÇAY, fils.

En 1668. MM. BONNET DE GENETOY, conseiller, BARJON DE VOUZAY.

En 1669. MM. DE VIGNOLLES DE MAUTOUR, RIGLET DE LA LIMAYE.

En 1870. MM. MONICAULT DE LA CHAUSSÉE, HURTAULT DE SOLIÉ.

En 1671. MM. LEBÈGUE DE SILLY, trésorier de France, LELARGE DE GUILLY.

En 1672. MM. CATHERINOT DE COULANS, *avocat du Roy et son conseiller*, et FAUCHER DE LA BOISSELÉE.

Le bon Catherinot, dans cette longue énumération, tenait évidemment à arriver à son nom, et cela montre bien qu'il considérait comme un honneur insigne d'avoir été choisi pour l'un des *administrateurs-fondateurs* de l'Hôpital-Général. Il termine cette nomenclature par cette note mélancolique, mais imprégnée de la légitime fierté que la charité doit inspirer à ceux qui la pratiquent : *Plusieurs autres de Messieurs les premiers administrateurs sont morts glorieu-*

sement dans le service. Tant il est difficile de travailler à de nouveaux établissements.

Mais si quelques-uns des administrateurs furent fauchés par la mort, MM. les Chapelains (et on ne sait vraiment à quelle cause attribuer cette mortalité rapide) payèrent largement de leurs vies la fondation de l'Hôpital-Général. Les quatre premiers, en moins de quatre ans, moururent dans le service, à savoir : M. Mercier, prieur de Sancergues, M. Toubeau, M. Grandin, chanoine de Montermoyen, et M. Jarrault, vicaire de Saint-Pierre-le-Guillard. — Ils sont comptés au nombre des bienfaiteurs de l'Hôpital, et M. Mercier, en mourant, lui légua tout son bien.

Le chapelain qui leur succéda a laissé un profond souvenir, et a marqué sa place par sa piété, son travail, son esprit d'ordre et de règle, son dévouement et ses bienfaits. Il a droit que nous mettions son nom en évidence, et que nous nous arrêtions sur lui.

M. Olivier Couvrant,

chapelain et auteur des règlements primitifs de l'hopital-général

Cet ecclésiastique éminent était originaire du diocèse de Nantes. Il avait été formé *dans le séminaire fructueux de Saint-Sulpice* (Catherinot). La volonté de Dieu l'appela à Bourges au moment de la fondation de l'Hôpital. Il s'attacha à cet établissement, et obtint, après la mort des premiers chapelains, de leur succéder dans cette charge, et de se donner tout entier au service des Pauvres. Par traité avec les administrateurs, il avait droit à un traitement de 300 livres; mais se contentant de ses ressources personnelles, il abandonnait à la grande famille de malheureux, dont il était devenu le guide spirituel, et dont il voulait être le père, les 300 livres auxquelles il avait droit, et fit à l'Hôpital plusieurs autres dons larges et généreux. La chapelle a longtemps conservé un superbe calice qu'il avait reçu des Révérendes Mères Carmélites de Bourges, pour récompense de services rendus, et dont il avait gratifié la maison qu'il aimait. Homme de règle et de devoir, quand il prit possession de ses fonctions de chapelain, il chercha dans la mesure de ses attributions, à coordonner le chaos qui régnait dans l'Hôpital à ses débuts. Dans cette intention, il fit trois fois à ses frais le voyage de Paris pour s'inspirer de ce qui se passait dans les Etablissements similaires fondés par saint Vincent de Paul. Dans ces voyages, il fut chargé officiellement par l'administration de soutenir près des autorités compétentes les intérêts de l'Hôpital, et de hâter l'obtention des Patentes royales qui devaient en assurer l'existence.

Nul doute que la vue des *Sœurs grises* de Mme Legras, et des *Dames de Charité* qui leur prêtaient un si assidu concours, n'ait été le type dont il se soit inspiré pour tracer les règlements qu'il écrivit sur la demande des administrateurs pour servir au gouvernement intérieur de l'Hôpital, et qui reposent tout entiers sur l'action, la conduite et la vigilance des Sœurs.

Si j'osais émettre une opinion personnelle qui n'est pas d'accord, je dois le dire, avec les traditions des Sœurs Hospitalières de Bourges, c'est de lui que je ferais la cheville ouvrière de leur Institut, et leur premier législateur, puisqu'il fut en réalité l'auteur des Règles qui ont établi la coutume de l'Hôpital et qu'elles ont uniquement suivies jusqu'à la règle écrite en 1774.

Son influence dans la maison était bien supérieure à celle d'un chapelain ordinaire. Les services rendus lui avaient fait une place à part, en même temps que son savoir et ses mérites le mettaient au niveau des plus grands. Aussi était-il admis aux réunions du Bureau « avec voix non seulement *excitative*, mais *délibérative;* » ce qui, par le fait de son séjour dans la maison même, lui assurait dans les discussions une prépondérance nécessaire dont il ne cherchait à se prévaloir qu'au grand profit de l'Hôpital.

Nous terminerons ce que nous avons à dire sur cette première période de notre histoire par la sainte mort, à l'Hôpital, d'un sieur de Mahis, dont Catherinot parle en ces termes :

« C'est le premier qui, pleinement convaincu des principes de notre religion, s'est allé loger dans l'Hôpital même, comme dans un lieu dévoué à la sainteté pour se disposer à une mort précieuse devant Dieu, telle qu'est celle des Saints. Il mourut le 25 août 1672. Sa mort fut le miroir et l'écho de sa vie. Il décéda aussi pieusement qu'il avait vécu, et fut inhumé suivant sa volonté et à la manière ancienne de l'Eglise, dans le cimetière commun des pauvres, après leur avoir donné une partie de ses biens. »

Admirable exemple d'humilité et de charité, bien propre à encourager les pensionnaires de l'Hôpital à supporter leur sort, et à enlever aux yeux des gens du monde et des infortunés que la misère et l'abandon poursuivent ce que ces mots contiennent de triste, de repoussant, d'odieux : « *Entrer à l'Hôpital... Vivre à l'Hôpital... Mourir à l'Hôpital !...* »

Hélas ! aujourd'hui sans doute, avec les laïcisations à outrance et les soins intéressés et glacés de la bienfaisance administrative, le séjour de l'Hôpital n'est plus qu'un pis-aller... Mais quand la religion est là pour recevoir le pauvre, quand la Sœur de charité vous accueille et vous soigne avec son doux sourire, à l'Hôpital on voit finir l'isolement qui tue, on refait la famille absente, et, du sein des souffrances plus patiemment supportées, on voit sortir la sainte mort.

IV

Mme Marguerite Salat

SUPÉRIEURE DE L'HOPITAL-GÉNÉRAL DE BOURGES DE L'ANNÉE 1680 AU 6 NOVEMBRE 1683

Mgr Phelypeaux de La Vrillère, 105e archevêque de Bourges, occupait le siège de saint Ursin, quand Mme Salat fut nommée Supérieure de l'Hôpital. C'est ce prélat qui fit bâtir le séminaire magnifique que le malheur des temps a enlevé à sa destination, et dont on a fait la grande caserne d'infanterie qui domine l'Esplanade Saint-Michel. Il en posa la première pierre le 4 avril 1682.

En sa qualité de chef spirituel de l'Hôpital et comme président-né du conseil administratif, il dut être consulté sur le choix de Mme Salat comme Supérieure, et approuva ce choix.

Mme Salat appartenait à une des plus vieilles et des plus honorables familles de la magistrature de Bourges. Elle descendait de ce fameux Jean Salat, sieur de Nuysement et Vizy, qui fut lieutenant-général de Berry, depuis 1490 jusqu'en 1506, et qui, comme tel, présida à l'assemblée de 1492, où fut élu le premier maire de la cité, d'après les patentes du Roy Charles VIII. — A cette assemblée, il fut résolu qu'aucun maire ne serait élu s'il n'était natif de la ville même. Or, ledit Jean Salat fut quatre fois maire dans la suite. Il appartenait donc bien à Bourges et de sang et de cœur, quoiqu'il soit allé mourir à Toulouse, où l'ordre du Roy l'avait transféré comme Président au parlement.

Mme Salat avait été mariée à un riche bourgeois de Bourges, Messire Gilles Rossignon. Du vivant de son mari, et pendant les premières années de son veuvage, elle se plaisait à venir, avec les Dames pieuses de la ville, exercer les œuvres de charité parmi les pauvres de l'Hôpital, et à prêter assistance aux officières de la maison et aux premières Sœurs. Son zèle fut remarqué, et, après la mort de Mme Chenu, comme elle remplissait les conditions de dévouement, de capacité, de position, de fortune, que les administrateurs désiraient alors dans celle qui, avec eux, devait partager le gouvernement de l'Hôpital, elle fut choisie par eux, et accepta cette charge non moins difficile qu'honorable dans un esprit de sacrifice et de foi. En réalité, il s'agissait moins de commander que de servir; ce n'était plus seulement le dévouement libre et facultatif qu'elle avait jusqu'à présent donné, qu'il s'agissait de déployer encore; mais il fallait quitter sa demeure de ville, renoncer à ses aises et à ses habitudes, et venir s'enfermer chez les pauvres pour y vivre et mourir.

Elle n'hésita pas, et l'acte de son décès, seul témoignage écrit qui ait perpétué jusqu'à nous sa mémoire, nous montre que pendant les quatre années de son supériorat, elle fut à la hauteur de sa tâche, et remplit dignement la noble mission de Mère et de Servante des Pauvres qu'elle avait généreusement acceptée.

> « Le 6 novembre 1683, Dame Marguerite Salat, supérieure de l'Hôpital-Général, veuve de messire Gilles Rossignon, bourgeois de Bourges, est décédée après avoir rendu les services aux pauvres près de quatre ans, avec tout le zèle et la charité possibles... Et a été inhumée dans l'église du dit Hôpital, le 10e du dit mois. »

Mme Salat est une des rares Supérieures qui reposent dans la chapelle de l'Hôpital. Elle n'avait ni demandé, ni désiré cet honneur; mais le Bureau crut bon de distinguer ainsi celle qui avait été la première à la peine dans la maison des pauvres. Ce n'était que justice. — Pourtant l'inhumation des Supérieures dans la chapelle ne devint pas la règle, et nous allons voir l'humilité de la remplaçante de Mme Salat contribuer à empêcher cet usage de s'établir par ses dernières volontés.

V

Mlle Marie Chauhiac
supérieure de l'hopital de 1683 a 1686.

Ce n'est encore que par son acte de décès que nous connaissons cette vertueuse Supérieure que le Bon Dieu laissa trop peu de temps à la tête de l'Hôpital. Elle n'avait pas trente-et-un ans quand elle en prit la direction. Par la naissance appartenait-elle à une famille fortunée et bien posée dans le monde ? C'est probable, d'après la règle des administrateurs établie avant elle, et qui continuera après ; mais nous ne pouvons que le supposer, nous n'avons pas de preuves. Elle avait déjà renoncé au monde, et appartenait aux religieuses de la *Congrégation de la Croix*, lorsqu'elle fut choisie. Comment se trouvait-elle à Bourges, et de quelle manière fut-elle amenée à quitter sa congrégation, et à prendre la direction d'une autre en voie de se former ? — Il y a là quelque chose d'obscur que nous ne pouvons expliquer que par les besoins de l'Hôpital, la capacité, les mérites et les vertus exceptionnels de la jeune Supérieure. Mais ce qui n'est pas douteux, c'est que ce choix accuse un progrès dans la marche de l'œuvre des Sœurs Hospitalières. Habituée à la discipline religieuse et aux exigences qu'inspire la vie de communauté, elle en donna le goût aux Sœurs qu'elle avait à conduire, et malgré la courte durée de son supériorat, elle laissa une trace durable de son passage. Elle rendit possible le projet auquel les administrateurs avaient pensé dès le commencement, et qu'il était donné à Mme Motin qui la remplaça, de réaliser plus pleinement encore : je veux dire : la constitution des Officières de l'Hôpital-Général en *Sœurs à demeure*, selon l'expression de M. Renaudet, ou si l'on veut, en corps de communauté religieuse, — avançant lentement, mais progressivement et sans recul jusqu'à la perfection de l'état.

Elle mourut à l'âge de trente-trois ans. Il y avait deux ans et demi qu'elle était entrée en charge ; mais elle laissa une vive impression dans l'âme de tous ceux qui l'avaient vue à l'œuvre, et en particulier dans l'âme de ses compagnes de dévouement. On ne saurait lire, sans sentir passer en soi comme un reste de la lointaine émotion qui fut éprouvée à sa mort, les courtes lignes consacrées à sa mémoire dans le registre des décès :

« Le 19 septembre 1686, à deux heures du matin, est décédée à l'Hôpital, vertueuse fille, Marie Chauhiac, religieuse de la Congrégation de la Croix, âgée de trente-trois ans, après avoir rendu aux pauvres de l'Hôpital-Général les services pendant deux ans et demi en qualité de Supérieure. Dieu la voulut prendre et couronner au commencement d'une si belle carrière, après avoir éprouvé sa fermeté et sa constance dans les souffrances, en un grand nombre d'occasions, et nommément en sa dernière maladie qui dura un mois, sans lui donner aucun relâche ; et sans pourtant, quelque violente qu'elle fût, l'avoir ébranlée aucunement..... Laquelle enfin a voulu être enterrée au milieu de ses pauvres enfants, membres de Jésus-Christ, au cimetière, proche la Croix..... »

« Dieu, est-il dit, éprouva sa fermeté et sa constance en un grand nombre d'occasions. » Ces mots donnent à réfléchir, et rapprochés de certaines délibérations de cette époque sur les registres de l'Hôpital, nous portent à penser que le court supériorat de Mlle Chauhiac fut presque un long martyre. Avec la maladie et la souffrance pour elle-même, elle eut à craindre pour ses pauvres bien-aimés la misère et peut-être la faim.

Un établissement qui ne vit que d'aumônes et de charités, et qui n'a point de revenus assurés, est voué à bien des incertitudes, et a souvent à s'ingénier et à combattre pour l'existence. Quelle que soit la générosité humaine, elle est sujette à bien des fluctuations, et, quand elle doit durer longtemps, elle se fatigue ou se trouve entravée par des obstacles qu'elle n'avait pas prévus. Telle était la situation de l'Hôpital après trente années écoulées. La charité privée continuait ses efforts pour lui venir en aide; mais l'ardeur de la fondation diminuait dans les âmes ; les dons et les oblations s'épuisèrent à mesure; le nombre des pauvres ne diminuait pas; et dans le mois qui précéda la mort de Mlle Chauhiac, la pénurie devint si grande, que les administrateurs durent recourir à la haute intervention de Mgr l'Archevêque, et le prier de se joindre à eux pour aviser aux moyens de tirer l'Hôpital d'embarras. — C'est ce que prouve la délibération suivante inscrite aux registres de l'Hôtel-Dieu, à la date du 20 août 1686.

« Délibération tenue pour trouver un moyen de faire subsister les pauvres de l'Hôpital... Où étaient présents : Mgr l'Archevêque, le vénérable abbé de Saint-Sulpice, et MM. Moreau, Jacquemet, Guénoys, Roger, Lelarge, Dedysen, Leclerc de Bournon, Gandard, trésorier.

« M. Gandard, l'un des Messieurs les administrateurs et trésorier d'icéluy, a remontré la nécessité extrême à laquelle est réduit ledit Hôpital, tant parce qu'il n'y a présentement que très peu de blé dans les greniers, qu'à cause qu'il n'y a pas de deniers pour en acheter, joint qu'il y a plusieurs mandements tirés sur lui depuis longtemps qu'il n'est point en état d'acquitter ; non plus que de fournir à la dépense ordinaire de chaque semaine ; sur quoi il a prié la compagnie de délibérer pour tâcher de trouver les moyens de faire subsister les pauvres ; et particulièrement pour faire quelques provisions de blé dont il y a une nécessité plus indispensable..... Sur laquelle proposition la compagnie a formé divers avis ; l'un, pour faire un emprunt de deniers ; l'autre pour faire taxer les habitants..... Mais après une mûre délibération faite sur lesdits moyens et autres qui ont été proposés, dans lesquels on a remarqué plusieurs inconvénients, il a été conclu unanimement que chacun ferait un prêt et une avance de trois louis d'or, sauf à les répéter lorsque l'Hôpital serait en état d'une meilleure fortune ; et à l'instant, Monseigneur a donné gratuitement et libéralement la somme de 100 livres, dont la compagnie l'a très humblement remercié ; et MM. le vénérable abbé de Saint-Sulpice,

Moreau, Jacquemet, Guénoys, Roger, Lelarge, Moreau, Gandard, Dedysen, Leclerc, de Bournon, chacun trois louis d'or, valant, chaque louis, la somme de 11 livres 10 sols; et outre ce, ledit sieur Jacquemet a mis encore sur le bureau la somme de six vingt livres, qui lui a été mise entre les mains par une personne particulière. Ce qui fait en tout la somme de 599 livres 10 sous, dont ledit sieur Gandard s'est chargé pour subvenir aux plus pressantes nécessités dudit Hôpital. »

Cette délibération si honorable pour Messieurs les administrateurs ecclésiastiques et civils, Mgr l'Archevêque à leur tête, qui, au lieu de grever l'Hôpital d'un emprunt, ou de faire imposer les habitants, comme les y autorisait la Patente royale, préféraient s'imposer eux-mêmes afin que leurs chers pauvres ne dussent rien qu'à eux, se tenait quand la jeune et dévouée Supérieure, clouée par la maladie sur le lit de souffrances, voyait venir et attendait la mort. Ce fut pour elle une consolation de savoir que ses pauvres enfants, pour le moment du moins, étaient arrachés au besoin, et elle s'endormit dans le Seigneur, emportant leur amour et leur reconnaissance au ciel.

Il est à présumer que la misère pressante de l'Hôpital ne fut pas sans influence sur le choix de la Supérieure qui fut appelée pour remplacer la vertueuse Dlle Marie Chauhiac. Choix heureux s'il en fut, car il donna à la maison la plus généreuse bienfaitrice, et aux Sœurs Hospitalières celle qu'elles ont toujours considérée et honorée comme leur première Mère, la bonne, la pieuse, la vénérable Mme Motin.

VI

Madame Anays Motin,
supérieure de l'hopital-général de bourges
de 1686 au 10 septembre 1700.

Continuation de l'Episcopat de Mgr Phelypeaux de La Vrillière.
Commencement de l'Episcopat de Mgr Pothier de Gesvres.

Une tradition religieusement conservée parmi les Sœurs de l'Hôpital-Général, leur a fait considérer jusqu'à présent Mme Motin comme la vraie fondatrice et la première Supérieure de leur Congrégation. Elles aimaient à mêler dans leurs plus lointains souvenirs les deux noms vénérés de Mgr de Ventadour et de Mme Motin. — Ce n'est pas sans un profond déchirement de cœur, après les récentes recherches opérées par elles-mêmes, dans les archives de l'Hôpital, qu'elles ont dû se résigner à placer devant elle à l'origine de leur Institut, les Dames et Sœurs dont nous avons parlé. — Mais si, dans l'ordre chronologique, elle ne vient plus que la quatrième, en tant que Supérieure, après les Dames Chenu, Salat et Chaubiac, elle continue néanmoins à garder dans leur affection et leur reconnaissance le rang qu'elle méritait si bien par sa charité, sa sagesse, ses vertus, ses bienfaits, et aussi par l'allure régulière et la sage organisation qu'elle sut imprimer à leur ordre naissant.

Transcrivons tout d'abord, dans sa saveur caustique et originale, cette page que lui a consacrée une de ses filles d'aujourd'hui :

« La plus constante de nos traditions fait de Mme Motin la cheville ouvrière de la fondation de l'Hôpital-Général... Une des premières, elle s'était consacrée au service de l'œuvre, et elle jouissait d'une grande considération parmi ses compagnes...

« Mais quelle était ou quelle devait être la position sociale de Mme Motin ?

« Vers 1615, naquit à Bourges un homme dont Boileau a conservé la mémoire par ces deux vers :

J'aime mieux Bergerac et sa burlesque audace
Que ces vers où Motin se morfond et nous glace.

« Ce Motin n'était déjà pas un si mauvais poète que pourrait le faire croire le persifflage du malin satirique. Assurément, il n'était pas un homme à soutenir une comparaison quelconque avec les illustrations littéraires du XVIIe siècle ; mais entre le pire et le parfait il se trouve un milieu permettant des degrés. Si Motin n'eut pas tenu un rang convenable dans ces degrés, le correct et malicieux Boileau eût dédaigné son nom comme celui de tant d'autres. De plus, s'il ne s'en est pas servi pour le besoin de la rime, à la place de celui du malheureux Cotin, c'est parce que, en définitive, il y avait plus que du médiocre dans les poésies de Motin. Peu nous importe, d'ailleurs ; ce qui nous intéresse, c'est que Motin naquit à Bourges en 1615, et que, par conséquent, il devait être le frère de Mme Motin. Cela est d'autant plus probable que Mme Motin possédait une fort jolie fortune, et que la position d'un poète qui ne veut pas mourir de faim, même et surtout au XVIIe siècle, demandait, à défaut d'un talent transcendant, une situation pécuniaire très établie.

« Mme Motin, d'après ces déductions, appartenait à une famille riche et honorable, etc. »

Notes de la Communauté.

Nous aurions bien quelques observations à faire sur ces déductions si finement présentées. Nous préférons les accepter telles quelles, nous contentant d'ajouter au mérite de la fortune et de la naissance chez Mme Motin, et au mérite littéraire fraternel plus ou moins contestable, un autre titre d'honneur qui nous touche bien plus.

Nous trouvons le nom d'un *Motin,* ancêtre de notre Supérieure, à côté des noms des Fradet, des Jaupitre, des Huault, des Sallé, des Corbin, des Girard, des Barathon, etc., dans la fameuse convention signée le 18 mai 1568, sous la présidence de Mgr Jacques Le Roy, archevêque de Bourges, assisté du maire Hiérôme Chambellan, par 236 habitants de la ville *par laquelle ils jurèrent et promirent de s'unir tous ensemble, et d'avoir une même volonté pour défendre et maintenir la religion catholique, apostolique et romaine contre les empiétements et tentatives des Hugenots.* »

La Thaumassière. Liv. III.

Mme Motin appartenait donc non seulement à une famille fortunée, mais surtout à une famille chrétienne, solidement attachée à la religion, qui en avait donné des preuves, et prête à tous les sacrifices pour sa gloire et pour sa défense.

La noble femme avait hérité de la foi des aïeux. Elle commença par se donner elle-même, et finit par donner tout ce qu'elle possédait aux pauvres et à Dieu. Elle aimait depuis longtemps l'Hôpital quand les administrateurs, inquiets de son avenir, sollicitèrent son concours pour diriger l'intérieur des différents services et en particulier tout le personnel féminin, domestiques, Officières et Sœurs. Mêlée à ces dernières en qualité de dame de charité du dehors, elle était déjà exercée aux fonctions et aux vertus des Hospitalières. A peine installée, elle prit à tâche de se perfectionner d'abord elle-même dans la pratique de ce précieux et difficile état, puis de régulariser, de grouper, d'unifier cette famille si peu nombreuse de dix à douze Sœurs et Officières de l'Hôpital, vivant un peu au hazard, chacune en son office, et qui, pour se recruter, n'avait pas d'autre règle que le bon vouloir des administrateurs qui improvisaient, selon les besoins du moment, des Officières et même des Sœurs. Sous le supériorat de Mme Motin, le temps des épreuves ou noviciat, d'abord très court, va s'augmentant d'admission en admission, et passe de un mois à deux mois, puis à trois, et enfin à un an.

En avril 1692, Jeanne Pelletier est admise après une épreuve d'un mois seulement.

En juin 1695, les deux demoiselles Dugué sont admises après une épreuve de deux mois.

En décembre même année, Catherine Groslier est admise après trois mois d'épreuves.

Et enfin en février 1699, Françoise Parent, avant d être reçue Sœur, doit subir une épreuve d'un an entier.

Ce qui est l'indice caractéristique de l'influence de Mme Motin, de la considération qu'on avait pour elle, et en même temps d'un progrès réel et indispensable pour l'organisation, le bon fonctionnement et la subordination de l'Institut en voie de formation, l'omnipotence des administrateurs pour le recrutement des Sœurs s'atténue par l'avis demandé à la Supérieure avant toute admission définitive. Dorénavant sur les actes de réception d'Officières ou de Sœurs figurent ces mots : *Ouï Mme Motin,* — ou bien *: Avis pris de Mme Motin,* — et parfois *: des autres Sœurs.*

L'esprit d'ordre et de régularité que Mme Motin sut inspirer autour d'elle était tel qu'il agit même sur le conseil directorial, et que Messieurs les administrateurs se piquèrent d'amour-propre pour observer eux-mêmes avec plus de fidélité les règlements que l'amour de leurs frères leur avait fait librement accepter. C'est ce que témoigne la délibération suivante par laquelle ils assurent la bonne tenue de leurs livres, et se précautionnent contre leurs propres manquements et oublis :

3 novembre 1695.

Le bureau ayant jugé à propos de rétablir l'ancien ordre observé dans l'Hôpital afin d'éviter que les affaires des pauvres ne soient négligées ; il a été résolu qu'à l'avenir Monsieur le chapelain dudit Hôpital se trouverait à toutes les assemblées qui s'y tiendront, et qu'il aura un registre sur lequel il inscrira les noms de MM. les administrateurs qui seront présents, et les délibérations qui seront prises pour l'administration des affaires et pour les besoins journaliers de la maison ; desquelles délibérations, Monsieur le Chapelain procurera l'exécution, en faisant souvenir à chacun jour de bureau, à ceux qui auront été commis pour quelque affaire, d'en rendre compte à la compagnie.

Signé : GUIGNARD, LE ROY, DAMOURS, DE LA THAUMASSIÈRE, MERCIER.

Ce chapelain qui fut investi des fonctions de secrétaire et de moniteur du bureau était M. Bourgognon, nommé le 12 juin 1691, par acte signé de Mgr Phelypeaux, archevêque de Bourges, *pour ecclésiastique de l'hôpital, avec traitement*, est-il dit, *de 150 livres par an, comme ses prédécesseurs.*

Nous avons à enregistrer sous le supériorat de Mme Motin le décès de deux Sœurs dont l'entrée à l'Hôpital est perdue dans les années de la fondation. — Les Sœurs Barbier et Madeleine Dugué. — Cette dernière était l'amie intime de Mme Motin. Avec l'amour des pauvres, c'était aussi l'amitié qu'elle avait pour cette digne sœur qui avait attiré longtemps Mme Motin à l'Hôpital avant de s'y installer définitivement et de quitter le monde. Elle fut heureuse de l'y rejoindre, et de trouver dans son cœur un appui pour porter avec elle le fardeau honorable, mais quelquefois bien lourd, de la charge de Supérieure. Sœur Madeleine Dugué en mourant, et de son vivant aussi, fit diverses donations à l'Hôpital, dont il est fait mention dans un inventaire conservé aux archives de la préfecture. — Elle fit mieux que de lui donner de l'argent et des terres, elle lui donna deux de ses nièces, Mlles Marie et Marguerite Dugué, qui, entrées à l'Hôpital comme postulantes, et reçues Sœurs le 28 juin 1695, furent plus tard, l'une après l'autre, Supérieures de l'Hôpital-Général, et commencent la série des *Supérieures Hospitalières*, formées par le noviciat hospitalier de la maison, qui remplaceront les *Dames du dehors*, et gouverneront d'après la *coutume* en attendant la règle écrite.

Une autre des novices de Mme Motin, Sœur Catherine Groslier, deviendra aussi supérieure, après les deux sœurs Dugué, et occupera une grande place dans la congrégation.

Si l'on considère le respect, la vénération dont les jeunes aspirantes à la profession religieuse entourent les Mères directrices qui, dans le recueillement du noviciat, les préparent à leur saint état et les introduisent dans la voie désirée, on comprendra facilement l'espèce de culte que l'Institut a conservé à la mémoire de Mme Motin, et qu'elles ont bien des raisons de voir en elle comme leur fondatrice, puisque trois des filles qu'elle avait formées de ses exemples et de ses leçons devinrent les trois premières Mères Supérieures tirées de leurs rangs, et mirent fin à la prescription qui faisait venir du dehors les *Dames* que la volonté des administrateurs plaçait à la tête de l'Hôpital.

Au mois d'avril 1694, un grand deuil avait frappé l'église de Bourges; Mgr Phelypeaux de La Vrillière était mort à Paris. L'Hôpital-Général perdait en lui un protecteur généreux, les Sœurs Hospitalières un supérieur spirituel qui leur avait toujours montré le plus bienveillant intérêt, et qui plusieurs fois avait daigné venir en personne présider à la réception des Officières et des Sœurs.

Il légua en mourant quarante mille francs à l'Hôpital. Qu'est-il besoin de plus pour bien montrer l'affection qu'il lui portait?

A Mgr Phelypeaux de La Vrillière succéda sur le siège de Bourges Mgr Léon Pothier de Gesvres, nommé le 29 mai 1694, et entré en possession le 13 mars 1695. Quelques mois seulement après son installation, il trouva le temps de s'occuper de l'Hôpital, et nous le voyons diriger une réunion du Bureau, où sont prises différentes mesures pour le bon ordre de la maison et le bien des pensionnaires renfermés dans ses murs.

Mme Motin continua à gouverner l'Hôpital cinq ans encore après l'installation de Mgr de Gesvres. Enfin le 10 septembre 1700, Dieu jugea le moment venu de l'appeler à Lui et de la couronner. Mais avant de mourir, elle n'oublia pas ses chers pauvres. Si, comme nous le présumons, sa position de fortune n'avait pas été indifférente au choix que l'on avait fait d'elle comme Supérieure, on ne s'était pas trompé en comptant sur sa générosité et sur sa bonté. — Déjà de son vivant, elle avait fait don à la maison de plusieurs sommes importantes pour des besoins urgents. Le 19 mai 1693, elle avait fait remise de 400 livres qu'on lui devait. — Le 7 avril 1696, elle affecta une somme de 600 livres pour rétablir un fonds de messes à perpétuité dont le capital avait été employé par l'administration dans un cas de nécessité extrême.... Par son testament, elle laissa aux pauvres de l'Hôpital, qu'elle appelait ses enfants, tout ce qu'elle possédait. — M. Villot, chanoine de la Sainte-Chapelle, avait été chargé de l'exécution de ses dernières volontés.

Nous n'avons pu retrouver le texte du testament de Mme Motin, mais dans les registres conservés à l'Hôtel-Dieu, nous avons relevé quelques-unes des importantes donations faites par la généreuse Supérieure.

1° Recouvrement d'une somme de 1580 livres provenant des effets mobiliers de la succession de feue Mme Motin, ajoutée à une somme de 3300 livres déjà payée pour le même objet.

Délibération du 28 décembre 1700.

2° Prise de possession d'une maison et de ses dépendances, située au faubourg *Charlé*. — *Item*, — d'un arpent de vigne, paroisse de Vasselay, moyennant une indemnité due à MM. de Saint-Ursin.

Délibération du 12 avril 1701.

3° ... Maison, rue Saint-Médard, provenant de la succession Motin...

... Autre maison, sise rue des Pavés, paroisse de Saint-Pierre-le-Marché...

... Plus 12 boisselées de terre, sises au terrain des Croix, paroisse de Vasselay...

Délibération du 23 septembre 1706.

Le 18 janvier 1702, le sieur Villot, chanoine, exécuteur testamentaire de Mme Motin, déposait sur le Bureau tous les titres et papiers concernant ladite succession et recevait décharge. — Ces titres et papiers furent remis dans le trésor de l'Hôpital, avec le double du compte. Il est bien regrettable que ces titres et papiers aient si complétement disparu pour la mémoire vénérée de cette bienfaitrice insigne dont le nom mériterait d'être gravé en lettres d'or à l'endroit le plus apparent de la maison des pauvres.

Voici les noms des Sœurs Hospitalières qui occupèrent les différents offices de la maison sous le supériorat de Mme Motin :

Anciennes Sœurs reçues sous les précédentes supérieures à une date ignorée.	Sr Barbier. Sr Madeleine Dugué. Sr Catherine Alamargau. Sr Denise. Sr Chaillou. Sr Anne Champeaux.
Jeunes Sœurs et Officières reçues sous Mme Motin.	Sr Jeanne Pelletier, 1er Juillet 1692. Sr Marie Dugué, Sr Marguerite Dugué, 28 juin 1695. Sr Catherine Groslier, 16 décembre 1695. Sr Françoise Parent, 17 février 1699. — Charlotte Guénin, Officière.

Veut-on savoir à quelles conditions ces vertueuses filles donnaient leurs soins et leurs services, et combien MM. les administrateurs étaient peu prodigues à leur endroit des deniers des pauvres ? Parmi quantité de délibérations de même nature, nous prenons celle-ci au hasard :

> Le 30 novembre 1693, Sœur Anne Champeaux se présente au bureau, et au lieu de son entretien (effets, habillements), qui lui était dû, demande une somme de.... pour y pourvoir elle-même, afin de ne pas fatiguer l'administration de ses demandes. — L'administration, en considération des bons services présents et à venir de la Sœur, ensemble de la donation faite par elle, en deniers comptants, de la somme de 500 livres,.. lui accorde la somme de *10 livres* par chacun an, pour son entretien, à commencer en l'année prochaine, 1694.

Dix livres!... Bonne Sœur, il n'y avait pas à craindre d'abus!...

VII

Mme Charmoy,
SUPÉRIEURE DE L'HOPITAL-GÉNÉRAL DE BOURGES DE 1700 A 1721.

Ce long supériorat de vingt-et-un ans est couvert tout entier par le glorieux pontificat de Mgr Léon Pothier de Gesvres, 106e archevêque de Bourges.

La date exacte de la nomination de Mme Charmoy comme Supérieure nous manque. Nous ne savons pas dans quelles conditions elle fut choisie pour remplacer Mme Motin ; nous ne savons rien non plus de ses origines et de sa famille. Il est fait mention d'elle pour la première fois dans la réception de Sœur Anne Vanot, le 20 août 1701. Elle signe l'acte de réception de cette Sœur avec les administrateurs — *après avoir été consultée sur l'admission, comme il est dit dans l'acte.* — Rien ne démontre que Mme Charmoy ait habité l'Hôpital avant sa nomination comme Supérieure, et qu'elle y ait fait fonction d'Officière ou de Sœur. De sorte que pour elle, comme pour les Dames qui l'ont précédée, nous devons nous en tenir aux probabilités de la tradition, et nous ne pouvons affirmer avec la certitude de l'histoire. D'après l'opinion que nous nous sommes faite, et qui semble bien véritablement avoir été le système établi par les administrateurs ecclésiastiques et laïques de cette époque pour le choix des premières Supérieures, Mme Charmoy devait appartenir à une bonne famille de Bourges, et être capable par ses qualités connues d'avance, aussi bien que par sa position dans le monde, d'exercer une influence favorable à l'Hôpital-Général. Cet établissement n'était pas encore sorti de la période laborieuse ; les revenus étaient plus que médiocres. Il n'en avait guère d'autres solidement assurés que ceux de l'héritage de Mme Motin. Ce n'était rien pour lui. Il fallait bien que la Supérieure, par son savoir-faire et par ses relations, pût aider aux ressources journalières de la charité. De plus, la règle de la maison subordonnait entièrement les Sœurs aux administrateurs, et ceux-ci auraient cru perdre de leur autorité en donnant à ces dévouées servantes des pauvres une des leurs pour Supérieure. Ce résultat inévitable autant que nécessaire devait se faire attendre une trentaine d'années encore.

Dans la première année du supériorat de Mme Charmoy, l'administration de l'Hôpital eut fort à faire pour recueillir la succession de la regrettée Mme Motin. Les héritiers naturels tentèrent de faire opposition au testament. M. Gallois fut adjoint à M. Villot, désigné par la défunte comme son exécuteur testamentaire, et le bureau leur donna plein pouvoir pour requérir, par devant le prévost de Bourges l'exécution du testament, les autorisant aux dépenses nécessaires (Délibération du 21 décembre 1700), et à faire valoir contre les prétendants les droits des enfants de l'Hôpital délaissés par Mme Motin. Après différentes transactions avec les ayants-droit, et l'exécution de plusieurs legs particuliers de la généreuse bienfaitrice aux chapitres d'églises de la ville, nous avons vu que M. le chanoine Villot déposait le 18 janvier 1702 sur le bureau de l'Hôpital tous les titres et papiers concernant la succession liquidée et recevait décharge.

Le 30 avril 1705, Mgr l'Archevêque, usant de son droit de premier chef de l'administration et de premier supérieur de l'Hôpital, afin d'obvier à quelques abus et négligences, proposa, dans une assemblée générale du bureau, présidée par lui-même, de faire faire une armoire pour conserver les titres et papiers concernant les biens et affaires de l'établissement, à laquelle armoire seraient attachées trois serrures différentes dont les clefs seraient aussi entre les mains de trois personnes, savoir : une entre les mains de l'administrateur de semaine : l'autre entre les mains du chapelain de l'Hôpital ; et la troisième entre les mains de celui auquel Monseigneur jugerait à propos de la donner.

— Dans cette même réunion, d'autres mesures importantes furent prises relativement au personnel hospitalier, à l'admission des pauvres, et au règlement intérieur de la maison.

1° Pour le personnel, il fut décidé que l'on recevrait 2 filles de plus, *en surveillance* des Sœurs qui sont à la cuisine et à la boulangerie ; auxquelles Sœurs les dites filles seraient soumises et obligées d'obéir. On leur donnerait seulement le titre *d'Officières*, et elles seraient *habillées différemment des Sœurs.*

Nous allons revenir dans un instant sur ce point qui provoque quelques réflexions, et pose pour la première fois la question du costume des Sœurs.

2° Pour la réception des pauvres, soit qu'on se fût montré trop facile jusque-là, soit que chacun des administrateurs se crût en droit de faire entrer qui il voulait sans consulter les autres, il fut décidé qu'aucun pauvre à l'avenir ne serait admis sans délibération et avis formel du bureau.

3° Les pauvres internés obtenaient sans trop de difficulté la permission de sortir pour aller en ville ; le règlement intérieur et le bon ordre en souffraient, sans compter ce qui se passait au dehors. — Il fut décidé que dorénavant les pauvres ne sortiraient plus sans une nécessité réelle de laquelle serait juge l'administrateur en semaine. Et celui-ci était prié de n'accorder la permission aux filles que dans une grande nécessité.

Ce ne fut pas la seule fois que Mgr de Gesvres montra combien il s'intéressait à l'Hôpital Général. Il avait la passion des pauvres, et il se plaisait au milieu d'eux, comme s'il voulait oublier par le spectacle de leur misère les magnificences de la cour de Louis XIV, où l'appelaient, plus souvent qu'il ne l'eût désiré, sa naissance, son grand nom, sa charge, et la confiance qu'avait en lui le grand Roi.

Le 23 septembré 1706, nous le voyons encore faciliter de son intervention personnelle une transaction entre les RR. PP. abbés et religieux de Saint-Sulpice, et les administrateurs de l'Hôpital, relativement à une clause du testament de Mme Motin, onéreuse pour l'Hôpital.

Revenons, comme nous l'avons dit, sur la question du personnel et du costume.

Deux réflexions nous semblent devoir trouver ici leur place.

Ces filles dont il est parlé plus haut, qui sont *mises en surveillance des Sœurs,* et qui resteront *Officières,* sans pouvoir s'élever au-delà, et auront un *costume différent* de celui des Sœurs, ne doivent-elles pas être considérées d'ores et déjà, comme les premières *Sœurs converses* de l'Institut hospitalier ? Ce ne sont plus des novices ordinaires pour lesquelles le passage par les divers offices n'était que l'apprentissage de l'état de Sœurs, elles sont créées dans une situation subordonnée, pour des services déterminés dont elles ne seront jamais les premières titulaires ; en un mot, elles sont et doivent demeurer les *servantes des servantes* des pauvres.

Quant au costume que les Sœurs portaient à cette époque, et qu'il est défendu aux simples Officières de porter, nous avons tout lieu de croire qu'il ne devait guère différer de celui que les Hospitallières de Bourges portaient au moment de leur dispersion en 1792, et que Mme Bourgoing reprit quand on lui confia de nouveau la direction de l'Hôpital en 1802, et qu'elle porta jusqu'à sa mort. D'après la description qui nous en a été faite par la vénérable Mère Saint-Augustin qui l'avait porté elle-même du temps de Mme Bourgoing, il consistait : 1° dans une robe gris-cendre foncé, avec basques et grandes manches ; — 2° dans un fichu simple en toile blanche ; 3° un tablier noir avec pièce ; — 4° une cornette en toile, moins longue et moins large que celle qui est portée aujourd'hui, attachée sous le menton et dans le haut après la bande ; 5° un voile noir pour aller à la Sainte Table ; 6° en hiver, un capuchon en drap.

Pendant le supériorat de Mme Charmoy, le personnel de la petite communauté se maintint tout le temps au complet, et nous avons pu en reconstituer à peu près intégralement l'état qu'on trouvera plus loin. Les demandes affluaient et dépassaient les besoins ; et plusieurs fois on dut recevoir des aspirantes d'avenir, qu'on ne voulait pas perdre pour le bien de la maison, en prolongeant indéfiniment l'épreuve d'Officière, et en ne leur promettant le titre et le rang de Sœur que quand des vides se feraient.

> Le 20 août 1701, Dame Anne Vanot, avait été reçue Sœur sous le nom de *Sœur Anne.*

Nous n'avions pas encore relevé dans les actes cet abandon du nom de la famille pour prendre un nom de religion. Désormais le fait sera fréquent, et ne tardera pas à devenir la règle.

> Le 5 mai 1705, en suite de la délibération du 30 avril, même année, la demoiselle Marie des Trillers est reçue en surveillance de la Sœur Vanot, chargée de la boulangerie, pour prendre rang de Sœur seulement après la mort de l'une de celles qui sont à présent au service de l'Hôpital.

> Le 17 juin 1710, Jeanne Lano est admise comme *Officière* pour être reçue Sœur à la première vacance.

Nous remarquons dans l'acte d'admission de Jeanne Lano, cette clause singulière : « A charge de l'entretenir en santé et en maladie, même *de coëffes et de souliers, encore qu'elle ne soit qu'Officière*, et elle sera *nourrie comme les malades* de la maison. » Ce qui semble constituer, et constituait en effet un privilège en sa faveur. Les Sœurs n'avaient pas d'autre nourriture que la nourriture des pauvres. Les bons morceaux et les douceurs étaient réservés aux malades et aux convalescents. — L'entretien *même de coëffes et de souliers* montre assez que celles qui se dévouaient au service des pauvres, à charge seulement d'être nourries et vêtues, avaient encore le privilège de garder à leur compte personnel une part de leur entretien.

Le 6 décembre 1712, Marie Babet est reçue Officière, sans aucune promesse d'être Sœur.

Le 2 mai 1713, Marie Roy et Marguerite Beauvais sont reçues dans les mêmes conditions.

En cette année 1713, deux Sœurs de l'Hôpital, les Sœurs Catherine Alamargau et Denise, rendaient leur âme à Dieu. — C'était deux places vacantes. Parmi les aspirantes qui depuis longtemps attendaient, qui allait les remplir ? Le choix des administrateurs se porta sur l'Officière Jeanne Lano pour remplacer Sœur Catherine, et sur Marie Roy, pour remplacer Sœur Denise.

Il y avait trois ans que Jeanne Lano soupirait après le titre qu'elle venait enfin d'obtenir. La volonté de Dieu lui permit à peine d'en jouir. Souffrante elle-même, elle s'était dévouée aux souffrants, et ce fut à cause de sa faible santé qu'on lui accorda le privilège de la nourriture des malades que nous avons fait ressortir. Un an après avoir revêtu le saint habit de Sœur, elle mourait dévotement entre les bras de ses compagnes. Comme le nombre des Hospitalières dépassait alors les besoins, elle ne fut remplacée comme Sœur que 6 ans après son décès par l'Officière Marguerite Beauvais, le 26 mars 1720.

Le nombre des Sœurs variant de 12 à 18, et ayant très rarement dépassé ce chiffre avant la Révolution, le tableau qui suit doit contenir, à une ou deux exceptions près, les noms de toutes les collaboratrices de Mme Charmoy.

Sœurs antérieures à Mme Charmoy :

Sœur Chailloux.
Sr Françoise Parent.
Sr Catherine Alamargau.
Sr Denise.
Sr Anne Champeaux.
Sr Jeanne Pelletier.
Sr Marguerite Dugué.
Sr Marie Dugué.
Sr Catherine Groslier.
Sr Charlotte Guénin, Officière.

Sœurs reçues sous Mme Charmoy :

Sr Anne Vanot.
Sr Marie des Tillois.
Sr Jeanne Lano.
Sr Marie Roy.
Sr Marguerite Beauvais.
Sr Marie Babet, Officière.

La mort de Mme Motin avait considérablement accru l'avoir de l'Hôpital. Ses pieuses filles, dans la mesure de ce dont elles pouvaient disposer, cherchaient à marcher sur ses traces. Non seulement elles ne faisaient pas payer leurs services, mais elles se dépouillaient volontiers de ce qui leur venait de chez elles ou d'ailleurs, en faveur des pauvres.

Sœur Jeanne Lano, en entrant, donne 150 livres à l'Hôpital.

Délibération du 17 juin 1710.

L'Officière Marie Babet verse 250 livres.

Délibération du 6 décembre 1712.

Sœur Marguerite Beauvais 200 livres.

26 août 1717.

Les deux Sœurs Marie et Marguerite Dugué dont la tante avait déjà donné beaucoup à l'Hôpital font donation aux pauvres, *pour raison de piété*, d'une somme de 300 livres.

Délibération du 24 avril 1714.

Ces sommes, sans doute, ne paraîtront pas très fortes aux gros manieurs d'argent d'aujourd'hui; mais, à cette époque, elles avaient une importance qu'il ne fallait pas dédaigner; et d'ailleurs, aux yeux de Dieu qui regarde le cœur plus que la main qui donne, les quelques centaines de francs donnés pour son amour par ces modestes Sœurs, durent peser dans sa balance plus que les aumônes fastueuses de la vanité.

Parmi les donations faites à l'Hôpital, en voici une qui certainement attira sur son auteur les regards favorables du ciel.

Dans la paroisse de Mèry-ès-Bois, voisine d'Henrichemont, était un médecin-chirurgien qui aimait Dieu et les pauvres pour Dieu. Jouissant par lui-même d'une assez large aisance, il ne cherchait aucunement à faire de son état un moyen d'augmenter sa fortune. Il recevait ce que les riches lui devaient pour ses soins, mais afin de le distribuer ensuite aux pauvres qu'il visitait. Ainsi il amassait des trésors pour le ciel.

Germain Pontois était son nom.

Au commencement de l'année 1711, il se sentit atteint de la maladie qui devait le conduire au tombeau. Certain que désormais ses jours étaient comptés, il se prépara à la mort, et remercia Dieu de lui laisser assez de temps pour qu'il fût digne de paraître devant lui.

Cet homme de bien avait une fille, son unique regret était de la laisser après lui, trop jeune encore pour pouvoir se suffire à elle-même, seule et sans mère, exposée à tous les dangers du monde.

Elle n'avait que quatorze ans.

Dans son inquiétude paternelle, il demanda à l'Esprit-Saint de l'éclairer sur ce qu'il devait faire. La pièce qu'on va lire apprendra ce que l'Esprit-Saint lui dicta :

« Aujourd'hui, 24 janvier 1713, a été remontré par M. l'abbé Triboudet à MM. les administrateurs soussignés, que le 19 dudit mois, il fut apporté en son hôtel le testament de feu Germain Pontois, en son vivant chirurgien au bourg de Méry-ès-Bois, en date du 27 juin 1711 par lequel il donne aux pauvres de l'Hôpital tous et chacun des biens meubles et immeubles, dont l'état est en tête de son testament à la charge qu'Anne Pontois, sa fille unique, sera élevée, nourrie et entretenue audit Hôpital, comme les Sœurs, désirant qu'elle soit instruite à soulager les pauvres dans l'infirmerie de la maison, pour, dans la suite, être admise parmi les autres Sœurs ; et si, par hasard, elle vient à mourir avant que d'être en âge d'être Sœur, ledit testateur demande qu'en considération des dons ci-dessus, Messieurs les administrateurs lui fassent dire par chacun an : 1° une messe de *Requiem* le jour de son décès ; 2° une autre le jour de saint Germain, le 31 juillet ; 3° une autre le 21 septembre pour le repos de l'âme de feue Marie Raver, sa femme; et qu'à la fin de chaque grand'messe de *Requiem*, le *Stabat* soit chanté par les pauvres et M. le chapelain, etc. »

Quelle foi et quelle charité dans ce père, qui non seulement lègue tous ses biens aux pauvres, mais leur lègue aussi son enfant !...

En 1719, Mgr Léon Pothier de Gesvres fut nommé cardinal de la sainte Eglise Romaine. Les Sœurs de l'Hôpital ressentirent vivement dans leur cœur l'honneur qui était fait par le Souverain Pontife à leur archevêque et supérieur vénéré. Leurs prières à l'annonce de sa nomination montèrent ardentes vers Dieu pour lui. — A dater de cette époque, Son Eminence, le nouveau cardinal, que ses hautes fonctions obligeaient d'être souvent à Paris et à la cour, déserta complètement le séjour du Roi, et se confina dans la solitude et la prière jusqu'au jour où il se démit de son titre et de ses fonctions d'archevêque de Bourges. Les années que nous venons de traverser n'avaient pas été sans ennuis pour lui dans sa ville épiscopale. Les querelles du *jansénisme;* les grosses discussions entre les *acceptants* et les *appelants* troublaient alors toutes les têtes. Toutes les congrégations religieuses ; tous les chapitres et tous les couvents de Bourges prenaient parti pour ou contre. Monseigneur avait accepté la Bulle *Unigenitus* et voulait l'imposer.

Nous ne croyons pas que les Sœurs de l'Hôpital se soient beaucoup émues de toutes ces controverses qui agitaient toutes les autres congrégations autour d'elles. Uniquement occupées de leurs chers pauvres et de leurs chers malades, elles se contentaient d'aimer Dieu de tout leur cœur, et d'obéir à leur évêque et père, lequel lui-même suivait docilement la voie tracée par le Vicaire du Seigneur Jésus-Christ.

Nous n'avons pas pu donner la date exacte de la nomination de Mme Charmoy, comme Supérieure de l'Hôpital, nous ne pouvons pas davantage donner la date exacte de sa mort. Elle dut quitter la maison des pauvres pour aller habiter les riches palais du ciel vers la fin de 1720, ou dans le courant de janvier 1721. La dernière signature que nous ayons d'elle se trouve au-dessous de l'acte d'admission de Sœur Marguerite Beauvais, le 26 mars 1720.

VIII

MADAME CARDINAL
SUPÉRIEURE DE L'HOPITAL-GÉNÉRAL
DE 1721 à 1732

Continuation du pontificat de Mgr Léon Pothier de Gesvres.
Commencement de celui de Mgr de Larochefoucauld.

Pour Mme Cardinal nous n'avons ni les doutes, ni les incertitudes que nous avons eus pour la plupart de ses devancières. Ici nous sommes bien maître de notre sujet et nous marchons en pleine histoire.

Mme Cardinal, sixième supérieure connue de

l'Hôpital-général, descendait d'Etienne Cardinal, *honorable homme*, dit La Thaumassière, *bourgeois, marchand et prévost des consuls au quartier d'Auron... qui portait d'argent au chevron d'azur, accompagné de trois chapeaux de cardinal de gueules 2 1...* lequel fut nommé échevin de Bourges par le roi Louis XIV, dans les circonstances que voici :

En 1651, le roi Louis XIV étant arrivé à Bourges, le 7 octobre, destitua tous les échevins, à savoir : Nobles hommes, Laurent Moreau, Etienne Corbin de la Renardière, Jean Sebize et Ursin Fougeron, qu'il accusait de froideur pour son service, sinon de connivence avec le parti des princes. (*Se rappeler ce que nous avons dit au sujet de la Fronde en Berry.*) Il conserva néanmoins le maire, Claude Biet, alors détenu prisonnier au château de Montrond.

Pour remplacer les quatre échevins destitués, sans faire procéder à l'élection, il nomma de sa propre autorité, Jean Ruellé de Chaudry, Jacques Gougnon, François Montagne et Etienne Cardinal... dont agit...

Celui-ci n'exerça pas longtemps la charge qu'il tenait du grand roi ; la mort l'enleva quelques mois après ; mais avant de mourir il signa avec ses collègues l'acte de démolition de la grosse Tour de Bourges, et le traité avec le mineur du Palatinat, Daniel Legat, qui se chargeait de la faire sauter.

Quand il fut mort, le Roi, par lettre de cachet, nomma un autre échevin en sa place ; mais sur les humbles remontrances qui lui furent faites, il retira cette nomination et ordonna qu'il serait procédé à une nouvelle élection à la manière accoutumée.

D'Etienne Cardinal, échevin, était né Charles Cardinal, reçu docteur régent de la Faculté de médecine de l'université de Bourges, le 24 janvier 1662, et mort le 29 mars 1699.

C'était le père de notre Supérieure.

L'acte de nomination de Mme Cardinal, consigné au Registre de l'Hôpital, est pour nous la confirmation de ce que nous avons affirmé jusque-là relativement au choix fait, en dehors de l'Hôpital même, de dames riches et influentes pour le gouvernement intérieur de cette maison.

« Aujourd'hui, 18 février 1721, Messieurs les administrateurs étant assemblés au Bureau des pauvres de l'Hôpital-Général, *Mme Cardinal* a été présentée pour remplir et faire les fonctions de Supérieure en cette maison... Sur quoi, la chose mise en délibération, et Messieurs *ayant été informés de sa bonne conduite et vertu, ont, de l'agrément* de Son Eminence, Mgr le cardinal de Gesvres, reçu *la dite Demoiselle* Cardinal pour Supérieure, et l'ont priée de vouloir bien donner ses soins pour les pauvres de cette maison... Ce qu'elle a accepté et signé avec nous... »

Plusieurs réflexions s'imposent à la lecture de cette délibération. Mgr l'archevêque, absent, avait dû suggérer ce choix, ou du moins l'approuver antérieurement, puisqu'il est fait mention de son agrément. — Mme Cardinal n'habitait pas l'Hôpital, et n'y avait pas été directement formée au service des pauvres par les épreuves du noviciat, puisqu'il avait fallu prendre et recevoir les informations de sa bonne conduite et vertu. — Le nom de *Dame*, de *Demoiselle*, lui est donné dans l'acte, et non celui de Sœur, et dans aucun des actes subséquents ce nom de Sœur ne lui sera donné. — Elle est priée de vouloir bien donner ses soins aux pauvres; autre preuve qu'elle ne les leur avait pas encore directement donnés.

C'est donc bien la confirmation du système que nous avons fait ressortir, notamment pour le choix de Mme Motin et de Mme Charmoy.

Mme Cardinal était une femme de tête, d'énergie, d'organisation, de conduite et de vertu. Si j'étais peintre, je ferais son portrait tel que j'aime à me la représenter, comme une matrone antique, à la taille imposante, à la figure bonne et sévère à la fois, portant la règle et le commandement sur ses traits.

Un vieux Noël du temps, qui fait défiler devant la crèche toutes les paroisses et communautés de Bourges, nous la montre bien, en un couplet naïf, telle qu'elle devait se montrer à la tête de toute sa maison :

Les Carmélites austères,
Contraintes de s'arrêter,
Sont demeurées en arrière
Afin de laisser passer
Saint-Ambroix, l'Hôpital,
Et Madame Cardinal,
Qui conduisait très bien
Le pauvre et l'orphelin.

Pendant le supériorat de Mme Cardinal, le nombre des pauvres augmente considérablement à l'Hôpital, comme le constatent plusieurs délibérations du

Bureau, et nécessite une augmentation proportionnelle du nombre des Sœurs et des Officières.

« Aujourd'hui, 25 avril 1725, Messieurs étant assemblés au Bureau des pauvres, sur le nombre desquels, qui augmente tous les jours, il convient d'augmenter à proportion le nombre des Sœurs, par la délibération de ce jourd'hui, Messieurs ont reçu la personne de Mme Anne Lyonnet, de la paroisse de Saint-Pierre-le-Guillard, etc.

Même considérant dans les délibérations des 9 et 29 mars 1727, pour la réception des Sœurs Monique de la Châtre et Marthe Vinier.

« Messieurs les administrateurs assemblés, ayant reconnu que le nombre des pauvres est considérablement augmenté, et qu'ils ont besoin d'une augmentation de Sœurs pour en avoir soin... etc.

Par suite de cette affluence de pauvres, le personnel hospitalier, sous Mme Cardinal, se complète de sept Sœurs et quatre Officières, et arrive à un des chiffres les plus considérables qui ait été atteint avant la Révolution.

Le 25 avril 1725, réception de Anne Lyonnet, de la paroisse de Saint-Pierre-le-Guillard de Bourges.

... Elle était probablement, quoiqu'il n'en soit rien dit dans l'acte, de la famille du sieur Lyonnet, échevin, et administrateur de l'Hôpital.

Le 6 novembre 1725. — Réception de Marie Renaud.

Le 4 mars 1727. — Réception de Monique de a Châtre.

Le 29 mars, même année. — Réception de Marthe Vinier.

29 mai 1730. — Réception de Catherine d'Huïque, de Sancerre.

Enfin, le 27 décembre 1729, Réception des deux Sœurs, Marie Fleury, de Louroux, et Marie-Anne Mabilat, de la paroisse de Saint-Médard de Bourges, que nous retrouverons plus tard comme Supérieure, et qui aura un très grand rôle dans la communauté, à laquelle elle lèguera sa première Règle écrite.

Aux sept Sœurs que nous venons de nommer nous ajouterons les noms des quatre Officières suivantes :

Cécile Fornaveau, admise le 12 août 1721.
Anne Barathon, du 21 août 1725.
Marie Sadoint, du 15 mai 1731.
Et Barbe Couïlbaut, du 19 février 1732.

Toutes ces Sœurs et Officières, ou sont présentées par la Supérieure à l'agrément du Bureau de l'Hôpital, ou se présentent elles-mêmes, mais ne sont admises qu'après avis pris de Madame la Supérieure et des Sœurs, et constatation faite par elles, après épreuve, de leur capacité et vertu.

En 1729, le cardinal de Gesvres voulut résigner l'archevêché de Bourges et se donner un successeur.

On le pressait de fixer son choix sur son neveu, Etienne-René Pothier, évêque de Beauvais. Il préféra indiquer au choix du Souverain Pontife un jeune abbé, Frédéric-Jérôme de Roye de La Rochefoucauld, d'une branche cadette de cette illustre famille, car il le jugeait plus propre que tout autre, par la douceur de son caractère, à calmer les divisions qu'avaient pu laisser les controverses sur la bulle *Unigenitus*.

Il vécut longtemps encore, après avoir résigné le titre d'archevêque de Bourges, et conserva toujours pour son ancien diocèse des sentiments d'affection. Les pauvres communautés, les Hôtels-Dieu et Hôpitaux, les prisonniers reçurent plus d'un témoignage de sa générosité. Il fonda des bourses au séminaire de Bourges, des places gratuites aux eaux de Néris pour les ecclésiastiques pauvres. Enfin, il institua le séminaire son légataire universel.

Mgr de La Rochefoucauld fit son entrée solennelle à Bourges, suivant l'antique cérémonial, le 6 décembre 1729. On vit à la Porte-jaune le peuple se disputer les lambeaux de la chape blanche portée par le prélat.

RAYNAL, Livre XII, ch. 1, p. 433.

Il y avait à peine deux ans que Mgr de La Rochefoucauld avait pris possession de son siège et M. Baraton de Dames était maire, lorsque, de concert entre eux et le conseil de ville, fut tentée l'annexion à l'Hôpital-Général de la Maison de refuge, ou Hôpital Saint-Julien, sis à quelques centaines de mètres de l'Hôpital-Général, tout près de la porte Saint-Privé.

Nous mentionnerons les deux délibérations des administrateurs rappelant cette annexion, qui eut un bien fâcheux résultat pour l'Hôpital, celui de provoquer la démission et le départ de la Supérieure, Mme Cardinal.

Délibération du 4 décembre 1731.

« Nous, administrateurs, assemblés pour délibérer sur la nourriture et subsistance de la maison de refuge, à nous demandés par Mgr l'Archevêque, pourquoi nous avons, ci-devant, verbalement député deux de nous, MM. Descoublet et Ragueau, pour savoir ses intentions... Lesquels nous auraient représenté de la part de mondit Seigneur la nécessité indispensable du rétablissement du refuge, pour *obvier* au grand désordre des filles débauchées dont l'accroissement se fructifie de plus en plus dans la ville, ce qui donne lieu de croire qu'un progrès si scandaleux ne prend pas seulement sa cause dans la fainéantise et les inclinations vicieuses, mais aussi dans la misère du temps qui est un puissant motif pour fomenter le libertinage... que pour arrêter le cours d'un désastre si criminel, il conviendrait de les renfermer dans ledit refuge, particulièrement celles qui font profession ouverte de leur libertinage.

... Mais comme la maison de refuge, appelée Saint-Julien, est sans fondations, et ne possède aucun revenu, il nous serait proposé par Mgr l'Archevêque de pourvoir à leur nourriture et entretien par le secours des fonds du Roy, qui nous ont été accordés pour les mendiants vagabonds, dont l'emploi ainsi fait ne sera pas moins utile au public.

C'est pourquoi, nous, administrateurs, désirant concourir aux intentions pieuses et charitables de Sa Grandeur, nous avons statué et fait le règlement qui suit :

1° Que le Bureau de l'Hôpital se chargera de l'entretien et nourriture de la maison de refuge, comme annexée et ne faisant qu'un corps avec les mendiants renfermés dans l'Hôpital.

2° Que l'on détachera une *Sœur* et un nombre d'*Officières* suffisant de la maison de l'Hôpital pour faire les affaires au dit refuge avec subordination à la Supérieure dudit hospice.

3° Que la direction ordinaire dudit refuge se fera par deux administrateurs du nombre des douze de l'Hôpital, l'un ecclésiastique, l'autre laïque, choisis par Mgr l'Archevêque, lesquels rendront compte au Bureau général de leur mission.

4° Que le présent annexe ne subsistera qu'autant que nous serons servis des fonds du Roy ; et en cas de suppression desdits fonds en tout ou en partie, considérons que l'Hôpital sera déchargé de plein droit de la nourriture et entretien dudit refuge, et toutes choses remises au même état que ci-devant.

Fait et délibéré au Bureau des pauvres, ledit jour et an que dessus, sous la condition que la présente délibération sera agréée et consentie par MM. les maires et échevins de cette ville..., ou demeurera sans exécution.

Signé : Soumard... Guionard... Baraton... Roze... Grasset... Maréchal... Desvazeu...

D'après les termes de cette délibération, on voit qu'au point de vue temporel, l'administration de l'Hôpital se suffisait à cette époque, et même pouvait passer pour prospère, malgré le grand nombre de pauvres qu'elle assistait, puisque Mgr l'Archevêque ne craint pas d'emprunter à ses ressources pour alimenter une autre maison qui manquait à peu près de tout.

Au point de vue de la direction intérieure, tout était aussi en bon ordre, grâce à la ferme impulsion donnée par Mme Cardinal, et le personnel des Sœurs était au grand complet et ne laissait rien à désirer, puisqu'on n'hésite pas à détacher une Sœur et plusieurs Officières pour veiller au Refuge.

Pendant quelques mois, les choses semblèrent marcher; mais on ne tarda pas à voir que la charge serait trop lourde et pour le budget de l'Hôpital et pour les Sœurs. La vénérable Supérieure supportait difficilement le contact de ses Sœurs et Officières avec les filles de mauvaise vie dont elles ne parvenaient pas à réprimer les passions et les excès; et quand elle apprit que, dans l'impossibilité de pouvoir soutenir la Maison de refuge où elle était, il était question de bâtir pour l'installer dans l'Hôpital même, elle recula devant le surcroît de responsabilité que cette annexion lui apportait, et donna sa démission de Supérieure, avant que l'on eût pris la délibération qui suit:

« Aujourd'hui, 29 juillet 1732, M. Baraton, chanoine de l'Eglise de Bourges, et Triboudet, administrateur, sont venus prier MM. les maire et échevins de se rendre au palais archiépiscopal pour y conférer avec les autres administrateurs dudit Hôpital sur les besoins qui le concernent... où, nous étant rendus, il a été proposé que, pour le plus grand bien dudit Hôpital, et, pour prévenir les désordres qui se commettent journellement par les filles de mauvaise vie qui auraient été ci-devant renfermées en l'Hôpital Saint-Julien, dont l'union a été faite audit Hôpital-Général, duquel la subsistance pour lesdites filles se tirait, tant en pain, bois, charbon, et autres choses nécessaires à la vie.., ce qui cause une dépense excessive... Que même ledit Hôpital Saint-Julien est en si mauvais état de réparation qu'il n'y a aucune sûreté de pouvoir garder les dites filles... pour à quoi obvier il était à propos de construire un bâtiment nouveau, assez fort pour renfermer les dites filles sans qu'elles puissent avoir de communication avec les pauvres dudit Hôpital ; et de construire ledit bâtiment dans le jardin, du côté de la rivière, et de faire ladite construction par économie, pour ménager les dépenses nécessaires... Lesquelles propositions ont été approuvées par Mgr l'Archevêque et MM. les maire et échevins, et MM. les autres administrateurs en conséquence, ont été d'avis qu'il soit fait une construction nouvelle de la manière ci-dessus expliquée, et qu'elle soit faite par économie, suivant et conformément au devis qui en a été présenté ; pourquoi ils ont approuvé et approuvent tous les marchés faits ci-devant, et ceux qui pourront être faits dans la suite...

Et arrêté au palais archiépiscopal, jour et an que dessus...

Signé : L. Arch. de B... BARATON... AUPIC... RAGUEAU... GAYARD... ROZE... HEURTAULT... de CHAUDRY... MARESCHAL... CUSTARD...

Les bâtiments furent en effet construits, et la maison de force annexée à l'Hôpital. L'ancien Hôpital Saint-Julien disparut, et la partie de l'Hôpital où furent enfermées les filles de mauvaise vie a longtemps porté, et porte peut-être encore, le nom de Saint-Julien.

Avec Mme Cardinal, se termine la série des fondatrices des Hospitalières de Bourges que nous avons nommées : Les *Dames de l'Hôpital*. Elles venaient, avons-nous dit, et nous le croyons fermement, du dehors, du monde et de la société. On les prenait pour les mettre à la tête de la maison et des Sœurs, à cause de leur piété connue, de leur dévouement, de leur charité, de leur intelligence et peut-être aussi de leur fortune. — Femmes d'expérience et de haute vertu, pendant soixante-quinze ans, elles se succédèrent au service des pauvres, elles leur formèrent des servantes dans les Sœurs, et furent bien vraiment les premières Mères de l'Ordre Hospitalier dont nous faisons l'histoire.

A présent, nous allons nous occuper des Supérieures tirées, pour ainsi dire, de la substance même de l'Hôpital, formées à la vie religieuse et au service des pauvres, dans ses murs, après y avoir passé par les épreuves du noviciat qui était alors en vigueur.

— Sœurs de tradition, de coutumes, songeant plutôt à pratiquer la règle par l'usage, qu'à l'écrire pour l'étudier.

La série de ces Mères de tradition s'étend depuis la retraite de Mme Cardinal jusqu'à la première règle manuscrite, c'est-à-dire en 1774.

Les Supérieures de cette série dont nous allons nous occuper sont les Révérendes Mères Supérieures:

Marie DUGUÉ.
Marguerite DUGUÉ.
Catherine GROSLIER.
Madeleine MATER.
Simone JOBLY.
Et Jeanne JOURDIN.

LIVRE IV

Les premières Mères formées à l'Hôpital.

Supériorat des Sœurs	Marie Dugué. Marguerite Dugué. Catherine Groslier. Madeleine Mater. Simone Jobly. Jeanne Jourdin.

LIVRE IV

Les premières Mères formées à l'Hôpital.

I

SUPÉRIORAT DE LA RÉVÉRENDE MÈRE MARIE DUGUÉ, DE 1732 A 1735.

Nous entrons dans une phase importante pour le développement et le gouvernement de la communauté dont nous écrivons l'histoire, si intimement liée à l'histoire même de l'Hôpital-Général. Non pas que, pendant la période que nous abordons, l'administration de l'Hôpital subisse dans son fonctionnement des modifications notables; mais les Sœurs dépendant de cette administration commencent à se grouper davantage, à vivre plus en famille, autour d'une Supérieure qui leur appartient, tirée de leurs rangs, formée comme elles au service de l'Hôpital, et s'étant imprégnée de ses besoins dans la pratique journalière de ses devoirs de Sœur.

Ce titre de: *Dames*, que nous avons vu donner jusqu'à ce jour aux Supérieures de l'Hôpital, va disparaître désormais pour être remplacé par le titre de : *Sœur*, qui rappelle davantage la vie religieuse, sinon encore la profession et les vœux.

Les Dames de l'Hôpital, nous nous plaisons à le proclamer, ont rendu des services inappréciables, et ont laissé dans la communauté, qu'elles ont contribué à former, d'ineffaçables souvenirs. Mais on a beau avoir fait le sacrifice de sa liberté, même de sa volonté ; on a beau s'être donné corps et âme au service de son prochain pour Dieu, on aime bien toujours à être gouverné par les siens, et à ne pas se voir imposer comme Supérieure une personne venue d'ailleurs, que l'on connaît à peine, quels que soient ses mérites et ses vertus.

C'était le cas des Sœurs de l'Hôpital-Général, et ce n'est pas un faible témoignage en faveur de leur abnégation, de leur dévouement et de leur humilité, d'avoir toujours accepté sans hésiter l'autorité des *Dames* que l'on mettait à leur tête, en dehors d'ellés, et sans qu'elles fussent consultées.

Dorénavant, une autre règle présidera au choix des Supérieures de l'Hôpital, et cela arrivera comme il devait arriver, tout naturellement, sans préméditation, sans secousse et par la seule force des choses.

Les nouvelles Supérieures dont nous avons à nous occuper ont toutes leur certificat d'origine, en tant que Sœurs, dans la Maison qu'elles vont gouverner. Ce certificat consiste dans les actes de leur entrée à l'Hôpital et de leur admission par le Bureau des administrateurs, après leur promesse de se consacrer au service des pauvres. Elles ont été les filles de l'Hôpital avant d'en devenir les mères ; elles y ont fait leur apprentissage d'Hospitalière, ou leur Noviciat, si l'on veut.

En quoi consistait ce noviciat ? — Revenons encore une fois sur ce point.

Oh ! il était bien simple au début, bien limité dans le genre d'épreuves et la durée, et les règles, qui n'en furent jamais écrites, n'étaient ni uniformes, ni constantes. Les besoins du moment, l'augmentation des services, la nécessité de multiplier le nombre des Officières ou des Sœurs, modifiaient souvent les conditions de leur admission. Mais c'était le seul noviciat pratique et possible, le seul vraiment utile aux fonctions destinées aux Sœurs dans la maison qu'elles voulaient desservir. Il semble, du reste, emprunté aux traditions et aux usages des religieuses hospitalières de l'Hôtel-Dieu de Paris.

Ce n'était pas un noviciat d'études. Les Sœurs de l'Hôpital n'étaient pas et ne voulaient pas devenir des lettrées et des savantes. A quoi leur auraient servi la science et l'étude, à elles qui avaient tout quitté pour se faire les humbles servantes des Pauvres, et qui se vouaient dans ce but aux ouvrages les plus vils et parfois les plus rebutants ? Savoir lire et comprendre les prières qu'elles récitaient dans leurs Heures, pouvoir se remplacer au réfectoire pour la lecture commune, le matin et le soir pour le point de méditation, tenir leur petite comptabilité, chacune en son office, là devait se borner leur savoir, et pour plusieurs il semble bien n'être guère allé au-delà. Les actes de réception font même quelquefois mention d'Officières, voire de Sœurs qui ne savaient pas signer. Les *fac-simile* de signatures ci-après montrent assez que les Supérieures elles-mêmes, et avant et après la date où nous sommes parvenus, ne faisaient pas un usage fréquent et journalier de la plume. Leurs remplaçantes d'aujourd'hui les auraient données difficilement comme maîtresses d'écriture aux élèves qu'on leur confie.

FAC-SIMILE

A nayis Motin

J Charmoy

Cardinal

marie dugué

m. dugué

madelene mater

Catherine groslier

sœur jeanne jourdin

Sieur mabilat

On se sauve sans beaucoup de science et sans beaucoup de littérature, et on sauve les autres. Les Sœurs de l'Hôpital-Général, en se sacrifiant absolument au service des pauvres, en se condamnant du matin au soir pour eux aux durs travaux de la cuisine, de la boulangerie, de l'infirmerie, de la pharmacie, de la lingerie, des lessives, etc., toutes choses qui rentraient dans les divers offices dont elles avaient la charge, n'avaient certes pas le loisir de rechercher les jouissances que le travail d'esprit procure. En dehors des livres de prières et de méditations, les autres livres étaient des meubles inutiles, et n'étaient pas plus faits pour elles que le fusil ne l'est aujourd'hui pour nos séminaristes qu'on voudrait arracher aux autels.

« On ne lira aucun livre, sans la permission ou l'ordre de son confesseur.....

« Les mauvais livres, soit contre la Foi, soit contre la religion, soit contre les bonnes mœurs doivent être surtout proscrits d'un Hôpital qui est la maison de Dieu. Déchirez-les et les brûlez sans délai...

« Les livres, même indifférents, comme ceux d'histoire profane et autres ne peuvent être d'aucune utilité pour l'Hospitalière; leur lecture serait pour elle une perte de temps; elle est trop ocupée pour s'amuser à ce qui ne lui est pas nécessaire; et si elle a quelque temps libre pour se récréer, ce n'est pas son avantage de l'employer à des lectures qui peuvent attacher et fatiguer son esprit. Elle a besoin d'une grande liberté d'esprit pour être plus en état de remplir ses devoirs.

« Il est à propos qu'elle ne se livre pas trop au

goût de la lecture de quelques livres que ce soit, parce qu'il est dangereux qu'en s'y livrant elle préfère cette lecture à l'accomplissement de ses devoirs, qu'elle se couche, qu'elle se lève trop tard, qu'elle se dégoûte de ses autres exercices, qu'elle *s'aquite* de ses devoirs avec précipitation et fort imparfaitement, en un mot, qu'elle fasse bien des fautes dont elle ne se *faira* pas assez de scrupule. »

L'Esprit de l'état d'Hospitalière. — Explication manuscrite des Règles de l'Hôpital. Seconde partie, p. p. 125 et 126.

Ce n'était pas non plus, et pour les mêmes raisons, un noviciat de contemplatives. Elles auraient cherché l'abri et la tranquillité du cloître, et non l'action incessante et les labeurs de l'Hôpital, si elles avaient voulu trouver le salut uniquement dans l'oraison. On apprenait à l'aspirante Hospitalière à ne jamais manquer aux exercices de dévotion que prescrivait le règlement de la maison, mais en général, à ne pas trop en chercher d'autres.

« Il est comme nécessaire à l'Hospitalière de ne se point charger de tant de prières vocales, de tant de chapelets. Elle doit se contenter de celles qui sont d'usage, et s'appliquer à s'en bien *aquiter*. Il y en a *assés* pour animer, pour soutenir sa piété, sans que cela puisse nuire à son devoir : elle doit donner la préférence aux exercices de piété de la maison sur toutes les dévotions particulières et étrangères qui seraient plus de son goût. Elle y trouvera deux avantages : le premier, c'est que ses prières étant prescrites par le règlement, en s'en *aquitant* elle obéit, et l'obéissance est le plus beau sacrifice. Le second est que les prières étant communes à toute la maison sont bien plus agréables à Dieu et bien plus capables de luy faire une sainte violence, puisque Jésus-Christ a dit : *Où il y aura deux ou trois personnes assemblées en mon nom, je serai au milieu d'eux.* »

L'Esprit des Hospitalières, p. 120.

Et un peu plus loin (p. 129), la même explication manuscrite de la Règle dit encore :

« Il n'est point nécessaire aux Hospitalières de rien ajouter aux exercices de piété qui sont en usage dans cette maison, ils sont suffisants pour animer et *nourir* la piété. L'Hospitalière même ne doit pas y être tellement attachée qu'elle les préfère à ses devoirs ; que pour réciter des prières elle néglige le soin de son office ou des malades. Le devoir doit l'emporter sur les œuvres de surérogation et de dévotion..... La voie la plus simple, la plus sûre de l'Hospitalière, c'est de suivre le règlement de la maison, sans en rien retrancher, sans y rien ajouter. Quoiqu'il faille marcher dans la voie du salut avec ardeur, il faut y marcher avec prudence, et prendre bien garde que l'amour-propre, l'inconstance, l'amour de la nouveauté, le Démon même qui se transforme en ange de lumière, n'engage à se faire des devoirs étrangers aux dépens des plus nécessaires, et ne fasse entreprendre au-delà de la mesure de grâce qu'on reçoit de Dieu, contre les règles de son état. En un mot, que pour trop courir et vouloir s'élever, on ne fasse une lourde chute ou on ne s'égare. »

Avec ces règles fortes et pratiques, cette direction constante vers le travail et le devoir, et ces principes de saine spiritualité, elles ne s'égaraient pas dans la spéculation et le rêve, elles faisaient des femmes d'ordre, d'énergie, dures et vaillantes au labeur quotidien, ce qui ne les empêchait pas de devenir des saintes.

Et maintenant, veut-on savoir comment les choses se passaient pour l'admission à l'Hôpital des aspirantes ou Officières, et pour leur réception comme Sœurs ?

Le Bureau des administrateurs se formait dans la salle des délibérations du Conseil, situé au premier étage du pavillon Ventadour. Il savait déjà, par la Supérieure préalablement consultée, et par la haute surveillance que ses membres exerçaient, quels étaient les besoins du personnel, s'il y avait une Sœur défunte ou à bout de forces à remplacer, ou quelque Sœur à aider dans son emploi, ce qui nécessitait l'introduction d'une nouvelle Officière.

S'il s'agissait d'une simple Officière, elle se présentait devant le Bureau, ordinairement accompagnée de ses parents, quand elle était mineure, et toujours munie d'un certificat, qui n'empêchait pas de prendre les informations du dehors. Elle formulait sa demande, et elle était ou non admise aussitôt à commencer son épreuve dans les divers offices de la maison, devant passer de l'un à l'autre pour qu'on vît bien qu'elle était apte à n'importe quel service. Elle s'obligeait à observer, sans y manquer, tous les points du règlement général.

Il n'y avait pas de maîtresse en titre des novices ou Officières. Chaque Sœur à son tour l'était dans son office, et rendait témoignage à la Supérieure, qui, du reste, se rendait compte par elle-même des moyens et vertus de celles qui la secondaient.

Selon les besoins de la maison, ou les vacances qui se produisaient, ce temps d'épreuve durait trois mois, six mois, un an, et parfois davantage.

Quand une place devenait libre, et que le Bureau avait décidé d'y nommer une titulaire, la Supérieure était mandée et consultée, et, d'après ses renseignements écoutés, l'Officière qu'elle proposait comme Sœur était introduite.

L'administrateur ecclésiastique qui présidait le Bureau lui exposait sommairement, mais avec force et sans rien diminuer de leur difficulté, les devoirs qu'elle allait s'engager à remplir, et que son séjour dans la maison lui avait appris à connaître ; puis il lui demandait si elle se sentait la volonté et le courage de les accomplir.

Sur la réponse affirmative de la postulante, le même administrateur lui faisait l'énumération de ses droits.

En échange de ses services, de son obéissance et de l'abandon complet d'elle-même, l'Hôpital s'engageait à la vêtir, à la nourrir, à l'entretenir tant en santé que maladie, *comme les pauvres de l'Hôpital dont elle devenait la servante.*

Cet engagement réciproque était consigné sur le

registre des délibérations de l'Hôpital, et, sans autre formalité, la Sœur prenait rang et devenait *Hospitalière*.

Ce ne fut qu'assez longtemps après qu'on ajouta la formule suivante, qui se lisait à la chapelle en présence de l'aumônier et de toutes les Sœurs :

Au nom de la Très Sainte Trinité, le Père, le Fils et le Saint-Esprit :

Vivement pénétrée des traits éclatants dont Jésus-Christ a donné au monde des exemples si touchants, animée du désir d'imiter ce Dieu Sauveur, et d'exprimer pendant le cours de ma vie dans toutes mes actions, sa tendresse miséricordieuse envers les enfants qu'il réunit autour de lui, afin de les instruire, sa compatissante charité qui soulage les infirmes, guérit les malades, rend la vue aux aveugles, l'ouïe aux sourds, le mouvement aux paralytiques,...

Moi,... N... dite sœur N.... pour me former sur ce divin modèle, sous l'autorité de mes supérieures, je consacre au Seigneur mon corps, mon âme, mon esprit et mon cœur, mes sentiments et mes affections. Je me propose avec le secours de la grâce de Dieu et la protection de la Sainte Vierge à laquelle je me consacre aussi d'une manière particulière, d'exercer les œuvres spirituelles et corporelles de miséricorde envers les pauvres infirmes et les enfants abandonnés réunis dans ce respectable asile des malheureux ; de vivre selon la règle établie ou à modifier par Mgr l'Archevêque ; de remplir avec zèle l'emploi auquel je serai appelée par la volonté de ma Supérieure, envers laquelle je m'attacherai à pratiquer l'obéissance, bien persuadée que le souverain rémunérateur des bonnes œuvres m'accordera la récompense à laquelle j'aspire dans le ciel.

Ainsi soit-il.

La Révérende Mère Marie Dugué n'avait fait que deux mois de noviciat avant d'être reçue Sœur. Ce fut le 28 juin 1695, sur le rapport fait à Messieurs les administrateurs par Mme Motin, Supérieure de l'Hôpital-Général, que les Demoiselles Marie et Marguerite Dugué avaient fait leur devoir pendant l'épreuve qui leur avait été imposée, et donnaient espérance de le remplir à l'avenir, qu'elles furent admises définitivement, en remplacement des Sœurs défuntes, Barbier et Madeleine Dugué, leur tante, par délibération signée de MM. Mercier, Le Roy et Damours administrateurs, de Mme Anays Motin, Supérieure, et d'elles-mêmes.

Sœur Marie Dugué avait donc passé déjà trente-sept ans de sa vie au service des pauvres de l'Hôpital, quand elle fut appelée, le 9 septembre 1732, à prendre la direction des autres Sœurs et de la maison.

Elle ne fut pas nommée Supérieure immédiatement après la retraite de Mme Cardinal. Les administrateurs surpris par la détermination de cette femme énergique, qui les avait toujours si intelligemment secondés, éprouvèrent après son départ un grand ennui et un grand embarras. L'adjonction de la maison de force rendait plus difficile le choix d'une Supérieure. Quelle autre Dame de la ville oserait se charger de continuer une œuvre devant laquelle Mme Cardinal elle-même avait cru devoir reculer ? Peut-être espérait-on qu'en laissant quelque temps la place vacante, Mme Cardinal réfléchirait et reviendrait sur sa détermination ; peut-être essaya-t-on aussi, d'après le système adopté, de lui trouver une remplaçante parmi les Dames pieuses, riches et influentes de la ville de Bourges.

En attendant que le Bureau se décidât, Sœur Marie Dugué fut chargée provisoirement, à titre de plus ancienne sans doute, de la direction générale de la maison et de tous les détails d'intérieur. Mais elle se comporta si bien dans cette charge, elle sut déployer de telles qualités de conduite, d'ordre, d'économie, de discipline et d'entente des affaires, qu'après trois mois, Monseigneur l'Archevêque et les administrateurs n'hésitèrent plus. Ils jugèrent à bon droit qu'il serait inutile de chercher au dehors quand ils avaient un pareil sujet sous la main.

Le 9 septembre 1732, le Conseil des administrateurs au complet, assemblé sous la présidence directe de Mgr Frédéric-Jérôme de Roy de La Rochefoucauld, archevêque de Bourges, prenait la délibération suivante :

« Aujourd'hui, 9 septembre 1732, Monseigneur l'Archevêque, et Messieurs les administrateurs de l'hospice, étant contents et satisfaits de la manière dont s'est comportée *la Sœur* Marie Dugué, dans la place qu'elle a occupée à l'Hôpital

« depuis la retraite de *Madame* Cardinal, l'ont choisie pour Supérieure ; laquelle ayant été mandée au Bureau, a accepté et remercié Monseigneur et Messieurs, et promis de s'acquitter fidèlement des fonctions de Supérieure suivant les règlements faits, et qui pourront être faits dans la suite. »

Cette délibération est signée :

F.-J., archevêque de Bourges. BARATHON, ROZE, ARCHAMBAULT, CATHERINOT, etc., et Marie DUGUÉ.

Nous appellerons l'attention sur les considérations suivantes qui se dégagent de la délibération qu'on vient de lire :

1° Cette importante délibération, qui est le point de départ du changement de gouvernement des Sœurs, se prend sous la présidence personnelle de Monseigneur l'Archevêque, qui donne ainsi à ce changement la sanction spirituelle, en même temps que la présence des administrateurs lui donne la sanction temporelle.

2° Cette délibération marque bien la transition des *Dames* aux *Sœurs*.

Sœur Marie Dugué remplace *Madame* Cardinal.

Et dorénavant ce titre de *Sœur* (on leur donne pourtant encore quelquefois le titre de Dames, mais mêlé à celui de Sœurs, tandis que nous ne voyons jamais ce nom de Sœurs donné à Mmes Motin, Charmoy, Cardinal), sera toujours employé dans les nominations des Supérieures ; et d'ailleurs de toutes les Supérieures futures, nous trouverons l'acte d'entrée à l'Hôpital, et de réception comme Officières et comme Sœurs.

3° Les Sœurs n'étaient pas encore appelées à donner leur avis sur le choix de celle qu'on mettait à leur tête. Elles devaient obéissance à la Supérieure que Monseigneur et les administrateurs leur donnaient.

4° Les règlements pour l'Hôpital comme pour les Sœurs n'étaient pas absolument fixés. On prévoyait des changements possibles ; ce qui explique que les Sœurs vivant d'après ces règlements, n'aient pas encore songé à écrire leur règle propre et personnelle.

Au reste, pour que cela fût fait, il aurait fallu qu'une Supérieure quelconque en prît l'initiative, et si toutes les précédentes Supérieures n'avaient pas été choisies parmi les Sœurs, comment y auraient-elles attaché intérêt ? En entrant dans la maison, elles recevaient le règlement général de l'Hôpital, elles commençaient par s'en pénétrer elles-mêmes, et ne s'appliquaient ensuite qu'à le faire exactement observer aussi bien par leurs auxiliaires, les Sœurs et les Officières, que par les pauvres et les malades de l'établissement.

Tout concorde donc de plus en plus à bien démontrer le système qui nous a servi de point de départ, et à rendre claire presque jusqu'à l'évidence, la distinction que nous avons établie entre les premières Supérieures des Hospitalières, celles que nous avons nommées les *Dames de l'Hôpital-Général*, et celles que maintenant nous en appellerons les *Mères*.

Sœur Marie Dugué ne fut que trois ans Supérieure de l'Hôpital. Pendant ce temps trop court, elle continua à mériter les éloges qui lui avaient valu les suffrages de l'administration. Aucun désordre n'eut lieu dans la maison. Ce fut un triennat prospère et fructueux. Elle contenta tout le monde, et les pauvres, et ses compagnes, et si bien que son bon souvenir influa sans nul doute sur le choix qui fut fait pour son remplacement de sa Sœur, Marguerite Dugué, qui lui avait prêté l'assistance du devoir et l'assistance du cœur dans le cours de son supériorat.

Nous aurions tout dit sur elle, si nous n'avions à signaler pendant son rapide passage à la direction de l'Hôpital un essai, qui n'aboutit point malheureusement, et qui pourtant aurait été très profitable pour l'avenir de la maison.

M. Dodard, intendant-général des finances de Berry, avait eu l'idée de doter la province de la culture du ver à soie, et d'en faire pour elle une source de revenus et de richesses. Pour commencer, il avait fait venir des environs d'Avignon 2000 pieds de mûrier blanc, qui furent plantés du consentement des administrateurs, dans les terrains de l'Hôpital, qui s'étendait à proximité de la ville.

Sœur Marie Dugué avait encouragé cette plantation. Elle y voyait pour ses pauvres, qu'elle s'ingéniait à ne pas laisser désœuvrés, conformément à l'esprit de l'institution, une source de produits appréciables, et une occupation peu fatigante, très utile et très agréable en même temps.

Toutes les espérances qu'on avait fondées sur cette

plantation furent déçues, et nous ne savons pas s'il reste aujourd'hui sur les terrains encore occupés par l'Hôpital-Général ou aliénés par lui, un seul des 2000 pieds de mûrier plantés par ordre de l'intendant Dodard en 1735.

II

Supériorat
de la Révérende Mère Marguerite Dugué
de 1735 a 1743.

Ce supériorat, comme celui de la précédente Mère, se passe tout entier sous le pontificat de Mgr de Larochefoucauld.

Par suite du décès de sa belle-sœur, Mme la marquise de Roy, survenu à cette époque au château de Turly (campagne et résidence d'été des archevêques de Bourges que la révolution de 93 leur a prise), Monseigneur fut empêché de prendre part en personne au remplacement de Sœur Marie Dugué comme Supérieure de l'Hôpital. Mais comme les administrateurs n'ignoraient pas le tendre intérêt que le premier pasteur du diocèse portait à la maison des pauvres et à la modeste communauté dont il aimait à se dire le Père en même temps que le Protecteur et le Chef, ils ne manquèrent pas de lui demander son avis et son agrément avant de procéder à une nouvelle élection. Répondant à leurs vœux unanimes, Monseigneur n'hésita pas à leur indiquer la sœur de la Supérieure disparue, la Révérende Mère Marguerite Dugué.

> Aujourd'hui, 28 juin 1735, MM. les administrateurs, de l'agrément de Monseigneur l'Archevêque, ont élu pour Supérieure de l'Hôpital la Sœur Marguerite Dugué, laquelle, ayant été mandée au Bureau, a accepté et remercié mesdits Messieurs, et promis d'acquitter fidèlement ses fonctions de Supérieure, suivant les règlements.
>
> Signé : DE COMBIEU, ROZE, CATHERINOT, MARESCHAL, DE LA BUXIÈRE, etc.

Il y avait quarante ans, jour pour jour, que Sœur Marguerite Dugué avait commencé à donner sa vie aux pauvres de l'Hôpital, ayant été reçue en qualité de Sœur, le 28 juin 1695, en compagnie de celle dont elle prenait la place, et qui lui tenait de si près.

Dès le commencement de son supériorat, une épreuve bien cruelle pour son cœur vint frapper la Révérende Mère Dugué et, en même temps qu'elle, toutes ses pieuses et dévouées collaboratrices. Une d'entre elles, usant de la liberté qu'elle avait engagée en acceptant le titre de Sœur, mais qu'il lui était toujours loisible de reprendre, après vingt-deux ans de séjour à l'Hôpital, déserta le poste de dévouement et d'honneur qu'elle ne se sentait plus la force d'occuper, et rentra dans le monde qu'elle avait à peine connu pendant les années de l'enfance. C'était Sœur Anne Pontois dont nous avons signalé d'une manière toute particulière l'admission à l'Hôpital, à l'âge de quinze ans, le 21 janvier 1713. Son père l'avait vouée à Dieu et aux pauvres, et leur avait légué sa modeste fortune en même temps que son unique et chère enfant. Celle-ci pendant plus de vingt ans avait répondu avec ardeur aux désirs de son père : Quel souffle du dehors l'attira ? — Quels entraînements se firent sentir ? — Comment manqua-t-elle à la grâce ? — Hélas ! l'Esprit mauvais a mille voies pour s'emparer des cœurs, et ceux que la sainte vocation rapproche davantage de Dieu sont ceux que le malin guette de préférence, et qui ont besoin d'une vigilance continuelle sur eux-mêmes afin d'échapper à ses coups !.. — Sœur Anne Pontois quitta donc l'Hôpital, et les administrateurs, fidèles à l'engagement qu'ils avaient contracté en acceptant le legs de son père, dont elle exécutait si mal alors les dernières volontés, lui remirent au départ une somme de plusieurs centaines de livres, et lui constituèrent un mobilier convenable à l'état et au rang qu'elle devait tenir.

C'est la première fois que nous avons à constater la sortie d'une Sœur proprement dite. Absolument libres, et liées seulement par une simple promesse, toujours révocable *ad nutum*, les Hospitalières de Bourges, de même que les Sœurs de Saint-Vincent de Paul, qui avaient pris naissance à la même époque qu'elles, tenaient fermement à cette promesse, et dans la pratique, elle avait pour elles toute la force d'un vœu.

Mais les Ouvriers n'ont jamais manqué à la Vigne du Seigneur. Pour un qui fait défaut, dix autres se présentent toujours pour occuper la place. Et c'est un fait notoire pour notre Hôpital en particulier ; les places y ont souvent manqué pour recevoir des Sœurs, mais les Sœurs n'ont jamais manqué pour occuper les places.

Mme Cardinal, en se retirant, avait laissé un personnel de Sœurs et d'Officières aussi complet qu'il pouvait l'être. Il ne semble pas, du moins nous n'en avons pas trouvé trace, qu'aucune admission nouvelle ait été faite pendant le court supériorat de Sœur Marie Dugué. Mais sous Sœur Marguerite, les demandes affluent, et les administrateurs qui ne se résignent qu'à grande peine à nommer une Sœur surnuméraire à la cuisine pour aider la titulaire fatiguée, ne pouvant multiplier le nombre des Sœurs audelà des besoins des services, augmentent du moins le nombre des *Officières*, véritables *Sœurs converses* dès cette date, et qui ne seront plus reçues définitivement comme telles *qu'après un an d'épreuves*, absolument comme les Sœurs.

> Le 2 octobre 1736, Sœur Jeanne Jourdain, déjà Officière dans la maison, est élue Sœur par le Bureau, sur la demande de la Supérieure, *mais sans être dispensée, quoiqu'officière déjà, de faire une autre année de noviciat comme Sœur.*

Dans cette clause restrictive que nous avouons ne pas très bien comprendre, nous ne pouvons voir qu'un indice du nombre croissant des vocations hospitalières, qui rendait les administrateurs de plus en plus difficiles pour le choix des élues.

> Un an après, le 3 septembre 1737, pour venir en aide à la même Sœur Jeanne Jourdain,

employée à la cuisine, l'Officière Madeleine Berton, sur le bon témoignage de la Supérieure, est reçue : *Sœur surnuméraire.* « Nous l'avons unanimement choisie pour Sœur (dit la délibération), quoique le nombre en soit complet, et sans tirer à conséquence, *ne nous étant déterminés à faire une Sœur surnuméraire que par la nécessité pressante.* »

Cette nécessité provenait de l'augmentation considérable des pauvres et des autres pensionnaires de l'Hôpital, comme nous le verrons plus loin.

Le 20 mai 1738, Demoiselle Jeanne Coulon, présentée par son père, M. Claude Coulon, chirurgien en la ville de Bourges, ladite demoiselle âgée de seize ans, est admise à l'Hôpital pour commencer le noviciat de Sœur.

Le 10 avril 1742, une vénérable Officière, qui, pendant une quarantaine d'années déjà, avait été la servante des servantes des pauvres, et qui, dans son humilité profonde, ne cherchait pas à s'élever au-dessus de la modeste et méritoire position d'Officière, sur la demande formelle de la Supérieure, désireuse d'honorer un si long dévouement, et de récompenser tant de vertus cachées, — Simone Jobly est élue Sœur — et, mandée par le Bureau, accepte avec reconnaissance et soumission ce titre et les charges qu'il impose.

Le 8 mai 1742, son année de noviciat achevée, Madeleine Mater reçoit aussi le titre de Sœur.

Qu'on retienne ces quatre noms, Sœur Jeanne Jourdin, Sœur Jeanne Coulon, Sœur Simone Jobly et Sœur Madeleine Mater; nous les retrouverons bientôt. Ce sont quatre Supérieures qui se préparent sous la direction de la Révérende Mère Marguerite Dugué, et qui continueront par ses soins et les pieux exemples de la bonne Sœur Catherine Groslier, qui la seconde, les traditions et les usages qu'elles avaient elles-mêmes reçus de Mme Motin; traditions et usages que la Mère Mabilat, déjà entrée à l'Hôpital, et qui attend dans le labeur et la prière le moment où Dieu l'appellera à son tour à prendre la tête de la communauté, fera codifier et écrire pour servir de règles stables à ses filles en Jésus-Christ.

Le 14 février 1740, Jeanne Louzeau était reçue Sœur.

Et enfin pour terminer la série des réceptions de ce supériorat, nous voyons l'introduction à l'Hôpital comme Officières:

Le 23 juin 1739, de Françoise Lafosse.
Le 23 mai 1741, de Jeanne Lafosse.
Le 22 août 1741, de Marie-Anne Cordières.
Le 17 août 1742, de Suzanne Valache.

Ce n'était pas sans cause que le nombre des Sœurs augmentait, qu'on consentait à nommer quelques surnuméraires, et à multiplier les assistantes. L'affluence des pauvres, qui n'avait jamais été aussi considérable qu'à cette époque, rendait le travail excessif. Le courage et le dévouement n'y pouvaient plus suffire. — Il y a un bout aux forces humaines, et les Hospitalières se voyaient arriver à ce bout. — Il y eut alors dans la maison jusqu'à 400 à 450 pensionnaires à la fois, et des pensionnaires de cette sorte sont loin d'apporter avec eux la richesse. Aussi la gêne était extrême. — L'économie la plus sévère ne réussissait pas à pourvoir aux besoins, et l'asile de la charité serait devenu l'asile de la disette et de la faim, si Monseigneur l'Archevêque n'eût été là pour prêter aide et assistance aux administrateurs dans l'embarras.

Délibération du 30 novembre 1740.

« Sur la proposition que nous, administrateurs de l'Hôpital de cette ville, avons eu l'honneur de faire à Monseigneur l'Archevêque, que ledit Hôpital chargé de 400 personnes est réduit dans le plus triste état, étant chargé de dettes, n'ayant ni argent, ni blé pour la subsistance des pauvres ; — Monseigneur l'Archevêque ayant égard à nos remontrances, lui a procuré un remboursement de la somme de 4000 livres à valoir sur la rente que le clergé doit audit Hôpital... laquelle somme sera employée à acheter du blé pour les pauvres de la maison..... Ce qui a été causé par la mauvaise récolte. »

Signé : Soumard, maire, Archambault, Hérault, Dubois, Roze, Chicot, Mareschal.

Autre délibération sur le même sujet, du 16 août 1741.

« Sur les observations faites à Monseigneur, que l'Hôpital chargé de dettes considérables, et ayant plus de 450 personnes à nourrir, ne peut subsister sans un secours extraordinaire, — Monseigneur ayant égard à nos représentations, a approuvé l'emploi que nous avons fait d'une somme de 800 livres, provenant du rachat d'une rente faite par le sieur de Maupertuis, et consent que la somme de 4000 livres qui a été remboursée le 6 juin dernier par le clergé audit Hôpital soit employée au paiement des dettes et besoins de la maison. — Ce qui a été approuvé et consenti par Messieurs les Administrateurs et Echevins. »

Signé : SOUMARD, ARCHAMBAULT, BONNARD, BAUDOIN, COMBIEUX, BENGY DE PUYVALLÉE, MACÉÉ DE FEULHARDES.

On se rappelle peut-être que la Patente Royale qui avait institué l'Hôpital-Général, et lui avait assuré l'existence légale, terminait la série des privilèges accordés à cet établissement, en permettant aux administrateurs, pour maintenir la police parmi les pauvres, d'avoir, dans l'enclos de l'Hôpital, des *prisons et des carcans*. C'était un privilège odieux et dont ils ne se montraient nullement empressés de jouir. Le carcan avait été aboli par édit royal en 1719. Restait le droit à la prison, ou plutôt au cachot, car la prison d'un Hôpital ne pouvait être autre chose que le cachot dont on a peut-être usé plus d'une fois contre nous à l'école quand nous étions enfants. Je parle pour les lecteurs à cheveux blancs qui ont eu la chance de n'être pas élevés en petits seigneurs qu'on ménage, comme tous les écoliers d'aujourd'hui. — Pour les administrateurs, qui avaient le droit et aussi le devoir de punir, les pauvres étaient des frères, les membres souffrants de Jésus-Christ, et il répugnait à la bonté de leurs cœurs de les châtier, même quand ils le méritaient. — Ils inclinaient d'ordinaire vers l'indulgence et le pardon, et il fallait que la faute fût grave et publique, et entraînât scandale et par suite danger pour la discipline, pour provoquer une répression sévère.

En dehors du cas que nous allons citer, nous n'avons pas d'autres cas de châtiment par la prison, et ce fut un abus de confiance plusieurs fois renouvelé qui le provoqua.

Il y a à l'Hôpital-Général une source, une fontaine, à laquelle on a longtemps attribué des vertus salutaires. — Peut-être tient-elle, en effet, de la nature de l'eau de la *Fontaine de fer* située à quelques cents pas d'elle. Nous laissons aux chimistes de la ville, que cette question intéresserait, le soin d'analyser cette eau. En tout cas sa limpidité, sa fraîcheur, la rendaient agréable ; et dans un temps où le service des eaux était à Bourges moins bien organisé qu'aujourd'hui, elle était devenue une petite source de profits pour l'Hôpital et ses habitants. On en portait à certains abonnés par la ville, qui en usaient à leurs repas comme on fait des eaux minérales à présent.

Or, voici ce qui arriva le dix-septième jour d'avril 1737 :

« Ce jourd'hui, sur la plainte qui nous a été donnée par Mme la Supérieure, contre le nommé Louis Bodin, porteur d'eau dans la ville, âgé de soixante ans, lequel a reçu de plusieurs personnes les sommes qu'elles payaient par mois pour l'eau qu'il leur portait, lesquelles sommes il ne remettait pas à la Sœur Supérieure..... Nous tous, administrateurs assemblés au Bureau ordinaire dudit Hôpital, avons fait monter ledit Louis Bodin, et l'avons interrogé sur ces faits dont il est convenu, et notamment d'avoir reçu de M. l'abbé de Varennes, du sieur Loreau, procureur, du sieur de Tenance, la somme de 20 sols chacun pour un mois, de laquelle somme de trois livres il a acheté du vin pour boire;..... et en a demandé pardon à tous les administrateurs. — Après quoy l'ayant fait retirer, tous ont été d'avis de conduire ledit Bodin à être et garder la prison de l'Hôpital, durant l'espace de huit jours, pendant lequel temps on le retirera tous les jours de ladite prison à l'heure du diner, pour le conduire au réfectoire où il sera obligé de manger la soupe à genoux et nu-tête, en présence de tous les autres... pendant lequel temps le jugement lui sera lu... et de le reconduire en ladite prison jusqu'à la fin du temps auquel il est condamné.

Signé : Dubuisson, de Beauvais, de Ganville, Breton, Gaucard, Dubois, Marcandier.

C'était bien un peu sévère; mais il faut avouer aussi que des délits de cette nature ne peuvent pas se tolérer dans un milieu aussi enclin que celui d'un Hôpital aux entraînements des mauvais conseils et des mauvais exemples.

Nous ignorons la date exacte de la mort de la Révérende Mère Marguerite Dugué. Elle dut précéder de quelques jours seulement la nomination de sa remplaçante, Sœur Catherine Groslier (17 décembre 1743) la dernière survivante des Sœurs formées par la vénérée Mme Motin.

En allant rendre ses comptes à Dieu et demander sa récompense, la Révérende Mère Marguerite laissait sa petite communauté ainsi composée :

Sous Mme Motin	Sr Catherine Groslier,	reçue Sœur en 1695.
Sous Mme Charmoy.	Sr Anne Vanot,	en 1701.
	Sr Marie Roy,	en 1713.
	Sr Marguerite Beauvais,	en 1720.
Sous Mme Cardinal.	Sr Anne Lyonnet,	en 1725.
	Sr Marie Renault,	en 1725.
	Sr Marthe Vinier,	en 1727.
	Sr Anne Mabilat,	en 1729.
	Sr Marie Fleury.	en 1729.
Sous la Révérende Mère Marguerite Dugué.	Sr Jeanne Jourdin,	en 1736.
	Sr Madeleine Berthau,	en 1737.
	Sr Jeanne Coulon,	en 1738.
	Sr Louise Louzeau,	en 1740.
	Sr Simonne Jouly,	en 1742.
	Sr Madeleine Mater,	en 1742.
Officières.	Françoise Lafosse.	
	Jeanne Lafosse.	
	Marie-Anne Cordières.	
	Suzanne Valache.	

III

Supériorat de la Révérende Mère Catherine Groslier, de 1743 a 1751.

Mgr de La Rochefoucauld se préparait à partir pour Rome, où il était envoyé comme ambassadeur extraordinaire près du Pape, quand Sœur Catherine Groslier fut nommée Supérieure de l'Hôpital-Général. Il ne présida donc pas en personne à cette nomination qui eut lieu, le 17 décembre 1743, dans les mêmes formes et avec les mêmes termes que celle de Sœur Marguerite Dugué — et est signée des noms suivants de messieurs du Conseil :

Gandar, Dubois, Bertrand, Marfon, Péarron, Bonnard, et Catherine Groslier.

La nouvelle Supérieure appartenait à une vieille famille de commerçants de Bourges. Un de ses ancêtres avait signé la profession de foi catholique et l'acte de défense de la religion contre les novateurs, dont nous avons parlé dans la notice sur Mme Motin.

Il y avait quarante-huit ans déjà qu'elle exerçait son zèle à l'Hôpital, quand elle fut appelée à en prendre la direction, comme le constate l'acte de son admission que nous croyons devoir reproduire, parce qu'il nous présente ce spectacle assez peu ordinaire d'un père et d'une mère, venant pour ainsi dire sommer les administrateurs de l'Hôpital de recevoir leur fille comme servante des pauvres, répondant de ses qualités, et signant avec elle l'engagement qui la sépare d'eux, et cela, par grand amour d'elle-même, du prochain et de Dieu.

« Aujourd'hui, 6 décembre 1695, sont venus au Bureau les sieur et dame Groslier, marchands en cette ville de Bourges, qui ont requis la compagnie de vouloir délibérer sur la réception de Catherine Groslier, leur fille, qui est entrée au service des pauvres depuis plus de trois mois, en qualité de Sœur, pendant lequel temps, elle a fait une épreuve dont les dits croyent que la compagnie a lieu d'être contente.

« Sur quoi, ouïe la dame Motin, Supérieure, qui a dit que la conduite de la Sœur Groslier lui paru bonne jusqu'alors, et qu'il y a lieu d'espérer qu'elle persévérera, le Bureau, après avoir mandé la Sœur Groslier, et de son consentement, a résolu de la recevoir dès à présent et à l'avenir pour faire les fonctions de Sœur dans l'Hôpital, dans lequel elle sera nourrie, entretenue, tant en santé que maladie, à la charge qu'elle servira les pauvres en la qualité de Sœur dans les emplois auxquels elle sera destinée ; et elle sera tenue de faire exactement son devoir comme elle a fait par le passé ; et ont les Groslier, père, mère et fille, signé avec nous, administrateurs, et la dame Motin. »

Signé : Mercier, Damours, Thaumassière, Bonnet, Le Roy, Gandar, Guignard, Groslier père, Catherine Groslier, Anays Motin.

Elle était donc la tradition vivante de la maison, et par elle, et par Mlle Motin qui l'initia à la vie de dévouement et de sacrifice qu'elle embrassait, nous remontons jusqu'au berceau de l'Hôpital et à la première origine des Dames hospitalières.

Son supériorat qui dura huit ans fut laborieux et fécond. La Révérende Mère Catherine Groslier était la bonté et la vertu incarnées. Les Sœurs, qui avaient son exemple sous les yeux, et qui la voyaient toujours la première aux exercices du règlement, quand les devoirs de sa charge ne la retenaient pas, se modelaient sur elle, et l'entouraient d'affection, de soumission et de vénération. Ces sentiments étaient partagés par tout le personnel de l'Hôpital, et par les administrateurs.

Quelques nouvelles Sœurs et Officières vinrent combler les vides qui se firent dans la famille hospitalière pendant le supériorat de Mère Catherine Groslier.

Le 21 janvier 1744, l'Officière Jeanne Lafosse est reçue Sœur à la place de Sœur Marie Roy, décédée.

Le même jour, Marie Cordelier, de la paroisse de Saint-Bonnet de Bourges, commence comme Officière son noviciat de Sœur. Elle en reçoit le titre avec les droits, un an après, le 26 janvier 1745.

Le 7 mars 1747, Marie-Jeanne-Thérèse Pailler, âgée de quinze ans seulement, est présentée par sa mère pour se dévouer au service des pauvres. L'âge de la jeune fille n'étant pas une garantie de stabilité pour les administrateurs qui n'avaient pas encore oublié la sortie d'Anne Pontois, admise à peu près au même âge, ils ne la reçoivent que sous condition, et en exigeant qu'une somme de 600 livres soit versée, dont on retiendra, en cas de sortie, une somme de 80 francs, par autant d'années qu'elle demeurera dans ledit Hôpital.

Le 20 avril 1745, Marie-Anne Taconat, âgée de 27 ans, native de la ville de Vezins, en Gâtinais, entrée depuis sept ans dans la maison, avec le grand désir, mais sans avoir reçu l'assurance d'y rester, aucune place d'Officière n'étant vacante, car elle n'aspirait pas au-dessus du rang d'Officière, donne son bien à l'Hôpital, pour qu'on assure son état, sa vie durant ; sous la réserve de 6 livres seulement qui lui seront remises par chacun an. — L'offre est acceptée, et sur le témoignage de la Supérieure, Marie-Anne Taconat est enfin reçue Officière.

Ce fut sous le supériorat de la Révérende Mère Groslier, que Mgr de La Rochefoucauld obtint du Souverain Pontife Benoît XIV, le bref d'érection de la confrérie de Saint-Roch dans la chapelle de l'Hôpital-Général (11 janvier 1747).

Cette même année, 1747, Mgr de La Rochefoucauld fut élevé à la dignité de Cardinal de la sainte Eglise Romaine. Cette nomination fut l'occasion de grandes réjouissances dans la ville épiscopale; et l'Hôpital-Général, auquel le nouveau prince de l'Eglise avait donné tant de marques d'intérêt et de généreuse affection, ne manqua pas de prendre part à la joie de son chef spirituel et de son cher pasteur. Le registre des délibérations a gardé souvenir de la fête qui fut donnée aux pauvres à cette occasion :

« Aujourd'hui, 8 juillet 1747, au Bureau ordinaire des pauvres, où étaient les soussignés assemblés, nous avons ordonné que, dimanche prochain, 14 du courant, il serait chanté un *Te Deum* dans la chapelle de l'Hôpital, après celui qui doit être chanté en l'Eglise Métropolitaine de cette ville, en actions de grâces de la nomination de Monseigneur l'Archevêque au chapeau de cardinal, auquel les pauvres assisteront... Et pour qu'ils se ressentent des réjouissances publiques qui ont été ordonnées à cette occasion par les magistrats de cette ville, nous avons ordonné qu'il serait allumé un feu de joie le même jour... ; qu'il serait pris à la boucherie 100 livres de viande d'extraordinaire pour être distribuées aux dits pauvres.., auxquels on donnera ce jour-là une chopine de vin, à chaque homme ; un demi-septier aux femmes et aux filles ; et moitié aux enfants. »

Signé : Rapin, de Beauvoir, Péarron.

On peut facilement croire que ces chopines et septiers ne furent pas vidés sans que plus d'une fois la joyeuse santé de la nouvelle Eminence ne montât jusqu'aux cieux.

Quatre ans après, le 15 mai 1751, la Révérende Mère Catherine Groslier s'éteignait dans la paix du Seigneur, pleine de jours et de vertus. Avec elle disparaissait la dernière survivante de cette forte génération de Sœurs formées par Mme Motin. Elle avait donné plus d'un demi-siècle de sa vie à l'Hôpital, et les administrateurs furent unanimes pour lui décerner à sa mort des honneurs que la modestie de l'humble servante des pauvres eût certainement refusés si cela eût dépendu d'elle. Pour que le souvenir de ses vertus fut sans cesse présent à la pensée de ses filles en Dieu, et vînt en aide à leur dévotion et à leurs prières, on l'inhuma dans la chapelle de l'Hôpital, comme cela avait été fait à l'origine pour Mme Salat.

> L'an 1751, le 13 mars, le corps de Mme Groslier, supérieure de cette maison, décédée hier, âgée de 76 ans et 8 mois, dont 58 ont été employés au service des pauvres, a été inhumé dans la chapelle, en présence de M. Pierre Dumoutier, docteur en théologie, et chanoine de Saint-Ursin, qui a signé avec nous.
>
> Signé : Compaint, prêtre de l'hospice, Dumoutier.

Une réflexion s'impose après la vie des trois Mères vénérables que nous venons de rappeler. Rentrées toutes les trois à l'Hôpital-Général, la même année 1695, elles y ont passé, l'une quarante ans, l'autre quarante-huit ans, et l'autre cinquante-huit ans au service des pauvres; et cependant, de ces longues vies de charité et de dévouement, presque rien ne nous reste : des délibérations constatant l'entrée à l'Hôpital comme aspirantes, l'admission comme Sœurs, des actes de nomination comme Supérieures, et un acte de décès ; voilà tout...

Et avons-nous davantage des grandes et saintes vies de Jésus, de Marie et de Joseph pendant les trente années solitaires de Nazareth ?

La vertu n'a pas d'histoire. — Pourquoi chercher des faits saillants, des actes héroïques, quand la vie tout entière n'est qu'un long acte d'héroïsme et de vertu sans cesse renouvelé ?

Et telle était la vie des Hospitalières !

Elles remplissaient simplement, modestement et continuellement leur devoir, sans fracas, sans recherche, sans penser à la gloire et à l'estime du monde ; elles faisaient cela vingt ans, trente ans, cinquante ans, cinquante-huit ans, comme Sœur Catherine Groslier, et mouraient, ne regrettant qu'une chose, ne pouvoir se sacrifier plus longtemps aux pauvres qu'elles aimaient.

Quel est le philanthrope qui consentirait à faire un jour, je dis un seul jour, le métier d'une Sœur hospitalière dans son entier, ou d'un frère de Saint-Jean-de-Dieu ? Quelle est l'infirmière laïque, qui mue par le seul amour du prochain, sans autre rétribution que le vivre et le couvert, consentirait aux dures fonctions, plus rebutantes encore que fatigantes, que le besoin la contraint d'accepter ?

Et tenez, prenons celle que nous venons de voir disparaître, Mère Catherine Groslier, et portons-nous à un demi-siècle en arrière.

Voilà une jeune fille de dix-huit ans, bien élevée,

habituée à ses aises, libre de choisir une position enviée dans le monde, ayant des serviteurs chez elle, et n'ayant qu'à parler pour s'en faire obéir.

A cet âge où tout lui sourit, elle renonce à tout, elle quitte parents, famille, amis, richesse et liberté, et s'enferme volontairement dans la maison des pauvres.

Là, elle pétrit de ses mains le pain du jour, elle qui n'avait qu'à le prendre au logis paternel ; elle lave le linge d'autrui, elle qu'une servante habillait ; elle rend les soins les plus bas aux petits enfants abandonnés, elle qui a renoncé aux douces joies de la maternité ; elle fait la cuisine et la sert à des centaines de malheureux, et ne mange qu'après eux et comme eux.

Et cela par amour, par charité, par sacrifice, car si l'amour y est, le sacrifice y est aussi. Bien des fois son cœur se soulève, mais elle sait vaincre son cœur. Les répugnances de la terre sont surmontées par un regard au ciel. Levée la première, couchée la dernière, elle se livre avec une ardeur qui ne connaît pas le découragement à sa tâche quotidienne. Au travail et à la fatigue, elle dit : « Encore, encore ! » et ne dira jamais : « Assez ! »

Elle avait dix-huit ans quand elle a commencé cette vie ; elle a soixante-seize ans révolus maintenant, et pas un seul instant elle n'a eu un regret pour les plaisirs du monde qu'elle pouvait avoir, pas un seul instant elle n'a regardé en arrière, et elle meurt après ce temps, elle s'en va comme une lampe qui s'éteint parce que l'huile qui l'alimentait est entièrement consumée.

Est-ce du courage, cela? Oui, et bien plus que du courage!

Est-ce de l'héroïsme? Oui, et plus que de l'héroïsme!

Est-ce de la vertu? Oui, et plus que de la vertu!

C'est l'héroïsme de la vertu; c'est l'amour de Dieu dans les pauvres; c'est la charité même et c'est la sainteté!

Et l'on comprendra maintenant ce cri d'un philosophe dans un vrai moment de raison: « Peut-être n'y a-t-il rien de plus grand sur la terre que le sacrifice que fait un sexe délicat de la beauté, de la jeunesse, souvent de la haute naissance et de la fortune, pour soulager dans les hôpitaux ce ramas de toutes les misères humaines, dont la vue est si humiliante pour l'orgueil humain, et si révoltante pour notre délicatesse. Les peuples séparés de la communion Romaine n'ont imité qu'imparfaitement une charité si généreuse! (1) »

Et l'on comprendra aussi le mot de ce savant de l'Académie des sciences envoyé par le gouvernement français pour examiner les hôpitaux d'Angleterre: *Il règne une police très exacte dans ces établissements*, disait-il, *mais il y manque deux choses :* nos curés et nos Hospitalières!

(1) Bergier, au mot *Hospitalières*. Citation de l'*Essai sur l'Histoire générale*.

IV

Supériorat de la Révérende Mère Madeleine Mater de 1751 a 1757.

La Révérende Mère Groslier, nous l'avons dit, représentait la tradition originelle de l'Hôpital-Général. Nommée Supérieure à soixante-huit ans, et ayant remplacé les Sœurs Marie et Marguerite Dugué, qui, comme elle, remontaient à Mme Motin, leur introductrice dans la vie religieuse, elle conduisait la maison comme elle l'avait toujours vu conduire, elle s'inspirait du passé pour administrer le présent, et il ne pouvait lui venir à la pensée que les règlements d'après lesquels elles avaient été formées, elle et ses deux devancières, et qui régissaient l'Hôpital depuis près d'un siècle, pussent être imparfaits, incomplets, eussent besoin de subir des modifications, ou du moins, pour se maintenir, dussent passer entre des mains plus jeunes, sinon plus fermes que les siennes.

La qualité dominante en la Révérende Mère Catherine Groslier c'était la bonté, la tendresse, la maternité pour les pauvres; et sa bonté et sa maternité, qui du reste ne dégénéraient pas en faiblesse, pour ces grands enfants déshérités de la terre et recueillis par la charité, avaient obtenu des résultats qu'un régime plus sévère n'aurait peut-être pas atteints.

Mais, du régime de la bonté, par trop persévérant, il peut naître de graves abus. Et d'ailleurs, quelque soit le régime, bon ou mauvais, paternel ou rigoureux, les abus, après un certain temps de pratique et d'attente, trouvent toujours le moyen de se faire une place.

Pourquoi ces réflexions ici ? En vérité, nous n'en saurions dire la raison. C'est probablement le choix, en dehors des usages, de la nouvelle Supérieure qui se présente à nous qui nous les a dictées.

Après la mort de la vénérable Mère Groslier, les administrateurs éprouvèrent-ils le besoin de galvaniser l'Hôpital en le livrant à une direction plus jeune et plus ardente ? La Supérieure qu'ils avaient en vue s'imposait-elle à eux par des qualités transcendantes ? Il faut croire que l'un ou l'autre de ces motifs influa sur leur détermination, car, contrairement à ce qui s'était fait jusqu'à ce jour, ils mirent à la tête de la maison une des plus jeunes Hospitalières, une des dernières venues, qui comptait à peine neuf années de profession, Sœur Madeleine Mater.

Ce choix qui s'imposait sans doute alors, et qui avait dû faire naître de grandes espérances, ne fut pas heureux, et aboutit à un résultat qu'on avait été loin de prévoir.

Mais n'anticipons pas.

Jamais élection de Supérieure de l'Hôpital-Général ne se fit avec plus de solennité, et ne réunit plus de personnages éminents, ayant droit à y prendre part, que l'élection de Sœur Madeleine Mater. Elle fut décidée en assemblée extrordinaire de tous les administrateurs, sous la présidence personnelle et directe de Son Eminence le cardinal de La Rochefoucauld, archevêque de Bourges, et en présence du maire et des échevins de la ville.

En voici l'acte, extrait du registre des délibérations de l'Hôpital-Général :

> « Aujourd'hui, 13 mars 1751, au Bureau de l'Hôpital-Général, Son Eminence le cardinal de la Rochefoucauld, archevêque de Bourges, Messieurs les maire et eschevins et administrateurs soussignés, extrordinairement assemblés pour nommer une Supérieure, au lieu et place de Catherine Groslier, décédée le 12 mars.... Après avoir délibéré, a été nommée la Sœur Madeleine Mater, pour remplir la place de Supérieure dans ladite maison ; laquelle a été mandée à cet effet, et présente, lui a été déclaré le choix qui venait d'être fait d'elle pour remplir la place de Supérieure, sous l'autorité de MM. les administrateurs, aux décisions desquels elle se conformera exactement.... A accepté sa nomination avec soumission. »
>
> Signé : Cardinal de La Rochefoucauld, Soumard, maire, Dubuisson, chanoine, Bonnault, Gandar de la Verdine, Marcandier, Bonnet, etc..., et Madeleine Mater.

Sœur Madeleine Mater avait à peine trente ans.

Quand elle fut mandée au Bureau, et que Son Eminence lui eut notifié sa nomination, elle dut s'étonner, s'humilier, chercher à se récuser peut-être, et ne céder que devant les exhortations pressantes, ce que portent à croire ces mots qu'on ne retrouve pas dans les autres actes de nomination de Supérieures : *A accepté sa nomination avec soumission.*

On la faisait passer par dessus des Mères qu'elle avait appris à respecter, et auxquelles elle devait désormais commander ; Sœur Mabilat, la sainte de la maison, Sœur Jeanne Jourdin, Sœur Simone Jobly, Sœur Jeanne Coulon, toutes reçues Hospitalières avant elle, toutes douées de qualités remarquables, toutes Supérieures plus tard. Ce n'était pas conforme aux précédents, et la suite démontrera qu'il eût mieux valu s'y tenir.

La vertu, la piété, la régularité de la nouvelle Supérieure étaient grandes ; sa capacité et son entente des affaires étaient rares ; elle joignait à ces aptitudes nécessaires le don de se faire obéir. — Elle était donc bien à la hauteur de sa position ; mais elle avait vis-à-vis de ses compagnes à faire oublier sa jeunesse et la faveur signalée dont elle avait été l'objet. La sagesse et la prudence lui commandaient de se faire un appui de toutes les autres Sœurs, par la confiance, en utilisant leur expérience et leurs conseils, par l'affection, en leur ouvrant son cœur et en ne leur faisant pas sentir le poids de son autorité. Or, il ne semble pas que telle ait été la ligne de conduite qu'elle suivit. Soit qu'elle craignît que les prévenances de sa part entraînassent la familiarité de la part des autres, et par suite le manque d'obéissance et de respect, soit qu'en demandant conseil aux anciennes, elle eut peur de faire croire qu'elle n'était pas capable de suffire à sa tâche, elle se renferma dans son propre conseil et ne voulut agir que par ses seules inspirations. Bientôt, en dehors de cette famille adoptive dont elle était devenue la mère, reportant ses regards sur celle dont elle s'était volontairement séparée, elle sentit son cœur se rouvrir aux affections de la nature, et peut-être sacrifia-t-elle un peu trop à ces affections celles que devaient lui créer l'esprit de religion et la communauté de vie.

Il y avait à peine un an qu'elle était Supérieure, lorsqu'elle manda auprès d'elle une de ses jeunes sœurs, Catherine Mater, qui avait alors dix-sept ans, et la présenta comme aspirante à Messieurs les membres du conseil.

Cette présentation eut lieu le 16 avril 1752. Le Bureau, qui sans doute ne se rendait pas bien compte des motifs déterminants de cette vocation, voulut bien la recevoir dans la maison, mais en différant quelque temps le commencement de son épreuve; elle y demeura jusqu'au 13 juin simplement au titre de commensale et de sœur de la Supérieure.

Le 13 juin 1752, Catherine Mater était admise à commencer l'épreuve de Sœur, qui, d'après la règle d'alors, devait durer un an entier comme pour toutes les autres. Néanmoins six mois ne s'étaient pas écoulés, que par une faveur exceptionnelle, dont il n'est pas difficile de deviner la cause, et malgré son jeune âge, elle était reçue Sœur, le 26 décembre 1752, n'ayant pas encore dix-huit ans.

Aujourd'hui, 26 décembre 1752, nous, administrateurs soussignés.., reconnaissant la bonne conduite, vie et mœurs de Catherine Mater, par l'épreuve qui en a été faite dans la maison, l'avons reçue dans cet hospice en qualité de

Sœur, et elle mandée au Bureau a accepté ladite place et promis de s'en acquitter en loyauté et conscience... Et a signé avec nous.

Dans la plupart des actes de réception des Sœurs, on relève cette mention : *Avis pris de la Supérieure et des autres Sœurs.* — Ici, il n'en est pas question... La Supérieure avait assurément donné le sien, et on négligea peut-être de prendre celui des autres.

Deux ans après, c'était son père que Madeleine Mater attirait, ou du moins consentait à faire venir auprès d'elle.

« Aujourd'hui, 3 décembre 1754, nous, administrateurs soussignés, *en conséquence de notre délibération du mois de septembre dernier*, avons approuvé l'entrée dans la maison du sieur Mater, père de Mme la supérieure, du 14 dudit mois ; et par considération pour ladite dame, et reconnaitre son zèle et son attachement pour la maison, avons accepté la somme de 80 livres pour la pension de son père. Reconnaissons aussi qu'il a apporté une armoire, un lit garni, quatre draps, six serviettes, six nappes, dix-huit chemises, etc., que nous consentons lui être rendus en cas qu'il sorte de la maison. »

Cette modeste somme de 80 livres pour pension alimentaire ne devait pas être payée longtemps. Une note du 15 avril suivant en décharge le sieur Mater, en considération de ses services et de ceux de sa fille.

A Dieu ne plaise que nous cherchions à étouffer et à blâmer les sentiments de famille que Dieu et la nature ont gravés dans les âmes. La religion échauffe l'amour et ne le diminue jamais, même quand on semble le sacrifier à un autre amour supérieur. Dans la profession religieuse on doit continuer à aimer les siens, et la séparation momentanée à laquelle on se condamne sur la terre, n'est pas le brisement et l'oubli, mais l'amour plus intense et plus épuré qui se condense et qui s'enflamme dans le suprême amour de Dieu. Il n'est pas moins vrai qu'après avoir quitté sa famille naturelle, qu'après s'être dévoué à la grande famille des pauvres, et être entré en religion dans ce but, si on reconstitue autour de soi cette même famille dont on s'est séparé, cela n'est pas dans l'ordre, et cela va contre toutes les idées reçues et contre tous les règlements des instituts religieux. Et plus la communauté est étroite, plus elle est limitée par le nombre des sujets et des établissements desservis, plus cela a d'inconvénients pour la règle, la discipline, l'affection mutuelle.

Quelques vingt ans après, quand on aura écrit et commenté pour les Sœurs la règle qu'elles n'observaient alors que d'après les traditions et les usages, on pourra lire dans le manuscrit que nous avons déjà cité plusieurs fois, et qui a pour titre : *L'esprit de l'Etat de l'Hospitalière*, ces lignes que ceux qui ne comprennent pas les choses de Dieu n'approuveront sans doute pas dans leur rigueur, et qui ne laissent pas pour cela d'être justifiées, approuvables, et même dans la pratique indispensables et nécessaires.

« L'Hospitalière doit être détachée de toutes les créatures au dedans et au dehors... Au dehors elle doit se détacher de ses parents et de ses amis qu'elle a eus dans le monde. Ce n'est pas qu'elle ne puisse conserver pour eux de la charité et une certaine amitié, qu'elle ne doive prier pour eux, qu'elle ne doive leur rendre les services dont elle est capable, et qui ne sont point incompatibles avec les devoirs de son état. Mais qu'elle prenne bien garde de tomber dans deux *deffauts*. Premièrement que cette affection ne devienne préjudiciable aux intérêts de l'Hôpital, soit en leur donnant ce qu'elle n'est pas en droit de donner, soit en faisant faire ou en faisant pour eux à l'insu de la Supérieure des ouvrages dont la maison n'aurait pas le profit, au contraire, qui détourneraient d'un autre ouvrage lucratif; soit en emploïant pour eux un temps qui est dû tout entier au service des pauvres; soit en détournant pour eux des secours destinés aux pauvres de la maison... Secondement, qu'elle prenne bien garde que cette affection ne lui devienne préjudiciable à elle-même. Il est très à craindre de prendre trop d'intérêt à tout ce qui les regarde. Cela est capable de la corrompre dans leur prospérité, de lui inspirer une joie immodérée, de l'orgueil, de la vanité, de l'ambition : dans l'adversité, cela est capable de causer le plus grand trouble, des fautes considérables, de faire perdre la paix de l'âme, la grâce de Dieu, la perfection et le salut... C'est une tentation des plus violentes et des plus dangereuses que la trop grande affection pour les parents ! Que de temps perdu pour le salut ! Que de peines inutiles ! Que de négligences ! Que de sorties mal à propos !

Que de détours ! Que de mensonges ! Que de péchés ! Il est impossible de se sauver dans un tel labyrinthe. »

L'Esprit de l'Etat d'Hospitalière, pp. 55 et 56.

Sans en avoir de preuves positives, nous estimons que le trop grand amour que Sœur Madeleine Mater avait conservé pour les siens, et qui la porta à faire admettre à l'Hôpital dont elle avait la direction, et sa sœur et son père, fut pour elle une source de difficultés et d'embarras, et fut une des causes qui l'obligeront plus tard à donner sa démission de Supérieure, et à sortir de cette maison des pauvres où elle pouvait faire tant de bien.

Et puisque nous avons parlé avant le moment voulu de cette détermination si grave et si funeste, nous devons ajouter qu'une seconde cause, non moins déterminante, fut le trop de sévérité et de rigueur dont Sœur Madeleine Mater fit preuve en diverses circonstances de son administration.

Certes, la jeune Supérieure était vertueuse et zélée. Elle s'appliquait exactement à tous les devoirs de son état. Tous les actes administratifs en font foi et sont remplis de son éloge. C'était une femme de tête et d'énergie, et dès qu'elle fut Supérieure elle déploya l'activité exubérante que lui permettait sa jeunesse à tout faire marcher à l'Hôpital dans l'ordre et le devoir. Les pauvres et les malades qui avaient toujours trouvé des amies et des mères dans les Supérieures précédentes, comprirent qu'ils avaient une maîtresse. Et les Sœurs elles-mêmes, malgré l'esprit d'obéissance et de charité, durent comprendre aussi qu'il y avait quelque chose de changé dans la communauté d'affection, de rapports mutuels et de confiance qui les avait toujours unies avec les Groslier et les Dugué. Plusieurs mesures graves, provoquées par elle, quelque justifiées qu'elles fussent, lui aliénèrent bien des cœurs. — Nous en citerons quelques-unes.

La première fut une correction infligée à une des Sœurs de l'Hôpital, la plus sévère et la plus rigoureuse assurément qu'il fût possible d'infliger, puisqu'il ne s'agissait de rien moins que de lui enlever son titre et son rang de Sœur.

« Aujourd'hui, 13 mars 1753, sur la représentation qui nous a été faite de la conduite très violente de la Sœur Louzeau à l'égard des pauvres et, attendu que par le passé, elle s'était mal conduite dans l'office de la boulangerie, tout considéré, il a été délibéré d'un consentement unanime que la Sœur Louzeau demeurerait destituée de son office de Sœur, et remise à l'état d'Officière, tant qu'il plaira au bureau...

« Fait jour et an que dessus...

Et signé : DUBUISSON, chanoine, GANDARD DE LA VERDINE, BUTILLIER, DUBOIS D'IVRY, MULLAT.

C'est la première et dernière fois, dans tout le cours de l'histoire de l'Hôpital-Général, que nous voyons le Bureau des administrateurs s'arroger le droit de dégrader une Sœur, de lui enlever son titre et de la remettre Officière.

Les Sœurs, nous l'avons dit, nous le répétons, et nous aurons occasion de le répéter encore, n'étaient liées par aucun vœu. Il arriva à quelques-unes d'entre elles de vouloir se dégager de la promesse qu'elles avaient faite, et les administrateurs, qui avaient reçu cet engagement, consentirent toujours à ce qu'il fut rompu, n'ayant ni le droit, ni le pouvoir de l'empêcher. Mais jamais par eux-mêmes ils n'avaient pris l'initiative de faire sentir si durement leur autorité, et de dégrader une Sœur. Incompréhensible aujourd'hui, ce fait pourtant ne dépassait pas les pouvoirs du Bureau. Les supérieurs temporels et spirituels s'y trouvaient représentés et ils pouvaient légitimement détruire un lien qui, à leurs yeux, n'avait que la force d'un contrat.

Je ne sais quelle sera l'impression du lecteur. Pour moi, une pitié mêlée d'admiration me prend, pour cette pauvre Sœur, dont la vertu assurément ne devait pas être des plus communes, puisque, malgré la violence de caractère qu'elle ne parvenait pas toujours à maîtriser, et qui était la cause de sa punition, elle se résigne à accepter avec humilité et soumission la dure épreuve qu'on lui impose. Elle dura cinq mois, cette épreuve, cinq longs mois, depuis le 13 mars jusqu'au 17 août. Enfin le 17 août 1753, elle fut rétablie dans sa dignité de Sœur.

« Aujourd'hui, 17 août 1753, après qu'il nous a été rendu compte par Mme la Supérieure, que la sœur Louise Louzeau, avait rempli ses fonctions de simple Officière à laquelle elle avait été réduite, et icelle mandée au Bureau, nous l'avons remise dans son état de Sœur, comme elle était cy devant.

En même temps que la Supérieure se montrait si rigide pour sa collaboratrice, Sœur Louzeau, elle rédigeait un rapport contre plusieurs femmes de l'Hôpital qu'elle jugeait dangereuses, et que l'administration expulsa sur sa requête, et fit enfermer ailleurs.

Délibération du 20 août 1753.

Mais la mesure suivante, provoquée par elle, et qui, pour la faute de quelques-uns, atteignait tous les pensionnaires de l'Hôpital, dut surtout contribuer à lui aliéner bien des cœurs :

« Aujourd'hui, 6 février 1756, sur le rapport qui nous a été fait par Mme la Supérieure que, sous prétexte *que les pauvres avaient chacun leur coffre fermant à clef*, il arrive souvent que quelques effets appartenant à la maison disparaissent, et que notamment, depuis la dernière lessive, il a été pris sur les perches dans la cour, trois chemises neuves et un drap neuf, nous avons décidé, en premier lieu, qu'on ferait la visite des coffres, et ensuite qu'aucun pauvre, sans une permission particulière, n'aurait à l'avenir aucune fermeture, mais que les hardes appartenant à chacun des pauvres seraient mises dans une chambre particulière avec des étiquettes séparées, et que, quant au linge, il sera mis à part pour leur être rendu en cas de sortie, et en cas de mort être remis à la masse de la lingerie ; et qu'aucun pauvre ne se servirait d'autre linge que celui qui lui serait fourni par la Sœur de la lingerie... Et ont chargé MM. Dubuisson et Dubois de se charger de l'exécution de la présente délibération. »

Signé : Berthier, Dubuisson, Gassot, Dubois d'Ivry.

Qui ne voit, malgré les graves raisons qui l'expliquent, tout l'odieux de cette mesure, et l'effet qu'elle dut avoir sur tout le personnel des pauvres de l'Hôpital. Et comme elle était motivée par une plainte de la Supérieure, c'est contre elle que dut aller l'indisposition de tous. Les malheureux privés de tout au dehors, qui s'étaient réfugiés dans l'asile de la pauvreté, tant qu'ils avaient leur coffre près de leur lit, et la clef de leur coffre avec eux, avaient encore la satisfaction de se croire possesseurs de quelque chose, qui était à eux, rien qu'à eux. Ce coffre c'était leur *home*, leur trésor; l'endroit où ils pouvaient mettre à l'abri les quelques sous qui leur restaient, les quelques épaves qu'ils avaient sauvées de leur naufrage dans le monde, un livre, une image, une lettre, un dernier souvenir. Ce coffre, cette clef, on les leur ôte, à la suite de soupçons qui frappent les innocents tout aussi bien que les coupables. On les réduit tous à l'armoire commune. C'était dur, et leur susceptibilité froissée ne put manquer de s'exhaler en récriminations vives, et en manifestations qui jetèrent un moment l'émoi dans l'Hôpital.

Nous avons les traces de cette émotion et de certains abus qui en furent la suite, sans que mention spéciale soit faite des abus dont il s'agissait, dans deux délibérations du conseil où il est dit :

« Que MM. Margot et Gassot seraient députés vers Messieurs de Ville, pour les prier de se joindre au Bureau afin d'y remédier. »

Il fallait bien que ces abus eussent de l'importance, puisque les administrateurs se reconnaissaient impuissants à les redresser par eux-mêmes, et en appelaient au concours de la municipalité qui, du reste, fit la sourde oreille, et se contenta de répondre :

« Que l'administration ordinaire n'avait qu'à se concilier sur les objets dont agissait. »

Délibérations du 1er mars et du 8 mars 1657.

En tout cas, ces abus, quels qu'ils fussent, eurent une conséquence qu'on était loin de prévoir. Ils jetèrent un moment le trouble dans la famille des Hospitalières, toujours si unie, si paisible ; ils provoquèrent la sortie de deux Sœurs reçues sous le patronat de Mère Madeleine Mater, et finalement décapitèrent l'Hôpital même, en forçant la Supérieure à donner sa démission.

Le 1er mai 1757, Sœur Marie Lafosse, qui avait été reçue Sœur deux ans avant, le 15 août 1755, demandoit à rentrer dans sa famille. On y consentit, et on lui donna un trousseau avec une somme de 40 livres.

Le 14 juin 1757, Sœur Catherine Mater, la propre sœur de la Supérieure, adressait la même demande au Bureau. Huit jours après, le 21 juin, sa demande était accueillie, et elle sortait pareillement emportant un trousseau assez considérable pour l'époque, et une somme égale de 40 livres.

Ces deux sorties, concertées sans nul doute, n'étaient que l'indice et la préparation d'une autre sortie désormais attendue, et qui ne surprit personne quand elle se produisit : Ce fut le jour même du départ de sa sœur, que Mère Madeleine Mater prit brusquement la résolution de la suivre.

« Aujourd'hui, 21 juin 1757, s'est présentée Sœur Madeleine Mater, Supérieure de l'Hôpital, laquelle nous a dit qu'elle était dans l'intention de se retirer de cette maison... *Sur quoi, ayant délibéré, et après lui avoir fait des représentations*, elle persistante toujours dans son dessein, nous, administrateurs soussignés, lui avons accordé de faire faire, deux habits d'étamine du Mans, un corps, un déshabillé de cotonne, une nantaise de camelot, une douzaine de coiffes de mousseline pour le jour... etc. etc... plus sera remis à la dite Madeleine Mater la somme de 150 livres qu'elle a apportée en entrant, et celle de 150 livres de gratification ; le Bureau ne pouvant mieux récompenser les services que la dite Madeleine Mater a rendus audit Hôpital pendant 17 ans, tant en qualité de Sœur que de Supérieure, vu l'état de pauvreté de la maison... Et nous l'avons priée de vouloir bien continuer ses services pendant 15 jours. »

Signé : Grandjean, Dubuisson, Gassot, Gandard de la Verdine, Dubois d'Ivry.

Mais la patience ne faisait pas le fond du caractère de Sœur Madeleine Mater. Quinze jours d'attente étaient trop longs pour elle ; il lui tardait de sortir promptement de la fausse situation où elle se trouvait, et dès le Bureau suivant, elle brisa à tout jamais les liens qui l'unissaient à l'Hôpital.

« Aujourd'hui, 28 juin 1757, nous, administrateurs soussignés, étant au Bureau, la Sœur Madeleine Mater, Supérieure de l'Hôpital, s'est présentée par devant nous et nous a dit qu'au Bureau dudit Hôpital tenu mardi 21 de ce mois, elle nous avait demandé de se retirer dudit Hôpital dans la quinzaine; mais désirant de se retirer dès aujourd'hui, elle nous a présenté un état des effets qui se sont trouvés dans cette maison, lequel a été vérifié par plusieurs d'entre nous, et nous a rendu bon et fidèle compte de ce dont elle était chargée, et nommément de la somme de 283 livres, tant en argent que par un mémoire d'avance par elle fait pour filage et cardage de laine appartenant à divers particuliers, lequel mémoire elle nous a remis. ... Reconnaissant qu'elle a laissé tous les habits et linge tant d'elle que de sa sœur, dont on a coutume de se servir dans la maison, après quoi elle nous a remis les clefs de la maison, *et s'est retirée, et a signé avec nous* (sic), et considérant le bon état de la cave qu'elle nous a laissée, pour suppléer à sa gratification, nous lui avons accordé un poinçon de vin, et une petite table, et un petit oreiller.

Fait ledit jour et an que dessus.

Signé: Madeleine Mater, Gassot, Gandard de la Verdine, Millet, Dubuisson, Dubois d'Ivry.

C'était donc bien fini. Cette Supérieure dont la nomination avait été entourée d'un appareil et d'un éclat inusités, dont l'intelligence et la vertu avaient motivé le choix, dont la jeunesse faisait concevoir de longues espérances de bon ordre, de discipline, de prospérité et de progrès pour l'Hôpital, à peine âgée de 37 ans, renonçait tout à coup aux grâces de sa vocation et au service des pauvres qu'elle avait tant aimés. Elle emportait, les délibérations le prouvent, les regrets de l'administration qui fit effort pour la faire revenir sur sa détermination, mais n'y put réussir.

Hélas ! le seul homme qui aurait pu l'arrêter avant de franchir le seuil de la maison hospitalière, par son autorité paternelle et ses sages conseils, celui-là même qui l'avait désignée au choix des administrateurs, et avait daigné l'installer, Son Eminence le Cardinal de La Rochefoucauld n'était plus. La mort l'avait pris le 29 avril 1757, et en lui l'Hôpital-Général perdait non seulement son évêque et son chef, mais aussi un de ses plus insignes bienfaiteurs.

S'il n'avait pas été sur son lit de mort quand se produisirent les abus signalés dans les délibérations du 1er et du 8 mars, les administrateurs, comme de droit, auraient eu recours à sa haute intervention de préférence à celle de Messieurs de Ville, qui se souçièrent si peu d'intervenir, et nul doute que la présence de Son Eminence, qu'un seul mot de sa bouche, ou plutôt de son cœur, n'eût suffi pour remettre tout dans l'ordre.

Dieu en avait décidé autrement, et le départ de Sœur Madeleine Mater laissait la place vacante pour une nouvelle Supérieure.

V

Supériorat intérimaire de la Révérende Mère Simone Jobly du 28 juin au 16 aout 1757.

Fût-ce par suite de la vacance du siège métropolitain de Bourges, et par déférence pour le futur Archevêque que la Providence destinait à prendre la place de Son Eminence, le cardinal de La Rochefoucauld, qui, pendant son long et glorieux épiscopat ne s'était pas contenté du titre honorifique de *premier supérieur de l'Hôpital-Général*, mais avait voulu plusieurs fois l'exercer en personne, soit en présidant à la nomination des Supérieures, comme nous l'avons vu pour les Sœurs Marie Dugué et Madeleine Mater, soit en présidant les réunions importantes du Bureau, et en trouvant dans sa générosité et dans celle de son clergé les ressources nécessaires pour tirer l'Hôpital d'embarras dans les jours difficiles ?

Fût-ce par suite de malentendus persistants entre le Bureau des administrateurs et Messieurs de Ville (c'est-à-dire la municipalité) ; comme peuvent le faire supposer les délibérations rappelées plus haut ? (1er et 8 mars.)

Nous l'ignorons, mais nous avons tout lieu de croire que ces deux causes influèrent sur l'ajournement de la nomination d'une Supérieure à demeure, après le retrait de Sœur Madeleine Mater.

On lui donna une remplaçante le jour même de son départ, car il fallait une tête à l'Hôpital, mais seulement à titre provisoire; et pour ne pas engager l'avenir, on choisit la plus ancienne des Sœurs.

> « Aujourd'hui, 17 juin 1757, nous, administrateurs soussignés, étant au bureau, et considérant qu'après que Sœur Madeleine Mater, supérieure de cet hôpital, s'est retirée, il est nécessaire de pourvoir au gouvernement de cette maison, jusqu'à ce que, *par un bureau général*, il soit nommé une supérieure, nous avons choisi la Sœur Simone Jobly, plus ancienne des Sœurs, pour, sous la conduite de l'administration en tout, régir la maison jusqu'au bureau général. »
>
> Signé : DUBUISSON, BERTHIER, MILLET.

C'est tout ce que nous savons de l'administration de cette bonne Sœur qui dut bien s'étonner de se voir à la tête de cette maison où elle avait longtemps exercé les emplois les plus humbles, et en sous-ordre encore, en qualité d'Officière, n'en désirant pas d'autre : Etant entrée à l'Hôpital en l'année 1702, elle avait attendu quarante ans la dignité de Sœur, qu'elle avait reçue dans l'humilité la plus profonde, comme une récompense de ses services, bien au-dessus de ce qu'ils méritaient. C'était le 10 avril 1742. Elle avait alors soixante ans.

Elle en avait donc soixante-quinze quand elle fut nommée Supérieure intérimaire.

Sœur Madeleine Mater avait été nommée trop jeune; mais Sœur Simone était trop vieille pour commencer une charge, qui ne demandait pas seulement de la vigilance et de l'attention, mais aussi de l'action.

Pour elle, le supériorat fut un fardeau qu'elle n'avait pas désiré, qu'elle accepta par humilité et par esprit d'obéissance, et qu'elle résigna avec bonheur, après cinquante jours seulement, pour reprendre ses occupations ordinaires en attendant la mort et la couronne.

VI

LA MI-CARÊME A L'HOPITAL-GÉNÉRAL

Tandis que Mgr de La Rochefoucauld sommeille dans sa tombe, et que l'Eglise de Bourges attend un autre pasteur, nous ne laisserons pas s'éloigner le souvenir de ce grand ami des pauvres sans parler d'une fête qui se célébrait tous les ans à l'Hôpital-Général, presque depuis sa fondation, qui s'est maintenue jusqu'à la Révolution de 93, et dont la tradition a repris après les mauvais jours. L'éminent Cardinal aimait cette fête par dessus toutes les autres, et ne manquait jamais d'y assister quand les devoirs des hautes charges qu'il occupait à la Cour et le service du Roy ne l'appelaient pas en dehors de sa ville archiépiscopale.

C'était la fête de la mi-carême.

De toutes les fêtes de l'Hôpital, c'était bien la plus désirée, la plus animée et la plus bruyante. Six semaines à l'avance on commençait à s'y préparer... Branle-bas général du haut en bas de la maison... On nettoyait partout, dans les réfectoires, dans les salles, dans les dortoirs et dans les corridors... Les murs étaient époussetés, les vieux meubles cirés, les parquets lavés. De même qu'au matin d'un beau jour on voit les abeilles ouvrières mettre tout en ordre dans la ruche, et s'ébattre joyeusement en bourdonnant autour, de même dans cette grande ruche des pauvres tout le personnel s'agitait, le plumeau, l'arrosoir, le balai ou l'éponge à la main, afin que la vieille maison fût digne de recevoir les nombreux visiteurs qu'on attendait.

Le beau jour arrivé, on cessait tout travail. Une messe chantée réunissait les pauvres à l'église, et était suivie d'un repas substantiel auquel un plat d'extra et un verre de vin donnaient l'apparence d'un banquet.

Un peu avant deux heures, tout le monde se rangeait dans la cour principale, non loin du portail grand ouvert. Et bientôt Monseigneur l'Archevêque, en brillant équipage, arrivait, accompagné de ses vicaires généraux, et était reçu et complimenté par les administrateurs de service et la Supérieure des Sœurs. Après avoir béni la foule agenouillée, Sa Grandeur se rendait à la chapelle déjà presque remplie de dames et messieurs de la ville, accourus à l'avance de peur de ne pas avoir de place dans la chapelle trop étroite.

Le Prédicateur de la station quadragésimale à la *grande église*, comme on appelait souvent alors l'église cathédrale, faisait dans l'humble chapelle de l'Hôpital un sermon en faveur des pauvres. Deux Sœurs faisaient la quête, puis avait lieu la bénédiction solennelle du Très Saint-Sacrement.

A la sortie de la chapelle, Monseigneur se rendait à la salle de communauté où étaient réunies les religieuses et les dames notables de Bourges, qui se distinguaient par leur zèle et leur attachement à la maison des pauvres. Sa Grandeur les exhortait, et leur donnait paternellement ses conseils.

Au moment du départ, les pauvres, les enfants, les filles, femmes et vieillards, se trouvaient de nouveau sur son passage, et recevaient encore une fois sa bénédiction.

Aussitôt que Monseigneur était parti, on ouvrait toutes les portes, et la foule envahissait la maison où chacun avait ce jour-là libre accès. Un flot d'enfants se précipitaient, se culbutaient, tombaient les uns sur les autres, puis couraient d'un bout de la cour à l'autre. Beaucoup erraient par les couloirs et par les salles, cherchaient et furetaient... Et on les entendait se dire : « Où est donc le vieux à la tête de bois? » Ou bien encore : « Le petit enfant sans tête? » Car les mystificateurs ne manquaient pas plus à cette fête qu'aux autres, et il n'y avait pas que les enfants qui se laissassent mystifier.

Bon nombre de personnes bienfaisantes visitaient dévotement l'Hôpital en y laissant une aumône. Elles achetaient des gâteaux pour les petits enfants, car la partie de la maison qu'on appelait, et qu'on appelle encore, *La Crèche* ou *Le Berceau*, était celle qui attirait surtout l'attention et la bienveillance des visiteurs.

Des marchandes de gâteaux et de jouets ne manquaient pas de venir installer leur petit étalage au dehors et à l'intérieur de l'Etablissement.

Tout a une fin ici-bas... et la journée de la mi-carême comme toutes les autres, ne durait qu'un jour..... Ah ! si quelqu'un des pauvres avait eu la puissance de Josué !

Le lendemain il fallait recommencer de frotter, de laver, de nettoyer, car l'affluence des visiteurs, surtout si le jour de la fête avait été humide, avait partout laissé des traces qu'il fallait faire disparaître.

Mais il restait néanmoins quelque chose qui se faisait encore sentir assez longtemps après : la collecte faite à la chapelle, les offrandes que les visiteurs charitables laissaient entre les mains des Sœurs, et dont la libre disposition leur était abandonnée, permettaient à ces pieuses filles de procurer de temps en temps quelques douceurs, soit aux malades de l'infirmerie, soit aux enfants de la crèche, et ceux qui bénéficiaient de ces douceurs, disaient en les prenant : « Quand reviendra la mi-carême ?... »

Note de Sœur Augustin.

VI

Supériorat de la Révérende Mère Jeanne Jourdin de 1757 à 1771.

La nomination d'un nouvel archevêque se faisant attendre, les administrateurs de l'Hôpital se décidèrent enfin à convoquer le Bureau général pour élire une Supérieure en titre, afin de décharger Sœur Simone, dont la santé et les forces ne pouvaient suffire à la tâche. Mais par égard pour le Métropolitain attendu, et pour ne pas empiéter sur son droit de conseil et de direction sur l'Hôpital et le personnel qui en avait le gouvernement intérieur, la Supérieure dont on fit choix ne fut nommée que pour un an, et on lui adjoignit deux assistantes pour veiller avec elle sur les différents offices de la maison.

« Nous, administrateurs ordinaires dudit Hôpital assemblés en Bureau général, avons nommé et nommons, pour un an seulement, Sœur Jeanne Jourdin, supérieure dudit Hôpital ; à la charge néanmoins de ne pouvoir faire les fonctions qui concernent ladite charge que de la participation de Sœur Anne Mabilat, sœur du même Hôpital, et de Marie-Anne Taconat, Officière, que nous avons nommées et nommons adjointes.

« Sera ladite Sœur Jeanne Jourdin, *habillée comme les autres Sœurs sans aucune distinction*. Tiendront lesdites trois Sœurs un registre coté et paraphé par lesdites Sœurs et administrateurs, lequel contiendra, article par article, les ouvrages extérieurs qui se donnent à faire audit Hôpital, ensemble mention des sommes qui sont reçues à raison desdits ouvrages...

« Déclarons auxdites Sœurs sus-nommées que si la Sœur Simone qui a eu l'administration pendant l'intérim, se trouve privée de ses fonctions par les nominations ci-dessus, que cela n'a pour fondement aucun mécontentement sur la conduite de ladite Sœur, mais que c'est seulement à cause de ses infirmités actuelles.

« Et à l'instant ayant fait mander les trois

Sœurs sus nommées, elles ont accepté et promis de s'acquitter desdites charges et les tenir en loyauté et conscience.

Signé : THIBOUDET, maire, MAILLET, GASSOT, ROCHOU, CHAMPION, curé du Fourchaud, Jeanne JOURDIN, Sœur MABILAT.

Certains trouveront peut-être que nous multiplions à plaisir la reproduction de ces actes empruntés aux registres des délibérations de l'Hôpital-Général, qui pour la plupart se ressemblent.

S'ils se ressemblaient véritablement, nous n'hésitons pas à dire que nos citations seraient en effet redondantes, et qu'il serait assez d'en rappeler les dates. Mais en y regardant de près, on verra que tous ces actes que nous citons se distinguent par un mot, une nuance, une tournure de phrase, qui deviennent l'indice d'une situation, l'expression de la volonté actuelle, des sentiments, des intentions de ceux qui ont écrit ces actes. En somme, c'est grâce à ces délibérations et aux différences qu'elles accusent, qu'à force de les méditer et de les approfondir, nous avons pu en extraire, comme d'une mine féconde, les matériaux les plus solides de l'édifice que nous voulons construire. Noms, règles, usages, coutumes, traditions, offices, emplois, organisation, etc., tout est tiré de là. Et, dans cette dernière citation que nous venons de faire, n'avons-nous pas plusieurs choses nouvelles à faire ressortir, et une tendance marquée vers un changement de régime intérieur ?

1° La Supérieure avait toujours été nommée à vie, et avait toujours suffi seule à gouverner sa petite communauté des Sœurs et la maison. Voilà qu'on ne lui donne des pouvoirs que pour un an. — Et on lui adjoint deux autres Sœurs comme assistantes.

Nous avons dit que cette décision fut prise pour attendre l'avis et l'agrément du futur Archevêque, nous ajoutons qu'elle le fut peut-être aussi à cause des difficultés survenues au cours du supériorat de sœur Madeleine Mater dont le caractère entier dut porter les administrateurs à prendre des mesures pour assurer leur autorité, et pour bien montrer aux Sœurs et Officières qu'elles n'étaient en réalité que des instruments dans leurs mains.

2° Cette clause: *Sera ladite Sœur Jeanne Jourdin, habillée comme les autres Sœurs, sans aucune distinction*, nous porte à croire qu'il y avait dans le costume de la Supérieure quelque signe extérieur qui la faisait reconnaître des personnes étrangères. Quel était ce signe distinctif? Nous ne saurions le dire aujourd'hui (1).

3° La nomination de Sœur Anne Mabilat comme assistante se justifie et se comprend. On comprend moins bien celle de Marie-Anne Taconat, qui était restée simple Officière, et que l'on met presqu'au-dessus des Sœurs. — Voulait-on par ce choix encourager les Officières, en leur montrant qu'il y avait une d'entre elles pour les représenter près de la Mère Supérieure? — Il fallait en tout cas que cette Officière eût pris une grande place dans la maison depuis le jour où, après sept ans d'attente, le 20 avril 1745,

(1) Une tradition ayant cours parmi les anciennes de la Communauté raconte que les Supérieures, autrefois, avaient coutume de porter une cordelière en sautoir.

elle avait enfin reçu ce titre d'Officière en faisant abandon de tout son bien aux pauvres.

4° Nous relevons encore dans cette délibération importante le témoignage de satisfaction donné à Sœur Simone Jobly, la vénérable intérimaire qu'on rendait au repos.

Sœur Jeanne Jourdin était une femme distinguée par le cœur et les sentiments, comme par la naissance et l'éducation. On a dit d'elle qu'elle était vénérée comme une sainte et respectée comme une reine. Et, en effet, ses belles manières, sa taille imposante, son air noble et majestueux, l'auraient fait beaucoup plus craindre qu'aimer, si son inaltérable bonté, sa douce fermeté et sa grande vertu ne lui eussent attiré les cœurs en lui pliant les plus rebelles volontés.

Notes de la Communauté.

Elle était déjà Officière depuis quelque temps à l'Hôpital, lorsqu'elle reçut le titre de Sœur sur la demande de la Révérende Mère Marguerite Dugué (le 2 octobre 1736), qui avait fait choix d'elle pour la remplacer à l'office de la boulangerie. Elle avait donc alors 21 ans de profession de Sœur, et quelques années en plus passées au service des pauvres, à titre d'Officière.

Cette première année du supériorat de Sœur Jeanne se passa à la satisfaction de tous. Elle se montra digne de sa charge, affectionnée pour ses adjointes qui, dans l'esprit des administrateurs étaient un peu ses surveillantes, absolument régulière et irréprochable dans sa gestion; elle dissipa enfin tous les nuages qui avaient pu s'élever antérieurement et ramena sur l'Hôpital le calme et la sérénité.

Si nous voulions cesser un instant d'être sérieux, nous dirions que cette année de supériorat, après laquelle ses pouvoirs doivent être renouvelés, peut être considérée comme un noviciat nouveau imposé à Sœur Jeanne Jourdin, et qu'aucune autre Sœur ne fit plus qu'elle de noviciat dans l'Hôpital. C'est dans son acte d'admission que nous avons relevé cette clause que nous avons trouvé et que nous trouvons encore singulière : « Sœur Jeanne Jourdin, quoiqu'Officière déjà, est élue Sœur, mais sans être dispensée, quoiqu'Officière déjà, de faire une autre année de noviciat comme Sœur. »

Eh bien, il en sera de même comme Supérieure. Elle vient de faire une année de noviciat à ce titre, elle en fera une autre encore avant d'être maintenue Supérieure à vie, comme celles qui l'avaient précédée.

Cependant le veuvage de l'Église de Bourges avait cessé ; Mgr Georges-Louis Phelypeaux d'Herbault, sacré le 20 novembre 1757, avait pris possession de son siège le 17 décembre de la même année. Il n'avait pas attendu que le supériorat provisoire de Sœur Jeanne touchât à sa fin pour s'occuper des choses de l'Hôpital et de l'intéressante famille de Sœurs hospitalières qui se dévouait à ses différents offices, et quand le moment fut venu de traiter la question du renouvellement des pouvoirs, il voulut se présenter en personne au Bureau général tenu à cette occasion.

12 décembre 1758.

« Au Bureau de l'Hospice de Bourges, nous, l'Archevêque de Bourges, et Messieurs les administrateurs soussignés, sur le rapport unanime de la satisfaction du Bureau, de la conduite de Sœur Jeanne Jourdin, dans les fonctions de Supérieure de la maison, sous l'autorité de Messieurs les administrateurs aux décisions desquels elle se conformera toujours exactement... laquelle Sœur mandée à cet effet, et présente, lui a été déclaré que le terme de sa supériorité dans la maison était prolongé pour un an... a accepté de continuer ses fonctions avec soumission, et de faire exécuter et suivre elle-même les ordres du Bureau. »

Signé : Georges-L.-P., arch. de B., Aupic, Dumoutier, Grandjean, Champion, curé du Fourchaud.

Pourquoi encore cette prorogation d'un an seulement, après le témoignage unanime de satisfaction qui est donné à la Supérieure ?

Nous n'en saurions dire la raison. Les administrateurs voulaient-ils affirmer et accentuer leur droit de direction en présence du nouvel Archevêque ; ou bien voulaient-ils inspirer à la Supérieure continuée plus de zèle encore si possible, par la crainte d'un changement ?... La première de ces raisons n'eût pas été gracieuse, et ne paraît pas admissible ; la seconde eût été inefficace : Les Hospitalières n'avaient pas choisi leur humble état pour chercher les honneurs et le commandement, elles n'aspiraient qu'au sacrifice et à l'obéissance, et la crainte de déchoir dans l'estime des hommes ne pouvait influer sur leur vie habituelle de travail, de dévouement et d'abnégation absolue. Du reste cette prolongation, que nous ne voyons renouvelée dans aucun autre acte officiel, devint permanente par le fait, et ne cessa que par la mort de Sœur Jeanne Jourdin, qui renoua la tradition, et fut, comme les Mères devancières, supérieure à vie.

Nous ferons remarquer que dans cette délibération, il n'est plus question des deux adjointes qu'on lui avait données au début : preuve que maintenant on se reposait uniquement et entièrement sur elle.

Trois vides douloureux s'étaient creusés dans les rangs des Hospitalières, par le départ des deux Sœurs Mater et de Sœur Marie Lafosse, mais ces vides ne tardèrent pas à être comblés. La bonne tenue de l'Hôpital sous le supériorat de Mère Jeanne Jourdin, et le respect et la sympathie que ses rares qualités inspiraient, firent affluer les demandes d'admission de la part des personnes que la charité poussait à se dévouer aux pauvres et à Dieu.

« Il y a beaucoup de place dans les maisons du ciel », disent nos Livres Saints ; mais pour occuper ces places il y a peu d'élus : *multi sunt vocati, pauci vero electi.*

Dans la maison des pauvres, et dans la famille de celles qui se déclaraient leurs servantes, les places n'étaient pas nombreuses comme dans la maison du ciel, elles étaient même fort limitées : douze pour l'ordinaire, de 18 à 20 pour l'extraordinaire; — et beaucoup néanmoins se sentaient appelées; et ce n'était qu'à contre-cœur que les administrateurs se voyaient dans la dure nécessité de ne pouvoir admettre maints sujets qui offraient les meilleures garanties, et que les Sœurs ne pouvaient ouvrir leurs bras à celles qui se montraient avides de leur prêter assistance.

Le nombre des postulantes à cette époque augmenta tellement que, pour ne pas les renvoyer toutes, et ne pas surcharger l'Hôpital, on prit le parti d'imposer pour entrer à quelques Sœurs et Officières de surcroît des conditions onéreuses.

Nous donnerons, par ordre de dates, les noms des Sœurs et Officières reçues à l'Hôpital sous le supériorat de Sœur Jeanne Jourdin, avec les conditions stipulées pour leur entrée dans la maison.

18 juillet 1758. — Reine Clément, fille de Jacques Clément, marchand, de la paroisse de Saint-Bonnet de Bourges, âgée de 23 ans, se présente pour l'épreuve de Sœur... Cette épreuve, interrompue une première fois, est reprise le 7 août 1759, à condition que la mère de la postulante lui fournira, si elle est admise, son premier habit de Sœur et quatre draps. — Reine Clément était admise définitivement le 29 juillet 1760.

8 janvier 1760. — Perpétue Coulon est reçue après épreuve d'un an en qualité de *Sœur donnée* (1). Elle apporte en entrant une somme de

(1) Ce nom de *Sœur donnée*, que nous trouvons pour la première fois ici, signifie — et les termes de cette délibération le prouvent — que la Sœur reçue dans ces conditions s'engageait à ne rien répéter par elle ou ses héritiers, des sommes données à l'Hôpital lors de son admission.

1000 livres provenant de l'héritage de ses parents; et son frère, le sieur Jean Coulon, bonnetier, en la ville de Bourges, s'engage à lui verser par chacun an la somme de 25 livres, qui sera remise au bureau. De plus, la somme de 120 livres pour le premier habit que la maison sera obligée de lui fournir.

18 mai 1762. — Jeanne Bourgoing, fille de Jean Bourgoing et de Marie Paultier, marchands, de la paroisse de Saint-Cyr, d'Issoudun, est admise à faire ses épreuves. — Elle est reçue sans conditions spéciales le 31 mai 1763.

26 août 1765. — « Après l'année d'épreuves, et sur le témoignage de la Sœur Supérieure *et de toutes les autres Sœurs de la communauté*, a été reçue hospitalière, Marie-Madeleine Lefebvre, fille de Jean-Louis Lefebvre, huissier royal, et de Madeleine Chevalier, âgée de 23 ans... Il est convenu que quand aux effets et meubles qu'elle a apportés dans la maison, en cas qu'elle vienne à en sortir, ils lui seront rendus en l'état qu'ils se trouveront... Elle pourra disposer, de l'agrément du bureau, de ce qu'elle pourra retirer de la succession de ses père et mère. Et ladite Sœur Lefebvre a écouté avec respect l'exhortation à elle faite par M. le curé du Fourchaud, a promis de se conformer au règlement de la maison, a remercié Messieurs, et signé.

Même jour, 26 août 1765. — Elisabeth-Christine Bourgoing est reçue au nombre des postulantes, et à l'épreuve pour être Sœur dans l'Hôpital. Le 13 mai 1766, elle est reçue définitivement au nombre des sœurs.

Ces dates sont à noter. Elles marquent le point de départ de la féconde et laborieuse carrière d'une des plus grandes Hospitalières que l'Hôpital-Général de Bourges ait vu se former dans son sein.

Nous aurons plus tard à revenir longuement sur Sœur Elisabeth, quand nous la retrouverons Supérieure.

18 août 1767, réception de Sœur Madeleine en qualité de *Sœur donnée.*

Une légende triste et touchante s'attache au souvenir de cette Sœur. Pauvre enfant abandonnée à sa naissance et confiée à l'Hôpital, elle y avait été élevée et n'avait jamais eu d'autre abri. On savait cependant que ses parents étaient riches et jouissaient de la considération du monde. Pour des motifs inconnus, ils se cachaient d'elle, mais sans l'oublier tout à fait, et par intermédiaire ils firent plusieurs fois à cause d'elle des dons assez considérables à l'Hôpital. Voici en quels termes est relatée l'admission de cette Sœur :

« Aujourd'hui s'est présentée Marie-Anne, dite Sœur Madeleine, laquelle nous a dit qu'ayant été reçue dans cette maison dès son enfance, elle était dans la résolution d'y demeurer le reste de sa vie pour s'y employer au service des pauvres, en qualité de *Sœur donnée*. Sur quoi *ayant pris par surabondance de droit l'avis et le consentement des autres Sœurs de cette maison*, et sur le bon témoignage qui nous a été rendu de sa conduite et de ses talents par la Sœur Supérieure et les autres sœurs, nous l'avons admise à faire de nouvelles épreuves pendant le temps qui nous conviendra pour ensuite être reçue comme *Sœur donnée*, et cependant être employée à tout ce qui lui serait proposé par le bureau et sous les ordres de la supérieure. Ce que la dite Marie, dite Sœur Madeleine, a accepté et signé avec nous. »

Quel bonheur ce dut être pour elle, quand elle put se croire la compagne et l'égale des bonnes Sœurs qui l'avaient élevée, et les aider, au titre de Mère, à prendre soin des pauvres petits enfants comme elle abandonnés.

Le 19 août 1768, Marie Gaumat se présente à l'épreuve, accompagnée de sa mère. Elle est reçue Sœur le 16 mai de l'année suivante, à l'âge de vingt ans, à condition que sa mère paiera 20 livres pour son entretien, par chacun an, et fera les frais de son premier habit.

Le 20 novembre 1770, Catherine Mauduys, dite Sœur Angèle, depuis dix ans dans l'Hôpital, dont huit comme *Officière* est reçue au nombre des Sœurs. — « Et la recevons, dit l'acte d'admis-« sion, en la dispensant de l'année d'épreuve, « *au noviciat*, qui est d'usage, eu égard aux huit « années d'exercice qu'elle a remplis en qualité « d'Officière dudit Hôpital, sans tirer à consé-« quence pour les autres Sœurs qui pourront se « présenter à l'avenir. »

Même jour, 20 novembre 1770. — Anne-Thérèse Tribard, accompagnée de sa mère, se présente pour être reçue Sœur. Elle est admise à l'épreuve d'un an, à condition que sa mère lui garantira une pension viagère de 25 livres, et lui assurera à sa mort la somme de 700 livres au profit des pauvres de l'Hôpital.

Le 11 juin 1771, Françoise Marteau, dite Sœur Cécile, de la paroisse de Saint-Jean-des-Champs, depuis huit ans dans la maison, demande à être, et est admise à l'épreuve de Sœur.

Ce fut la dernière admission faite sous le supériorat de Sœur Jeanne Jourdin.

Nous signalerons à l'attention ce point, qui marque un nouveau pas en avant de nos Sœurs, vers la profession religieuse. En devenant Sœurs, elles commencent à renoncer au nom qu'elles portaient dans le monde, et les actes du Bureau le constatent. Marie-Anne, dite Sœur Madeleine; — Catherine Mauduys, dite Sœur Angèle; — Françoise Marteau, dite Sœur Cécile, etc.

Nous avons à mentionner quelques dons faits à l'Hôpital, ou par les Sœurs elles-mêmes, ou à leur occasion, ou pour faciliter l'admission dans leurs rangs.

Le 5 mai 1768, don de 800 livres en faveur de Anne Bruneau, pensionnaire de l'Hôpital, à condition qu'elle sera reçue Officière, et y finira ses jours.

Le 15 juillet 1770, M. Claude Coulon, chanoine de Notre-Dame de Sales, fait don de 800 livres pour la subsistance des pauvres, à condition de recevoir, après que lui, sieur Coulon, sera mort, sa sœur Catherine Coulon, dans l'Hôpital, pour y être nourrie et entretenue comme Officière... Et ladite Catherine Coulon apportera les meubles et effets qui pourront lui appartenir.

Il y avait quatorze ans que la Révérende Mère Jeanne Jourdin était à la tête de l'Hôpital-Général, et on pouvait espérer que Dieu la conserverait encore longtemps à l'affection de ses compagnes et des pauvres de la maison, lorsque, après une courte maladie, à peine âgée de 62 ans, elle s'éteignit dans le Seigneur... Les services qu'elle avait rendus, l'estime générale qu'elle emportait avec elle, lui valurent les honneurs de l'inhumation dans la chapelle, à côté de Dame Salat et de Mère Groslier.

Voici l'acte de son décès :

« Le 25 novembre 1771, Jeanne Jourdin, Supérieure de l'Hôpital, âgée de 62 ans, dont elle avait passé 45 au service des pauvres, a été inhumée dans l'église de cette hospice, en présence de Laboyer, chapelain, de sieur Léon-Claude Coulon, chanoine de Sales, et de François Boucheron... qui ont signé. »

Avec Sœur Jeanne Jourdin se termine la série des premières Mères formées dans l'Hôpital, se réglant d'après les traditions et les coutumes de l'Hôpital, mais n'ayant pas d'autre règlement écrit que celui qui avait été tracé par M. Couvrant, à l'origine, et qui était religieusement conservé dans les âmes.

Plus d'un siècle écoulé avait fait vieillir ce règlement; le temps et les besoins y avaient introduit quelques modifications importantes; et d'ailleurs, il devenait nécessaire aux Hospitalières mieux groupées maintenant autour d'une Supérieure à Elles, d'avcir aussi une Règle qui fût à Elles.

Ce sera la grande et principale occupation de la supérieure qui va suivre, et qui a laissé dans l'Institut un si doux renom de bonté, de vertu et de sainteté, la Révérende Mère Anne Mabilat.

LIVRE V

La Règle écrite.

Supériorat de { Mère Anne Mabillat. / Mère Jeanne Coulon.

Les dix premières années du supériorat de Mère Elisabeth Bourgoing.

Jusqu'à la première sortie des Hospitalières en 1792.

LIVRE V

I

Supériorat de la Révérende Mère Marie-Anne Mabilat de 1771 à 1782.

Nous avons recueilli tous les documents que nous avons pu trouver concernant les *Dames* de l'Hôpital-Général, que nous avons présentées comme les fondatrices et les organisatrices de la congrégation dont nous étudions l'histoire. Nous les avons vues établir la coutume et l'usage, et commencer à former d'après cette coutume, et les Sœurs, et les Mères Supérieures qui les ont remplacées. — Nous avons vu ensuite ces premières Mères Supérieures, toutes entrées jeunes à l'Hôpital, et reçues en qualité d'Officières pour y préparer leur admission comme Sœurs par une épreuve plus ou moins longue, continuer à régir la maison des pauvres, sous l'œil et l'autorité du Bureau des administrateurs, d'après les traditions reçues des pieuses Dames fondatrices.

Nous abordons maintenant une nouvelle période de la vie des Hospitalières de Bourges. La période de la Règle écrite. — Ce qui n'était que coutume et usage, que règlements traditionnels, soumis à l'interprétation particulière de chaque Sœur qui les appliquait, va se régulariser, se codifier, se fixer, en un mot, devenir la règle écrite et *immuable*, sinon dans le sens absolu du mot, du moins dans la limite des autres Règles et Constitutions de cette nature.

La première explication complète du Règlement qui s'observe à l'Hôpital-Général de Bourges et de la Règle des Hospitalières, porte la date de 1774. — Cette explication n'est signée d'aucun nom d'auteur, mais comme elle fut écrite sous le supériorat de la Révérende Mère Marie-Anne Mabilat, auquel nous sommes parvenu, nous ne pouvons douter qu'elle ne soit due à l'influence et aussi à la coopération de cette sainte et éminente Supérieure.

Avant d'entrer dans l'étude de ces Règlements écrits, comme il est de notre devoir de le faire, nous dirons d'abord ce que nous savons de la vénérable Supérieure à laquelle on les doit.

Marie-Anne Mabilat naquit à Bourges en 1705, d'une famille honorable et chrétienne, domiciliée sur la paroisse Saint-Médard. Ses parents, qui comprenaient la responsabilité qui pesait sur eux, veillèrent avec le plus grand soin sur son éducation. Ils lui firent donner toute l'instruction nécessaire à la situation modeste qu'elle devait occuper après eux dans le monde, mais ils s'appliquèrent surtout à ce que cette instruction la rapprochât toujours et ne l'éloignât jamais du ciel.

Grâce à leur vigilance et à leur amour, Marie-Anne Mabilat puisa au sein du foyer paternel la semence des vertus et de la charité qu'elle fera si bien fructifier dans la suite.

Dès son bas âge elle donna des signes sensibles de piété et de dévotion, et se fit remarquer par son grand amour pour les pauvres. Elle se plaisait à leur faire l'aumône, et sacrifiait volontiers pour eux une part de sa nourriture, ou ce qu'on lui donnait pour satisfaire ses fantaisies d'enfant.

Jeune fille, sa dévotion se tourna vers les œuvres de miséricorde qui sont si utiles au salut. Elle cherchait les misères cachées, afin de les soulager elle-même, ou de les signaler aux personnes qui mieux qu'elle étaient en mesure de le faire; elle visitait les malades de sa connaissance, et se plaisait à veiller auprès d'eux et à les consoler.

Pas n'est besoin de dire qu'elle s'occupait fort peu des joies et des plaisirs qui attiraient et charmaient les jeunes filles de son âge, quoiqu'elle fût pour elles toutes la meilleure et la plus aimante des compagnes.

Aussi personne ne fut-il étonné, quand, après avoir mûri sa vocation et s'être condamnée elle-même à l'attente, à l'âge de vingt-deux ans, elle annonça qu'elle avait l'intention de se consacrer au service des pauvres, et de demander à être admise au nombre des Sœurs de l'Hôpital-Général.

C'était sous le supériorat de Mme Cardinal. Le nombre des pauvres s'était accru considérablement, et Messieurs les administrateurs, dans plusieurs délibérations successives, voyant les Hospitalières sur les dents, venaient de déclarer *qu'il était besoin d'augmenter le nombre des Sœurs en proportion du nombre des pauvres.*

Délibérations des 9 mars et 29 mars 1727.

La porte de la maison lui fut donc ouverte avec empressement, et après avoir passé d'office en office le temps de son épreuve, qu'elle ne chercha pas à faire abréger, s'estimant trop heureuse de servir Jésus-Christ et ses pauvres dans une condition subordonnée, le 27 décembre 1729, elle était appelée par sa Supérieure et par le Bureau à contracter l'engagement qui la liait à l'Hôpital, et reçut le titre de Sœur. — L'acte de son admission est ainsi conçu :

« Aujourd'hui, 27 décembre 1729, Messieurs les administrateurs de l'Hôpital-Général assemblés au bureau pour délibérer des affaires de l'Hôpital... S'est présentée Marie Mabilat de la paroisse de Saint-Médard de Bourges, laquelle, après avoir servi les pauvres jusqu'à ce jour, et été éprouvée dans tous les différents offices, a demandé à être reçue en qualité de Sœur dans la maison ; sur quoi, après avoir ouï le rapport, tant de Mme la Supérieure que des autres Sœurs, qui ont rendu un bon témoignage de sa capacité et vertu, nous, les administrateurs, d'une voix unanime, avons délibéré de la recevoir au nombre des Sœurs pour être nourrie, entretenue en santé et en maladie, pendant sa vie.

« Fait et arrêté au Bureau des pauvres le jour et an que dessus, et ont signé : CATHERINOT, BARATHON, ARCHAMBAULT, GAYOT, Marie MABILAT. »

Alors, de par sa volonté et le choix de ses supérieurs, qui était pour elle la volonté de Dieu, appartenant bien toute entière à Jésus-Christ et à ses chers pauvres, elle commença, dans le plus complet oubli de soi-même, cette longue carrière de dévouement et de sacrifice, de prière et de travail, dont pas un des jours ne manquera d'être noté d'une marque ineffaçable dans le livre du ciel. « Travailler, prier et souffrir » : c'était sa devise et sa pratique constante, et on la vit toujours travailler, prier et souffrir sans se plaindre jamais.

Elle vit passer successivement à la tête de l'Hôpital les Révérendes Mères Marie Dugué et Marguerite Dugué, qui surent imprimer dans son âme les fortes traditions qu'elles avaient puisées au cœur de Mme Motin. La douce piété de Mère Catherine Groslier augmenta par l'exemple la piété qui brûlait si vive au dedans d'elle-même. Quand Sœur Madeleine Mater, quoique plus jeune qu'elle, lui eût été donnée comme Supérieure, nulle ne lui montra plus d'obéissance et de respect, et nulle ne conçut plus de peine de son départ.

Le 16 août 1757, l'année du premier centenaire de la fondation de l'Hôpital-Général, elle fut nommée assistante de Sœur Jeanne Jourdin. Obligée de se mêler de plus près à l'administration, elle ne cessa pas, tout en partageant la direction et la surveillance, d'exercer par elle-même, tantôt l'un, tantôt l'autre des offices de la maison, aimant surtout à s'occuper de la cuisine et de l'économat.

Lorsque la Révérende Mère Jeanne Jourdin eut achevé ici-bas sa tâche laborieuse, et fut allée près de Dieu en demander le prix, le Bureau de l'Hôpital ne fut pas longtemps à chercher qui la remplacerait.

« Le 3 décembre 1771, au Bureau ordinaire des pauvres, il fut délibéré sur le choix d'une Supérieure de cette maison, en la place de Sœur Jeanne Jourdin, décédée le 24 du mois dernier (novembre.)

« Après avoir conféré entre eux, ont tous unanimement choisi et nommé pour supérieure de cette maison, pendant l'espace de trois ans, Sœur Marie-Anne Mabilat; et lui ont donné pour aide dans ladite place Sœur Jeanne Coulon, dite Sœur Marthe, lesquelles deux Sœurs ont accepté et promis de s'acquitter avec loyauté et conscience, et ont signé avec nous leur nomination. »

Signé : Berthier, Aupic, Dubois, Dumoutier, Gauthier, Demangue, Sœur Mabilat, Sœur Coulon.

Elle n'était plus jeune lorsqu'elle reçut ce lourd et fatigant fardeau, et cela explique qu'on lui donnât en la nommant une aide, ou assistante. Elle touchait à ses soixante-six ans; mais dans son petit corps, tout en nerfs et en vivacité (car Sœur Anne Mabilat était, dit-on, de très petite taille), il y avait de la force et de l'énergie pour supporter bien du travail encore.

Un contemporain, qui survécut à la tourmente révolutionnaire, disait en parlant de la Révérende Mère Mabilat: « C'était une toute petite femme, si bonne, si maternelle pour les pauvres, que son autorité tenait du prodige, tant elle était obéie promptement, nonobstant le peu d'imposant de sa personne. » Elle se distinguait par une grande aménité de caractère, une solide piété et une merveilleuse bonté, au charme de laquelle on ne pouvait échapper. Sa constante sollicitude pour les pauvres était poussée à l'extrême, et, nous dit le même contemporain, à l'heure des repas, on la voyait courir à la cuisine, afin d'examiner comment étaient préparés les mets des pauvres. Sortant de sa poche une petite cuillère qui ne la quittait jamais, elle goûtait à la nourriture que l'on était en train de distribuer. Et cette Mère si bonne, si douce, que la tradition nous représente comme adorée à l'Hôpital, grondait sévèrement et punissait même les cuisinières en défaut, si le potage et les mets ne lui semblaient pas convenablement accommodés. Ce qui arrivait sans doute de temps à autre, car nous trouvons ce détail sous toutes les formes, soit dans les souvenirs des Sœurs, soit dans celui des pauvres. Tout vulgaire qu'il paraisse, il nous a paru digne d'attention et de remarque, non seulement par l'espèce de prédilection que les contemporains y attachaient, mais surtout par la conviction qu'il nous donne de l'esprit de foi, de l'ordre minutieux avec lesquels Sœur Anne traitait les pauvres de Jésus-Christ, et s'occupait des devoirs de sa charge. Lorsqu'une attention sérieuse est ainsi portée aux petites choses, que ne fait-on pas pour les affaires importantes ?

« Les vertus de la Mère Mabilat étaient suaves et aimables comme la bonté qui la faisait chérir ; et si le récit complet ne nous en est pas parvenu, nous pouvons les résumer par cet écho, qui se répétait encore un siècle après sa mort : « C'était une sainte à canoniser ! »

« Douce et sympathique figure, Mme Mabilat vécut

longtemps dans les cœurs après avoir quitté ce monde pour une patrie meilleure; et le souvenir de cette âme, pétrie de mansuétude et de tendre charité, s'est conservé à l'Hôpital comme une légende aimée pleine de parfums et de vie. »

Notes de la Communauté.

On sent que ce portrait a été tracé par le cœur, et nous sommes heureux de le reproduire sans en changer un trait. La tradition qu'il relate se trouve confirmée et mise en plus claire évidence par le témoignage d'un des derniers représentants de l'honorable famille à laquelle appartenait Sœur Anne Mabilat, M. l'abbé Gaudron, curé de l'importante paroisse de Saint-Bonnet de Bourges, lequel rappelle si bien par la bonté de son cœur et sa charité pour les pauvres, ces belles vertus que son arrière grand'-tante pratiqua à un si haut degré.

Sur demande de renseignements, il écrivait à la date du 20 février 1886, alors qu'il était curé de Meillant:

« ..... Bien que je fusse très jeune à l'époque de la mort de ma vieille grand'mère, je me souviens néanmoins lui avoir maintes fois entendu parler de sa tante, qu'elle appelait : Mlle Mabilat. Elle louait beaucoup ses vertus et particulièrement son amour des pauvres. De plus, je me souviens lui avoir entendu dire, et ce détail m'a été rappelé souvent par ma pauvre mère, qu'elle avait *été inhumée dans la chapelle de l'Hôpital-Général*. C'est même à raison de ce souvenir que j'ai été heureux de dire dans cette chapelle l'une de mes premières messes. »

Veuillez agréer, etc.

Fernand GAUDRON, prêtre.

Ce dernier souvenir, qui marque si bien le culte traditionnel conservé dans la famille de Mère Anne Mabilat pour sa mémoire vénérée n'est pas exact. On avait gardé le même souvenir aussi chez les Hospitalières ; mais de récentes recherches dans les registres conservés au greffe et à la mairie nous ont fait retrouver l'acte de décès de Sœur Anne Mabilat, qui contredit ce point :

> Ce jourd'hui, 16 décembre 1782, le corps de la Révérende Mère Marie-Anne Mabilat, Supérieure de cet Hôpital, qu'elle a gouverné avec sagesse pendant onze ans, et la cinquante-quatrième depuis sa consécration au service des pauvres, a été inhumé *dans le cimetière* par moi, chapelain soussigné, en présence du sieur Etienne Tabord.
>
> Signé : BOUCHERON, chapelain.

Deux Sœurs et trois Officières vinrent s'ajouter à la famille des Hospitalières de Bourges, sous le supériorat de la Révérende Mère Anne Mabilat.

Le 9 décembre 1772, Marie de Saint-Thorent, nièce de Sœur Jeanne Coulon, dite Sœur Marthe, assistante de la Supérieure, de la paroisse de Lugnac, au diocèse de Limoges, entrée à l'Hôpital pour y faire son épreuve, le 26 novembre de l'année précédente, à l'âge de 18 ans, était admise en qualité de Sœur, sous le nom de Sœur Marie.

Le 23 mars 1773, Françoise Marteau, de la paroisse de Saint-Jean-des-Champs, de Bourges, son année de probation achevée, était reçue Hospitalière, sous le nom de Sœur Cécile.

A noter cette mention dans les actes de réception de ces deux Sœurs : *Après le témoignage favorable qu'en ont rendu les Sœurs qui composent la communauté, que nous avons interrogées séparément.* — Les Sœurs hospitalières, qui étaient à peine consultées jusque-là pour l'admission sont appelées maintenant à donner leur avis motivé, séparé... Et on en tient compte dans les actes... Nouvelle preuve que la petite famille religieuse prend peu à peu possession d'elle-même, et se dirige vers la direction propre, l'unité, la perfection et les vœux.

Le 2 août 1772, Catherine Farine, de la paroisse de Saint-Pierre-le-Guillard est reçue Officière.

Le 4 mars 1777, Marguerite Ormaud et Marie Luquet sont également reçues Officières.

Quelques dons d'une certaine importance furent faits à l'Hôpital, sous ce supériorat, par les Sœurs et Officières ou à leur occasion.

18 mars 1773. — Don de 300 livres de Sœur Marie Lefebvre, dite sœur Rosalie, à condition qu'on lui servira une pension viagère de 15 livres.

5 novembre 1775. — Marie Taconnat fait cession à la maison d'une rente de 25 livres, d'une somme de 300 livres, d'un billet de 50 livres, de tous ses meubles et effets, moyennant une pension viagère de 30 livres par an.

8 décembre 1778. — Une somme de 600 livres est léguée à l'Hôpital par le sieur Garnier, en faveur de Sœur Madeleine (sœur donnée), à la condition qu'une pension viagère de 30 livres serait faite à la dite sœur Madeleine.

30 novembre 1779. — 300 livres sont données par Sœur Elisabeth Bourgoing, moyennant une pension viagère de 15 livres.

Ces différents dons nous montrent que les Sœurs qui pratiquaient la Pauvreté à l'Hôpital sans en avoir fait le vœu, et qui ne recevaient d'autre traitement que la nourriture et l'entretien, avaient cependant le droit de détenir par devers elles certaines sommes dont elles disposaient à leur gré. Beaucoup plaçaient à fonds perdus ces sommes sur l'Hôpital même, moyennant un intérêt viager qui n'allait jamais au-dessus de l'intérêt légal. — Ce placement de leur part équivalait donc bien à un don véritable.

Nous ajouterons à ces dons, un autre beaucoup plus important qui fut fait par une demoiselle Gilet, liée intimement avec la Révérende Mère Mabilat, et qui, à cause d'elle, légua aux pauvres de l'Hôpital tout son mobilier. Ce legs devait être de prix, puisque, deux des plus proches parentes de ladite demoiselle, étant tombées dans la misère, les administrateurs leur allouent, par forme de gratification, la somme de 100 livres, par chacun an, de pension viagère.

Délibération du 16 août 1778.

Le portrait de Mlle Gilet est conservé chez les Sœurs de Marie-Immaculée, continuatrices des Hospitalières de Bourges, comme celui d'une amie vénérée de leur ordre et d'une bienfaitrice insigne.

L'acte le plus important accompli sous le supériorat de la Révérende Mère Marie-Anne Mabilat fut la rédaction commentée des Règlements de l'Hôpital-Général, et le soin que l'intelligente Supérieure prit d'en détacher la règle particulière des Hospitalières, chacune en son office, et d'en faire copier un exemplaire manuscrit pour chacune de ses filles en Dieu.

La tradition constante de la communauté est que, sur l'initiative de Sœur Anne Mabilat, la rédaction de ce travail fut confiée par les autorités spirituelles et temporelles qui avaient la haute direction de l'Hôpital, à un religieux de l'abbaye de Saint-Sulpice, de sainte vie et de grande expérience, lequel ramassa les usages et coutumes, les traditions, les règlements vieillis, ceux de l'abbé Couvrant, en particulier, dont Catherinot disait que c'était « un autre Evangile », et les arrangea au style et aux besoins du temps.

Notes de Sœur Anna-Joseph.

Nous consacrerons un chapitre spécial à l'étude de ces règles manuscrites et à leur intéressant commentaire. Le plus ancien exemplaire porte la date de 1774; mais la plupart des prescriptions qu'il rappelle et les usages qu'il codifie, nous reportent à l'origine même de l'Hôpital-Général.

Le rédacteur de ces règles était digne d'échapper à l'oubli; mais vainement avons-nous fait pour découvrir son nom. Et ce n'est même que, d'après l'époque où fut composé ce travail, et par le souvenir reconnaissant de ses filles, qu'il nous est permis d'en attribuer la maternité, en tant que cause influente et motrice, à Sœur Anne Mabilat, car aucun nom d'auteur, aucune signature quelconque, aucun indice pouvant mettre sur la voie du rédacteur, ne se trouvent dans les 200 et quelques pages que renferme la Règle avec les explications qui l'accompagnent.

Non nobis, Domine, non nobis, sed nomini tuo da gloriam !

II

LA RÈGLE DE L'HOPITAL ET DES HOSPITALIÈRES. — SA LETTRE ET SON ESPRIT

> Les Sœurs Hospitalières doivent aimer leurs règles plus qu'elles-mêmes !...
> Vive Jésus !... Vivent nos règles !...

Cet élan pieux, ce cri du cœur qu'une bonne Sœur de l'Hôpital écrivait à la fin du volume manuscrit de 1774, peut servir d'épigraphe à cet important chapitre.

Des règles que nous allons étudier, il reste à notre connaissance, cinq exemplaires. L'un d'entre eux se trouve aux archives de l'Hôtel-de-Ville, où tout le monde le pourra consulter. Le titre inscrit en tête de chacun de ces volumes est celui-ci :

Explication du Règlement qui s'observe dans l'Hôpital-Général de Bourges.

Ce n'est donc pas un Règlement nouveau qu'on a eu l'intention de faire, mais bien, comme nous l'avons dit, les traditions, les usages et les règlements anciens qu'on a voulu mettre en ordre et expliquer. — Jésus-Christ n'était pas venu sur la terre pour refaire la loi, mais pour la revivifier et la promulguer à nouveau. C'est dans ce même esprit que fut entreprise l'explication du Règlement de l'Hôpital. Le préambule du livre ne laisse aucun doute à ce sujet.

« Dans toutes sortes d'états il est absolument nécessaire de bien connaître ses devoirs, car par ignorance on s'expose à y manquer et à se rendre coupable sans le savoir.

« Ce n'est pas assez de les connaître, il faut les remplir avec fidélité, avec ferveur, sinon on mérite cet anathème : *Maudit soit celui qui fait l'Œuvre de Dieu négligemment !* On ne peut pas les remplir parfaitement si on n'en connaît pas l'étendue, la force et la fin ; et si on n'en connaît pas tout le prix, on ne peut pas en recueillir tout le mérite.

« Le Règlement qui est en usage dans cet Hôpital est très sage. En l'observant avec exactitude et avec ferveur, on peut être *sûre* de bien servir Dieu et les pauvres, et de se sanctifier soi-même. Tel a été le but des supérieurs qui l'ont établi, tel doit être celui des personnes qui s'engagent à l'observer.

« *Ce Règlement n'est connu que par l'usage, ne serait-il pas utile qu'il fût rédigé par écrit ?* On pourrait s'en servir et s'en instruire plus facilement, on pourrait l'observer dans une plus parfaite et plus constante uniformité.

« L'esprit de ce Règlement est encore plus important que la lettre. Pour en bien prendre l'esprit et pour atteindre à sa fin, ne serait-il pas plus utile encore d'avoir une explication simple et détaillée de tous les devoirs qu'il renferme, et de toutes les vertus qu'on peut acquérir en l'observant, et qui sont nécessaires pour le bien observer ? Cette explication pourrait instruire très promptement de ce qu'on n'apprendrait que très lentement par l'usage, et de ce qu'on ignorerait peut-être toujours, parce qu'on n'y ferait pas attention. Elle pourrait prévenir bien des défauts, bien des erreurs, fixer des doutes et des incertitudes, procurer dans la pratique plus de confiance, de paix et de tranquillité.

« C'est dans ces vues qu'on a cru ne pouvoir rien faire de plus utile pour le bien de cet Hôpital *et des personnes qui s'y consacrent au service des pauvres, et pour répondre à leurs désirs et à leurs demandes :* 1° que de rédiger par écrit le détail de toutes les actions qu'elles doivent faire, soit en commun, soit en particulier, dans tout le cours de la journée, telles qu'elles sont prescrites par le Règlement qui est en usage dans cette maison ; 2° quelles sont les vertus qu'elles peuvent acquérir, et qu'elles doivent pratiquer en observant ce Règlement, et qui sont nécessaires pour le bien observer.

« C'est ce qui va faire deux parties dont l'une exposera la Lettre des Règlements, et l'autre, l'Esprit, les avantages et les faits. »

Manuscrit de 1774, pp. 9 à 12.

Les mots soulignés dans ce préambule montrent bien que l'ouvrage manuscrit dont nous reproduisons l'extrait, écrit et mis au net en 1774, la troisième année du supériorat de Mère Mabilat, a dû se préparer, sur son désir, dès son entrée en fonction. Deux ou trois ans n'étaient pas de trop pour une réglementation dont tous les points devaient être discutés avant d'être approuvés. Ils nous démontrent bien aussi que s'il ne fut pas rédigé par les Hospitalières elles-mêmes, il le fut à cause d'elles et tout à fait pour elles, parce qu'elles sentaient le besoin de ne plus se perfectionner au hasard, mais d'être uniformisées dans leur vie, pour leur avancement dans la vertu et le bon ordre de la maison confiée à leurs soins. Nous rappelons ces mots :

> « On a rédigé ce travail, parce qu'on a cru ne pouvoir rien faire de plus utile pour le bien de cet Hôpital et des personnes qui s'y consacrent au service des pauvres, et pour répondre à leurs demandes et à leurs désirs. »

DIVISION GÉNÉRALE

DU RÈGLEMENT DES HOSPITALIÈRES DE BOURGES

Deux parties dans ce Règlement.

PREMIÈRE PARTIE	SECONDE PARTIE
La lettre du Règlement.	*L'esprit du Règlement.*
Deux chap. dans cette partie.	(A voir plus loin.)

CHAPITRE Ier	CHAPITRE II
Règlement général et commun.	Horaire des exercices du jour.
(1)	(2)

(1) CHAPITRE Ier

RÈGLEMENT GÉNÉRAL ET COMMUN A TOUTES LES HOSPITALIÈRES

(Ce chapitre se subdivise en 25 articles.)

ARTICLES I à XIII

Les 13 premiers articles sont consacrés aux exercices ordinaires qui doivent se faire chaque jour de la semaine : lever, prière, oraison, messe, repas, récréations, travail dans les offices, exercices spirituels, etc.

Chaque article est accompagné d'explications nettes, simples, concises, pleines de sens pratique et de sagesse, sans recherches et sans phrases.

ART. XIV

Traite du Règlement des dimanches et fêtes, de la messe et des vêpres, et du catéchisme ou instruction, faits par l'aumônier, et où tout le personnel de l'Hôpital est tenu d'assister.

ART. XV

Règle les sorties au dehors, et donne de sages avis sur la conduite à tenir pendant ces sorties et au retour, lesquels peuvent se résumer en ces mots : *Porter Dieu dans le monde, et ne pas rapporter l'esprit du monde dans le séjour de Dieu.*

LES ARTICLES XVI à XX

Traitent des devoirs des Sœurs envers la Supérieure, de la soumission absolue qu'elles lui doivent ainsi qu'aux administrateurs, des devoirs des Officières envers les Sœurs titulaires de l'office où elles sont attachées, et réciproquement de la conduite à tenir par celles-ci envers leurs subordonnées.

ART. XX

Il est prescrit à chaque Sœur de ne s'occuper que de son office, et non de celui des autres Sœurs, si ce n'est par charité, et pour signaler à la Supérieure seule quelque désordre inaperçu.

ART. XXI

Les Hospitalières doivent toujours être prêtes à changer d'office toutes les fois que le Bureau ou la Supérieure le jugent nécessaire.

ART. XXII

Défense est faite aux Sœurs et aux Officières de rien recevoir des pauvres ou des pensionnaires de l'Hôpital.

ART. XXIII

Les Sœurs d'office ne doivent jamais envoyer leurs Officières ou leurs aides dans la salle des hommes, elles doivent y aller elles-mêmes quand le besoin l'exige.

ART. XXIV

Défense de rien prendre de la chambre d'une autre..., de rien recevoir du dehors..., de faire aucun ouvrage extraordinaire sans la permission de la Supérieure.

Art. XXV { Chaque Sœur est responsable de son office, doit exercer sur lui une vigilance continuelle. Prendre bien soin quand elle le quitte d'en bien fermer les portes.

A signaler, dans ce premier chapitre, la méthode d'oraison propre aux Hospitalières.

« A cinq heures, elles iront à l'oraison, en silence, autant qu'elles n'auront point de nécessité de parler, avec un grand désir et un saint empressement de rendre ses devoirs à Dieu, de s'entretenir avec lui, et d'obtenir de sa bonté toutes les grâces dont on a besoin pendant le cours de la journée. On lira, la veille, sur la fin du souper, le sujet d'oraison. Après qu'on l'aura lu, on répétera les deux propositions qui font la matière des deux points; on tâchera de les retenir, afin de s'en occuper en se couchant et en se levant. — On changera de sujet d'oraison trois fois par semaine; le samedi au soir pour le dimanche et le lundi; le lundi au soir pour le mardi et le mercredi; le mercredi au soir pour le jeudi, le vendredi et le samedi. — En méditant plusieurs fois de suite sur le même sujet, on s'en pénétrera davantage, et on en pourra tirer plus de fruit. — Il ne sera nécessaire de lire le sujet d'oraison, le soir, au réfectoire, que lorsqu'on en changera; mais le matin, on le lira autant de fois qu'on le méditera. On suivra la méthode qui est d'usage. Chaque Sœur lira pendant une semaine à son tour et suivant son rang le sujet d'oraison après la préparation immédiate et ordinaire. — La Sœur qui lira le sujet d'oraison aura grand soin de ne pas changer le sujet qu'on aura lu la veille, et de rien substituer à la place. — Elle le lira doucement, en prononçant les mots d'une voix très intelligible, faisant une petite pause à la fin de chaque phrase, mais plus longue à la fin d'une réflexion, d'une élévation, d'une prière, d'une résolution ; encore une plus longue à la fin d'un premier point, jusqu'à la moitié du temps de l'oraison. Il ne faut pas qu'elle se hâte parce que le sujet d'oraison est plus long ; il ne faut pas qu'elle s'étonne du temps qui se passe. Si le premier point ou le second point suffit pour tout le temps de l'oraison, par les vérités intéressantes qu'il présente, par l'abondance des réflexions qu'il facilite, il ne faut pas prendre à tâche de lire tout, il *faut mieux* (*sic*) en lire la moitié avec réflexion que de lire tout avec précipitation sans pouvoir en tirer aucun fruit. Elle ménagera assez de temps pour prendre des réflexions et pour la conclusion de l'oraison. — Le temps de l'oraison sera d'une demi-heure. »

Manuscrit de 1775, pp. 8 à 11.

CHAPITRE II

DE L'ORDRE DES HEURES ET DES EXERCICES DU JOUR.

Horaire de la journée des Sœurs de l'Hôpital.

4^h 1/2.	Lever.
5^h.	Oraison à la chapelle.
5^h 1/2.	Fin de l'oraison au son de l'*Angelus ; chaque Sœur va à son office en silence.*
7^h en été. 7^h 1/2 en hiver.	Assistance àla messe.
De 8^h à 11^h.	Travail dans les offices.
11^h 1/2.	Diner, précédé de l'examen particulier *qui se fait au réfectoire à genoux, et doit durer de 6 à 7 minutes.*
De midi à 1^h.	Récréation en commun.
1^h.	Reprise du travail à l'office. Récitation du chapelet dans les salles, présidée par la Sœur.
2^h.	Chaque Sœur dans son office distribue le goûter aux pauvres.
3^h.	Chaque Sœur fera 20 minutes de lecture pieuse, et la méditera en silence, jusqu'à quatre heures, en faisant son ouvrage.
5^h en hiver.	Prière dans les salles.
6^h en été.	Prière à l'église.
6^h 1/2.	Souper, suivi de la récréation.
8^h 3/4.	Examen. Prière. Lecture du point d'oraison pour le lendemain matin.

Comme on le voit, d'après cet horaire, beaucoup de temps est donné au travail et au soin des offices de la maison, suffisamment à l'oraison et aux exercices spirituels, suffisamment aussi à la récréation et au délassement du corps; peu ou point à l'étude proprement dite. Les vingt minutes de lecture prévue entre trois et quatre heures de l'après-midi doivent servir à développer la dévotion plutôt que l'intelligence de l'âme, et sont en réalité une prière et une méditation. — Les Hospitalières, en effet, cherchaient à se sanctifier par le travail et par l'action; leurs offices demandaient de la charité et du dévouement beaucoup plus que du savoir. C'est une réflexion qui plus d'une fois déjà s'est rencontrée sous notre plume. Comme Marthe, elles devaient servir Jésus dans ses pauvres, en se préoccupant de ses besoins et en s'agitant autour de lui pour y pourvoir, et non comme Madeleine méditer à ses pieds.

Cette première partie : *La lettre du Règlement,* se termine par une *belle prière* pour demander à Dieu les secours dont on a besoin, surtout dans les circonstances où il semble attendre quelque chose de nous. (Page 33 du manuscrit de 1775.) — Et par une formule non moins belle de consécration à la Très Sainte Vierge, que nous ne faisons qu'indiquer.

Page 37, même manuscrit 1775.

SECONDE PARTIE

ESPRIT DU RÈGLEMENT. — SES AVANTAGES ET SES FRUITS

Cette seconde partie peut se subdiviser ainsi :

1°	2°	3°	4°
FIN de l'Institut des Hospitalières.	VERTUS qu'elles peuvent acquérir en pratiquant le Règlement.	MOYENS pour acquérir ces vertus.	MOTIFS pour fortifier l'âme dans la pratique des vertus.

1° Fin de l'Institut des Hospitalières
- Ch. Ier. Motifs pour entrer en communauté.
  - L'amour de Dieu et du prochain.
  - L'esprit de prière et de solitude.
  - Le zèle pour le salut des autres.
- Ch. II. Pour bien servir les pauvres que Dieu confie à ses soins, l'Hospitalière doit avoir :
  - L'amour de Dieu très grand.
  - L'amour de la pénitence.
  - L'amour de la retraite et de la prière.

2° Vertus que l'Hospitalière peut acquérir en pratiquant le règlement.

Ces vertus sont expliquées dans les chapitres ci-contre.
- Ch. III. — La pauvreté.
- Ch. IV. — La chasteté.
- Ch. V. — L'obéissance.
- Ch. VI. — L'humilité.
- Ch. VII. — Amour du silence.
- Ch. VIII. — Modestie.
- Ch. IX. — Charité.
- Ch. X. — Fuite des amitiés naturelles.
- Ch. XI. — Douceur.
- Ch. XII. — Paix intérieure.
- Ch. XIII. — Vie d'union avec les anges.

3° Les moyens que l'Hospitalière a pour acquérir les vertus de son état sont contenus dans les chapitres suivants.	Ch. XIV. — De l'oraison. Ch. XV. — De l'oraison mentale. Ch. XVI. — De la confession. Ch. XVII. — De la pénitence. Ch. XVIII. — De la sainte communion. . . . . Ch. XXIII. — De la mortification. Ch. XXIV. — De l'amour du travail. Ch. XXV. — De la régularité. Ch. XXVI. — Du sacrifice de ses goûts. Ch. XXVII. — De la fidélité à la conscience. Ch. XXVIII. — De la ferveur.

4° Viennent ensuite les *Motifs* pour fortifier l'âme dans la pratique des vertus énoncées dans les chapitres précédents.

Ces motifs nous les trouvons	1° Dans le don de Grâce. 2° Dans le don de l'Eucharistie. 3° Dans la promesse de la Gloire

Après avoir bien démontré aux Hospitalières les vertus qu'elles peuvent et doivent acquérir en pratiquant le Règlement, les moyens qui leur sont offerts pour acquérir ces vertus, et les principaux motifs pour fortifier l'âme dans leur pratique, cette seconde partie se complète en proposant l'imitation des modèles :

L'Hospitalière doit pour arriver à la perfection de son état.	S'occuper des exemples des Saints. Lire l'Ecriture Sainte. Adorer et méditer Jésus-Christ. Honorer la Très Sainte Vierge d'un culte spécial.

Entre le chapitre XVIII et le chapitre XXIII dans le manuscrit de 1775, qui est celui que nous suivons, quatre autres chapitres sont intercalés contenant : 1° les Règles à suivre pour la *Conférence* qui doit avoir lieu deux fois la semaine entre les Sœurs, à la place de la Récréation (c'est le sujet du ch. XIX) ; 2° la manière de se conduire au Réfectoire et pendant les repas (ch. XX) ; 3° la manière de passer les Récréations (ch. XXI). Le chapitre XXII est consacré à démontrer l'excellence des Règles.

Il faudrait tout citer dans ces chapitres, empreints comme les précédents de la plus saine spiritualité, unie à la plus charmante simplicité, où rien ne dépasse la mesure de ce que la vertu de religion doit demander des Sœurs vouées par état à la vie active plutôt qu'à la vie contemplative. Nous ne pouvons résister au désir de citer en entier le chapitre qui a trait aux Récréations :

« Les Récréations sont établies dans la communauté pour mieux établir l'union et la charité. Disons que c'est particulièrement à ce temps qu'on peut appliquer ce que dit l'Ecriture : *Qu'il y a un temps pour rire...* Il est permis de se réjouir innocemment, et il y aurait de l'indécence de s'y tenir dans le même air sérieux qu'on pourrait garder au dortoir, au réfectoire et ailleurs. Ajoutons que la récréation doit être regardée comme un exercice de communauté, où chaque Sœur doit se rendre par principe de régularité et de charité. En effet, il est bien plus édifiant de voir toutes les Sœurs se réjouir cordialement ensemble, que quand elles le font séparément et par pelotons. Cela montre bien plus d'union et de charité commune; et au contraire les récréations particulières dénotent toujours quelques divisions dans les esprits, ou, à tout le moins, que certaines ne sympathisant pas beaucoup avec d'autres, n'ont pas assez de vertus pour soutenir charitablement leur conversation. Aussi aimerais-je mieux voir une Sœur se réjouir innocemment avec toutes ses Sœurs, que si, par un goût déplacé de la retraite, elle se retirait seule dans sa chambre, ou si, par une dévotion malentendue, elle prenait ce temps pour faire sa lecture ou son oraison. — Chaque exercice dans les communautés a son heure fixe; celle-ci n'est pas pour vous contenter en particulier, mais pour vous rendre avec vos Sœurs, pour vous entr'édifier, à moins que votre emploi ou l'obéissance ne vous appellent ailleurs. La charité vous invite à vous réjouir auprès d'elles dans le Seigneur.

« Il n'est pas juste d'exiger des jeunes, à cette heure-là, la même gravité qu'ont les anciennes, l'âge ne le permet pas ainsi. Car ce qui fera beaucoup rire une novice ou une nouvelle professe, fera à peine dérider le front à une mère grave ou à son assistante. Il ne faut donc pas que les anciennes murmurent de la gaîté des jeunes, quand elle est dans de justes bornes, ni que les jeunes ne se piquent pas si les anciennes sont moins enjouées, et paraissent indifférentes sur ce qui les réjouit tant. Chacune alors doit supporter les autres avec douceur et charité et chacune doit se conduire de telle sorte que la récréation serve aux fins pour lesquelles on l'a instituée; je veux dire: délasser l'esprit pour lui donner plus de force pour se recueillir ensuite, et entretenir les Sœurs dans une plus étroite union. »

Tel est le résumé trop succinct de ce livre des Règles de l'Hôpital et des Hospitalières. Un *Avis aux Sœurs* (p. 163 et suiv.) le termine, et condense en quelques pages tout ce que ce livre contient.

Dans les cinq exemplaires manuscrits que nous avons pu consulter, si la division est la même, l'ordre des chapitres est interverti; mais tous y sont en entier cependant, et il n'y a aucune différence de texte. Le plus ancien exemplaire, celui de 1774, ne nous a pas paru le mieux ordonné et le plus logique. Nous avons pris comme type celui de 1775, où l'auteur, selon nous, a plus méthodiquement arrangé son sujet.

Indépendamment de la Règle générale qui obligeait toutes les Sœurs indistinctement, chaque Sœur avait un office spécial, ou charge, qui demandait un règlement particulier. L'une était chargée de la salle des enfants, l'autre des femmes ou des filles, l'autre des hommes; celle-ci de la boulangerie, celle-là de la pharmacie, ou de l'infirmerie, ou de la cuisine, ou de la lingerie, ou de la porterie, ou de la sacristie, ou de l'économat, etc... Le livre des Règles n'aurait pas été complet s'il n'avait pas prévu la réglementation de chacun des offices de l'Hôpital. La même inspiration et les mêmes nécessités, qui avaient poussé à la rédaction de la règle commune, firent aussi rédiger ces règles particulières, et elles furent ajoutées au manuscrit général et commun. — Mais on ne fit pas copier ces règles particulières sur tous les manuscrits de la règle commune qu'on avait fait transcrire; on ajouta simplement sur l'exemplaire affecté à l'usage de la Sœur chargée de la pharmacie, par exemple, la règle propre à la pharmacie; à celle chargée des enfants, la règle propre à la salle des enfants... et ainsi pour tous les autres. C'est ce qui fait que plusieurs de ces règlements spéciaux se sont perdus, avec les exemplaires des règlements généraux qu'ils complétaient. Nous n'avons pu retrouver que les suivants :

1° Règlement pour les femmes.

2° Règlement pour la salle des enfants.

3° Règlement de la boulangerie.

4° Règlement de la Sœur sacristaine.

Ce livre du Règlement et des explications qui l'accompagnent est parfaitement rédigé, et adapté aux besoins de celles pour lesquels il fut composé. Il peut servir aux Hospitalières de livre de méditation, de méthode d'examen et de méthode d'oraison, et de livre de lecture spirituelle. — Il leur fait connaître exactement, sans exagération et sans commentaires superflus, les vertus qu'elles doivent pratiquer, les moyens d'y arriver, et les modèles qu'elles doivent imiter. En se tenant à sa pratique, elles peuvent gagner une belle place au ciel, et contribuer abondamment au salut des autres. Pour elles, il n'y a vraiment que l'Evangile et le livre de l'*Imitation* à mettre au-dessus de lui.

Nous finirons donc ce chapitre comme nous l'avons commencé, par le cri de la bonne Sœur :

Les Sœurs hospitalières doivent aimer leurs règles plus qu'elles-mêmes.

Vive Jésus ! Vivent nos règles !

III

Supériorat de la Révérende Mère Jeanne Coulon, dite : sœur Marthe.

Du 16 décembre 1782 au 29 juin 1783.

« 16 décembre 1782. — Aujourd'hui, sur ce qui nous a été exposé, que par le décès de Sœur Anne Mabilat, la place de Supérieure était vacante, après mûre réflexion, et examen fait des sujets qui pourraient convenir dans cette place, les administrateurs présents ont fait choix, et ont nommé pour remplir la dite place de Supérieure, Sœur Jeanne Coulon, *jusqu'à ce jour coadjutrice de la sœur Supérieure*, pour le temps et espace de trois ans.

« Fait au bureau des pauvres, les jours et an que dessus.

Signé : GAYER DE BELLICAUT, DEVELARD, GIBIEUF, RAPIN DE LA COUDRAY.

La nouvelle Supérieure avait à peine seize ans, quand elle fut présentée par son père, le sieur Claude Coulon, maître-chirurgien en la ville de Bourges, pour faire les épreuves ordinaires aux aspirantes-Sœurs, sous le supériorat de la Révérende Mère Madeleine Dugué. — Elle appartenait à une famille très bien posée dans l'industrie et le commerce, et son père, par la profession libérale qu'il exerçait et dans laquelle il avait atteint le titre de Maître, avait rang d'estime et d'honneur parmi les bourgeois et notables de la ville. — Entrée à l'Hôpital le 20 mai 1738, elle avait donc 44 ans de service des pauvres, et 60 ans d'âge quand elle fut nommée Supérieure. Bien au courant de tout ce qui concernait la maison et ses différents offices, puisqu'elle avait été l'assistante ou coadjutrice de Mère Mabilat, et l'avait admirablement secondée en tout ce qu'elle avait entrepris ou fait entreprendre pour la rédaction et l'explication des Règlements et le perfectionnement de l'Institut des Hospitalières ; appartenant à une famille amie des pauvres, signalée par plusieurs dons importants antérieurement faits à l'Hôpital-Général, et dont plusieurs membres déjà avaient considéré comme un honneur de s'y dévouer en personne, ou d'y venir finir leurs jours, famille qui avait donné des prêtres et des chanoines aux paroisses et aux différents chapitres et collégiales de la ville, ses relations, ses connaissances, venant en aide aux rares qualités de son cœur, lui permettaient de faire beaucoup de bien, et son âge n'était pas trop avancé pour ne pas lui en laisser la facilité et le loisir.

On ne tarda pas à s'apercevoir que les forces manqueraient bientôt à son zèle et à son activité. — Aussi de crainte de la perdre, et pour la soulager d'une partie de son fardeau, on s'empressa de lui donner une aide ou coadjutrice, quoiqu'il fut bien difficile à cette époque de détacher une Sœur des autres offices de l'Hôpital.

Parmi ses dévouées compagnes, Sœur Marthe avait remarqué la haute vertu, la solide piété, l'activité et l'ardeur en toutes choses, en même temps que la maturité et le tact exquis d'une Sœur jeune encore : Sœur Elisabeth Bourgoing, et elle la désigna au choix des administrateurs qui furent heureux d'accéder à ses vœux.

« 7 janvier 1783. — Aujourd'hui, sur ce qui a été considéré par MM. les administrateurs que les occupations de la Sœur Supérieure étaient tellement multipliées qu'elle n'y pouvait suffire, que, d'ailleurs elle-même, vu sa faible santé, demandait qu'on lui assurât une coadjutrice pour l'aider dans ses fonctions... La matière mise en délibération, MM. les administrateurs étant instruits de la capacité de Sœur Elisabeth

Bourgoing, l'ont nommée pour coadjutrice à la Sœur Supérieure, et pour l'aider dans toutes ses fonctions. »

Signé : BARON, DEVELARD, RAPIN, GIBIEUF, GRANDJEAN.

Le 20 mai 1783, M. Léon-Claude Coulon, chanoine de Notre-Dame de Sales, frère de la Supérieure, vint déposer sur le bureau des pauvres de l'Hôpital une somme de 1000 livres, dont il leur faisait don moyennant une rente viagère de 50 livres, payable, tant à lui qu'à ses sœurs et frère jusqu'à la mort du dernier survivant, laquelle somme fut acceptée et remise entre les mains du receveur pour être portée dans ses comptes. (Délibération du 20 mai 1783.)

Un mois à peine après cette donation de son frère, dans le septième mois seulement de son supériorat, Sœur Jeanne Coulon s'éteignait doucement, sans maladie et sans souffrance, usée par le travail et par la charité, et allait recevoir au ciel la récompense de son long dévouement et de ses vertus.

29 juin 1783.

La Révérende Mère Jeanne Coulon, dite Sœur Marthe, Supérieure de cette maison, qu'elle a gouvernée avec sagesse et édification pendant 7 mois, et dans laquelle elle a rempli pendant 45 ans les différents offices *avec la charité et le zèle d'une véritable Hospitalière*, est décédée hier en cet hospice, âgée de soixante ans et onze mois; et a été inhumée dans le cimetière.

Signé: BOUCHERON, Chapelain.

Est-il un plus bel éloge à faire de quelqu'un que celui qui se résume dans ces mots: *Bene omnia fecit.* Il a bien fait tout ce qu'il devait faire? — Et n'est-ce pas l'éloge qui ressort pour la vertueuse Sœur Marthe de cet acte de son décès: *Elle a rempli pendant 45 ans ses différents offices avec la charité et le zèle d'une véritable Hospitalière.*

Va donc, bonne et fidèle servante des pauvres, va occuper le trône que Dieu prépare à ses élus:

Euge... intra in gaudium Domini tui!

PROMENADE A BOURGES EN 1782.

D'une intéressante étude publiée dans la *Revue du Centre* (numéro du 15 nov. 1892), nous extrayons les notes suivantes qui se trouvent ici à leur place chronologique, et ne seront pas du tout un hors-d'œuvre :

POPULATION. — En 1782, Bourges avait une population de quinze à seize mille habitants.

ETAT ECCLÉSIASTIQUE. — En ce temps-là, l'Archevêque de Bourges était Mgr Georges-Louis Phelypeaux, chancelier et commandeur des ordres du Roi. Il était de plus supérieur de la Société royale de Navarre, abbé de Saint-Lucien de Beauvais et de Saint-Ouen de Rouen, ce qui lui donnait des revenus considérables près desquels le traitement actuel de nos archevêques parait absolument dérisoire.

Les vicaires-généraux étaient au nombre de treize. — Puis venaient neuf archidiacres, ceux de Bourges, de Bourbon, de Bruères, de Buzançais, de Châteauroux, de Graçay, de Narzenne, de Sancerre et de Sologne..... Puis 20 archiprêtres... etc.

Dans la seule ville de Bourges, il y avait alors :

Trois collégiales.
Deux abbayes royales d'hommes.
Deux abbayes de filles.
Neuf communautés d'hommes.
Neuf de filles.
Et quinze paroisses.

Le Chapitre de Saint-Etienne se composait de 29 chanoines titulaires, dont 14 à nomination royale ; de 4 chanoines de résidence, et de 4 chanoines prébendés.

Voici les noms de quelques-uns des chanoines

de Saint-Etienne qui furent en leur temps administrateurs de l'Hôpital-Général :

Bengy, doyen.	Boucheron, qui fut chapelain de l'Hôpital.
du Rozier.	
Aupic.	Berthier.
Lelarge.	De Morogues.
Chenu.	Soumard.

Parmi les communautés de filles on compte nos Hospitalières et les filles de la Charité.

GOUVERNEMENT DE BERRY :

Mgr le comte d'Artois, prince du sang, était apanagiste de Berry.

Le Gouverneur et Grand Bailly du Haut et Bas Berry, était le prince de Conty.

M. de Montaignac était lieutenant-général.

HOTEL-DE-VILLE :

Maire : M. de Beauvoir, écuyer, seigneur de Nointeau.

Echevins : MM. Sué.
— Legendre, seigneur de la Touche,
— Rossignol de la Ronde,
— Torchon.

ADMINISTRATEURS DE L'HOPITAL :

Parmi les gens en charge à cette époque plusieurs avaient tenu à honneur de se faire nommer administrateurs de l'Hôpital.

Baraton et Gaultier, subdélégués de l'intendance.

Bengy, lieutenant-gén. civil et criminel au présidial.

Grandjean de la Coudraie, conseiller au présidial.

De Beauvoir. id.

Soumard de Villeneuve, procureur du Roi au présidial.

Vivier de Boisrai, président à l'élection.

Gay, lieutenant à l'élection.

Sué.

Mercandier, Dubois, Damours, } conseillers à l'élection.

Boyer, Rapin, Dagoret du Gravieux, } conseillers à la monnaie.

VI

Premières années du Supériorat de la Révérende Mère Élisabeth Bourgoing du 16 aout 1783 au 15 avril 1792.

Acte de nomination de Sœur Elisabeth comme Supérieure.

« Aujourd'hui, 16 août 1783, Messieurs les administrateurs ont dit que la Sœur Coulon, Supérieure qui avait remplacé la Sœur Mabilat, étant décédée, il était nécessaire de nommer un autre sujet pour la remplacer... Et après avoir mûrement délibéré, et examen fait des sujets en état de remplir cette place, tous ont nommé d'une unanime voix, Sœur Elisabeth Bourgoing, pour Supérieure du dit Hôpital, pendant l'espace de trois ans seulement. »

Signé : de Beauvoir, maire, Legendre, seigneur de la Touche, échevin, Rossignol de la Ronde, échevin, Develard, chanoine de Saint-Etienne, Baron, Gibieuf, Clerjault, Mater.

Il semble bien d'après cet acte de nomination et les actes conformes de nomination des précédentes Supérieures, Sœur Jeanne Jourdin, Sœur Anne Mabilat et Sœur Jeanne Coulon, que l'intention arrêtée des administrateurs était de substituer le supériorat triennal au supériorat à vie. En fait la coutume continua à prévaloir, et nous ne voyons pas que cette clause ait été suivie d'effet.

Sœur Elisabeth, où plutôt celle que nous appellerons Mme Bourgoing, de son nom de famille qui l'emporta sur son nom de Sœur, à cause des circonstances qui marquèrent le cours de son long et dramatique supériorat, coupé en deux par les bouleversements de 93, Mme Bourgoing, disons-nous, avait dix-neuf ans lorsque, le 26 août 1765, elle sollicita et obtint d'être admise à l'Hôpital-Général au nombre des Sœurs qui desservaient cette maison de bienfaisante charité. C'était une âme ardente, un cœur dévoué, un esprit indépendant. On ne pouvait hésiter sur l'admission d'un tel sujet, d'autant mieux que le choix fait par elle de l'Hôpital-Général était aussi flatteur pour l'administration de l'Hospice que pour les religieuses elles-mêmes.

Mlle Bourgoing appartenait à une famille de riches et honorables commerçants d'Issoudun, domiciliés sur la paroisse de Saint-Cyr. — Son père se nommait Jean Bourgoing, sa mère Marie Paultier, et elle reçut en entrant dans la vie les prénoms d'Elisabeth-Christine, suivant son extrait baptistère du 8 août 1746.

Les premières années de Mlle Bourgoing furent heureuses et calmes. La vie de famille lui souriait. En dehors du foyer paternel, il n'y avait que l'église qui attirât ses pas et qui charmât son cœur. Elle montra dès sa jeunesse les rares qualités de foi, de charité, d'ardeur au travail et au sacrifice, de généreux dévouement qu'elle gardera toute la vie. C'est le précieux témoignage qui fut rendu d'elle, par celui qui forma sa jeune âme, qui la conduisit au saint banquet eucharistique, et qui, comme directeur de sa conscience, eut une part décisive dans sa vocation.

Certificat donné par M. Bertaud, curé de Saint-Cyr, le 28 avril 1765.

La position fortunée de ses parents lui promettait un heureux avenir. Mais avec ce regard profond qu'elle apportera en toutes choses, Mlle Bourgoing vit le néant du monde en même temps que ses dangers. Dès lors son parti fut pris. — Elle chercha quel serait désormais le port qui ne tromperait pas ses espérances, et la vie religieuse s'offrit à elle avec son auréole de sacrifices terrestres et d'immortelles espérances. Mais quel monastère donnerait à cette âme pétrie d'activité et de tendresse, avec la stricte régularité monacale les éléments nécessaires à l'essor du dévouement sans borne qui la dévorait? — Il faut l'avouer, si elle n'avait que l'embarras du choix (partout elle eut été accueillie avec sympathie), le choix n'en était pas moins embarrassant.

Mlle Bourgoing connaissait, elle était trop judicieuse pour qu'il en fût autrement, ses défauts et ses qualités. Il y avait en elle un esprit d'indépendance qui pouvait se maîtriser non sans effort; mais c'était surtout cet irrésistible besoin de se donner, de se dépenser pour les autres, qui l'inquiétait et se dressait devant elle comme une menace perpétuelle pour sa tranquillité. Il ne fallait donc pas songer à la vie contemplative. Mlle Bourgoing pourra un jour entendre le Maître lui dire : « Marthe! Marthe, vous vous empressez trop! » Mais jamais la paisible quiétude de Marie ne sera pour elle ni une tentation, ni un repos.

Mlle Bourgoing n'était pas une savante, et n'avait aucune envie de le devenir. Elle avait reçu chez ses parents plus d'éducation que d'instruction. Son peu de goût pour l'étude des lettres et les connaissances du monde ne pouvait lui permettre d'aspirer au titre d'institutrice dans un cloître enseignant, pas plus que son ardente impétuosité pouvait se plier aux mysticités tranquilles de la contemplation.

C'est dans cette incertitude que l'Hôpital-Général lui apparut comme un phare lumineux, répondant aux hésitations de son esprit, aux désirs de son âme, aux besoins de son cœur. Mais Mlle Bourgoing ne s'engageait pas à la légère. Elle consulta d'abord, et écouta les sages avis du chef de sa paroisse, du prêtre intelligent qui avait dirigé ses premiers pas dans la vie spirituelle, elle fit ensuite plusieurs voyages à Bourges pour examiner de près et sous toutes ses faces le genre de vie auquel elle voulait se consacrer entièrement. Parfaitement accueillie par l'administration de l'Hospice, elle ne trouva pas moins de sympathie dans les Dames de l'Hôpital qui reçurent cette nouvelle compagne comme un sujet d'élite et un présent du ciel.

La Supérieure était alors la grave et austère Mère Jeanne Jourdin ; mais près d'elle, la douce Mère Mabilat exerçait la charge d'assistante. Quoique le mode de formation des Sœurs, et leur nombre limité, ne permissent pas d'avoir une maîtresse des novices en titre, cependant la coadjutrice de la Supérieure en exerçait à peu près les fonctions, et avait sur les jeunes postulantes une surveillance générale, en même temps que sur toutes les officières de la maison. Mère Mabilat ne tarda pas à distinguer Mlle Bourgoing entre toutes les autres. Son ardeur, quelquefois intempestive, ne l'effraya pas. Elle comprit que cette âme de feu avait besoin d'un zèle mouvementé et d'une certaine liberté d'allures. Elle se garda bien de la contraindre dès l'abord ; mais elle sut doucement l'assouplir ; et, en gagnant son cœur par une suave bonté, elle se l'attacha fortement. Dès ce moment la direction fut facile. Les extrêmes se touchent, dit-on ; tout au moins ils s'accordent parfois avec une étrange harmonie. C'est ce qui arriva dans l'union intime de la Mère Mabilat et de Sœur Elisabeth Bourgoing, — car elle était Sœur maintenant. — Le 13 mai 1766, elle avait contracté son engagement au service des pauvres devant le Bureau des administrateurs, devant sa conscience et devant Dieu, et jamais engagement, quoiqu'extérieurement il ne revêtît pas la forme et la solennité d'un vœu, ne fut pris avec une résolution plus ferme d'être intégralement et jusqu'au bout tenu.

La communauté d'affection toute maternelle d'une part, et toute filiale de l'autre, qui s'était établie entre Mère Mabilat, assistante de la Supérieure, et la jeune postulante devenue Sœur, ne cessa pas, lorsque la Révérende Mère Jeanne Jourdin ayant été appelée près de Dieu par la mort, la Révérende Mère Mabilat prit sa place à la tête de l'Hôpital.

Quelle part cette affection et la confiance extrême que la Supérieure lui témoignait en beaucoup de choses touchant au gouvernement de la maison lui donnèrent-elles lieu de prendre dans le travail de la rédaction des Règles ?... Jusqu'à quel point son énergie soutint-elle quelquefois la fermeté tranquille de Mère Mabilat ?... C'est le secret de Dieu. — Elle passa ces onze ans dans les divers offices qui lui furent confiés, se contentant de faire son devoir, tout son devoir, et ne cherchant pas du tout à se faire remarquer. A la mort de celle qui l'avait tant aimée, sa douleur fut extrême : mais elle sut la comprimer au dedans d'elle-même, et ce fut elle qui soutint ses compagnes et les encouragea à supporter pour Dieu la perte immense qu'elles venaient de faire.

Nous avons vu plus haut, qu'après quelques mois de supériorat, Sœur Marthe (Jeanne Coulon), qui avait remplacé Mère Mabilat, ayant été réduite par sa faible santé à demander une aide, Sœur Elisabeth lui fut adjointe d'un consentement unanime ; et la même unanimité se montra quand, six mois seulement après être entrée en possession de sa charge d'assistante, elle fut appelée à prendre le premier rang parmi les Sœurs de l'Hôpital, et le gouvernement de la maison, par suite du décès de Sœur Jeanne Coulon.

Elle avait alors 37 ans d'âge, et 18 ans déjà de service des pauvres.

Son esprit actif, son coup-d'œil juste, son rare talent pour commander et se faire obéir faisaient naître les plus belles espérances... Elles devaient se réaliser, et au-delà de l'attente de tous. Initiée à tout ce qui concernait la question de l'Hospice par ses deux vénérables devancières, elle en connaissait les charges autant que les ressources, et, malheureusement les premières étaient de beaucoup supérieures aux secondes. Mais le caractère de Mère Elisabeth Bourgoing n'était pas de ceux qui s'effraient et reculent devant une tâche difficile ou une entreprise hardie. Elle se sentait l'énergie d'entreprendre quelque chose, et sa jeunesse, sa florissante santé, l'affection des pauvres, la confiance de l'administration surtout lui donnaient l'espoir fondé de mener à bonne fin les projets qu'elle avait conçus, dès son élévation au supériorat, pour le bien de son Institut et la prospérité de l'Hôpital.

Presque tout ce qu'on vient de lire sur Mme Bourgoing, à part quelques rectifications et quelques légères additions, a été emprunté aux excellentes notes de Sœur Anna Joseph.

Les premières préoccupations de la nouvelle Supérieure se dirigèrent vers la Communauté dont elle était devenue la Mère et dont elle devait assurer l'existence.

Sous le supériorat de Sœur Jeanne Jourdin, les besoins du moment avaient fait augmenter le nombre des Sœurs. Depuis, pour ramener au nombre d'usage la petite famille d'Hospitalières, on était devenu difficile et presque sévère pour des admissions nouvelles, et on avait même imposé à plusieurs postulantes des conditions onéreuses. Cela avait écarté de l'Hôpital quelques vocations qui avaient porté leur zèle et leur dévotion ailleurs.

Pendant les douze dernières années, deux Sœurs seulement avaient été reçues. La mort avait fait plusieurs vides parmi les Sœurs ; quelques autres avaient vieilli et réclamaient de l'aide ou du repos, « tellement qu'au moment de l'entrée en fonction de Mère Elisabeth, le minimum de 12 Sœurs valides n'existait plus pour le service de l'Hôpital. — Plusieurs délibérations nous l'attestent ; et celle du 15 juin 1784 nous montrera même les Sœurs réduites au nombre de huit seulement :

> « Sur l'exposé que nous a fait la Supérieure que le nombre des Sœurs, qui doit être de 12, était actuellement réduit à 8... Elisabeth-Louise Maller, fille de Jacques, chirurgien à Sancergues, et de Catherine Duplan, âgée de seize ans, est admise à l'épreuve de Sœur. »

Délibération du 15 juin 1784.

Nous relevons un considérant de même nature dans la délibération sur l'admission comme postulantes de MMlles de La Rébardière et Vitas.

« Messieurs les administrateurs ont dit que l'Hôpital se trouvant dans le moment présent dépourvu de sujets pour remplir les différents offices de la maison, et désirant qu'ils soient remplis par de bons sujets, appartenant à d'honnêtes familles... », etc.

Dél. du 16 août 1783.

Il était donc urgent de procéder au complément de la Communauté. C'est à quoi va s'appliquer Mère Elisabeth, secondée par le bon vouloir des Messieurs de l'administration; mais sans précipitation hâtive, sans accepter les premières qui viennent, et parmi les bonnes ne choisissant que les meilleures.

Le 16 août 1784, Mlle de La Rébardière, son noviciat fini, est définitivement reçue Sœur.

Le 11 avril 1786, Marie Berchon, âgée de 22 ans, fille de Michel Berchon, huissier royal à Saint-Amand, et de Françoise Simonnet, son épouse, est reçue postulante. — Quatre mois après seulement, à cause de son âge, et de ses aptitudes reconnues, elle est admise à s'engager comme Sœur au service des pauvres.

Le 16 avril 1786, Marie Descaux, âgée de 18 ans 1/2, de la paroisse de Chambon, au diocèse de Limoges, fait son entrée comme postulante, et est reçue sœur le même jour que Marie Berchon (16 août 1786.)

Le 18 août 1786, Marie Berthaulat, fille de Pierre Berthaulat, bourgeois du Châtelet et de Jeanne Robert, se présente pour faire son épreuve et est admise comme postulante.

Le 27 mai 1788, Antoinette Autaurde, de la paroisse de Boussac ; le 15 juillet 1788, Anne-Andrée de Châteaufort, de la paroisse d'Evaux (diocèse de Limoges), fille de Jacques-André de Châteaufort et de Marie de La Reynière, se présentent comme postulantes. Elles sont reçues sœurs par délibération du 18 août 1789, après épreuve de 13 et 14 mois.

Pour venir en aide aux titulaires d'offices dont l'âge avait réduit les forces, aux six Sœurs que nous venons de nommer, on ajouta les Officières suivantes :

Françoise Mangot, âgée de 25 ans, de la paroisse d'Annoix, ci-devant demeurant à la Visitation.

Françoise Landier, âgée de 28 ans, élevée dans l'Hôpital.

Et Madeleine Lacord, âgée de 20 ans, avec cette clause qu'elle ne jouirait qu'après une épreuve de deux ans de tous les droits des Officières.

Une délibération au hasard, parmi celles qui concernent les admissions ci-dessous, va nous montrer le progrès accentué, la régularité plus grande, dans l'ordre de réception des Hospitalières, et en même temps la part importante que la Supérieure et les Sœurs sont appelées à prendre dans l'admission de leurs compagnes. Nul doute que Mme Bourgoing, dont l'autorité savait si bien s'imposer, même aux administrateurs, n'ait été pour beaucoup dans ce nouveau pas vers l'organisation finale de l'Institut hospitalier.

« Aujourd'hui, 16 août 1784, au Bureau de l'Hôpital-Général de cette ville de Bourges, Messieurs les Maire et échevins assemblés au dit Bureau, avec Messieurs les administrateurs ordinaires... M Baron, curé de Saint-Médard, a dit que Mlle de La Rébardière, reçue à faire son noviciat pour être admise Sœur du dit Hôpital, par acte du 16 août 1783, désirait être reçue Sœur et prendre l'habit de ladite maison.

La matière mise en délibération, il a été arrêté que Mme la Supérieure ferait avertir les Sœurs du dit Hôpital, de monter au Bureau pour savoir d'elles, si, depuis le temps que ladite Sœur de La Rébardière est audit Hôpital elle a rempli les différentes fonctions dont elle a été chargée avec le zèle qu'elles exigeaient... et, étant effectivement parues au Bureau, les unes après les autres par rang d'ancienneté, Madame la Supérieure et toutes les Sœurs, ont rendu le meilleur témoignage possible, et ont paru désirer qu'elle fût incessamment reçue. — Messieurs les administrateurs ont également paru très contents d'elle.

« En conséquence, il a été arrêté qu'elle demeurerait Sœur dudit Hôpital et serait vêtue comme les autres Sœurs, à commencer d'aujourd'hui.

Signé : DEVELARD, GIBIEUF, CALLANDE, RAPIN, BARON, etc...

En 1787, le 29 septembre, le vénérable Prélat qui gouvernait l'Eglise de Bourges, et qui s'était montré si constamment dévoué aux intérêts de l'Hôpital-Général et aux Hospitalières qui vivaient dans ses murs, Mgr Georges-Louis Phelypeaux d'Herbault, mourait à Paris, après 30 années d'un épiscopat glorieux et fécond. Il fut enterré dans les caveaux de l'église Saint-Sulpice. — Des regrets unanimes honorèrent la mémoire de l'illustre défunt. Grand par la naissance, bon par le cœur, meilleur par la vertu, il avait toujours fait un généreux et magnifique usage de ses immenses revenus. — Dans ses dispositions testamentaires il n'oublia pas ses chers pauvres de l'Hôpital-Général. Un legs en leur faveur de 40,000 francs fut la dernière preuve de la tendresse qu'il leur avait toujours portée.

Au mois d'octobre 1787, Mgr François de Fontanges fut transféré de l'évêché de Nancy à l'archevêché de Bourges. Il prit possession de son siège par procureur le 3 février de l'année suivante.

Le Bureau des administrateurs de l'Hôpital s'empressa de lui adresser ses félicitations, et en reçut en réponse la lettre suivante, transcrite au registre de ses délibérations.

Paris, 20 novembre 1787.

« Je suis bien sensible, Messieurs, aux sentiments que vous avez la bonté de me témoigner à l'occasion de ma nomination à l'archevêché de Bourges. Je sais combien l'établissement dont vous dirigez l'administration mérite d'intérêt, et je m'applaudirai toujours d'y concourir avec vous. Je sens comme vous combien est grande la perte que vous avez faite en mon prédécesseur, et je ne puis me flatter de la réparer. J'espère que vous trouverez en moi le même zèle et le même désir du bien. »

S. L., Evêque de N., nommé par le roi à l'archevêché de B.

Les pauvres de l'Hôpital ne devaient pas connaître les effets de ces bonnes dispositions du nouvel archevêque à leur endroit. Il était à peine installé qu'il fut transféré à l'archevêché de Toulouse, et remplacé presqu'aussitôt, le 6 avril 1788, par Mgr Jean-Auguste de Chastenet de Puységur, transféré de l'évêché de Carcassonne, qui prit personnellement possession de son siège le 10 mars 1789.

110e archevêque de Bourges depuis saint Ursin, 9e supérieur de l'Hôpital-Général depuis Mgr de Ventadour.

Dans les cinq premières années de son supériorat, la Révérende Mère Elisabeth Bourgoing avait accompli la partie la plus importante de son œuvre. Elle avait complété sa Communauté de Sœurs, et elle la voyait, pleine d'activité et de vie, faire éclore le bien dans cette chère maison qui se transformait et prenait une allure inconnue sous sa jeune, ferme et habile direction. Mais outre ses Sœurs, ses compagnes aimées, elle avait de nombreux enfants qui réclamaient ses soins dans ce vaste Hôpital, et c'étaient tous les pauvres, grands et petits, qui l'habitaient. Or, les temps étaient durs en ces années qui couvaient dans leur sein la formidable Révolution qui allait bientôt éclater ; la disette et la faim préparaient les populations aux sauvages entraînements de la colère et du désespoir, et Sœur Elisabeth voyait avec tristesse les administrateurs qui avaient charge du temporel, s'ingénier de toute façon pour que leurs pupilles ne sentissent pas trop la misère qui sévissait autour d'eux. Son intelligence hardie lui suggéra un moyen de leur venir en aide. Elle l'étudia, le mûrit, et le trouvant capable d'assurer du profit, et par conséquent du bien-être, en occupant les bras, elle le proposa et le fit adopter.

Beaucoup de gens, alors comme aujourd'hui, cherchaient à donner à Bourges une plus grande importance commerciale, et se préoccupaient de la grosse question de supprimer la misère par le travail et l'industrie. Parmi les projets discutés, il en était un surtout qui semblait rallier les suffrages, et offrir des chances d'aboutir à un résultat sérieux. Il s'agissait de reprendre la tentative essayée autrefois par Colbert, à Bourges même, pour les cordages et la voilure des vaisseaux. Le grand ministre de Louis XIV avait fait faire des expériences sur le chanvre du Berry, et il avait été reconnu que, sans goudron, il était plus durable et plus fort que celui que l'on tirait du Danemark et d'autres pays étrangers pour les cordages des navires. Cependant ces expériences n'avaient pas eu de suite. Un intendant royal, M. de Séraucourt, excita vainement les hommes les plus intelligents à exploiter cette richesse locale, en leur montrant la certitude du succès : les capitaux étaient trop rares, et on ne voulut pas s'exposer aux chances à courir ; mais aux approches de 89 le projet fut repris, et un homme d'une rare intelligence, M. Butet, entreprit de fonder une manufacture de toiles pour la voilure des vaisseaux.

RAYNAL, t. IV, 2e partie, p. 388.

Sœur Elisabeth, quoique confinée dans son Hôpital, n'ignorait rien néanmoins de ce qui se passait d'important autour d'elle. Elle entendit parler du projet en question, et comprit tout le parti qu'elle en pourrait tirer pour ses pauvres. C'était du chanvre qu'il fallait pour ces voiles et ces cordages qu'on préméditait de faire. Pourquoi l'Hôpital n'en serait-il pas producteur ? Que le projet de manufacture d'ailleurs aboutît ou n'aboutît pas, le chanvre produit ne serait pas perdu. C'était du travail pour les hommes pour le tirer de terre ; c'était de l'occupation pour les femmes pour le teiller et pour le filer. C'était du linge en perspective, et de l'argent pour l'Hôpital. Sœur Elisabeth demanda au conseil d'administration l'autorisation de disposer pour la culture du chanvre, qu'elle se chargeait de diriger elle-même, d'une partie des terrains vagues qui entouraient l'Hôpital.

Plus d'un dut hésiter tout d'abord. — Mais depuis sa nomination, Sœur Elisabeth avait fait dans l'intérêt de la maison tant de réformes heureuses qu'on n'avait plus aucun motif de douter de sa sagacité, de sa prudence et de son énergie. Ce fut donc autant par confiance en elle que par gratitude pour les innovations intelligentes qu'elle avait déjà opérées que le conseil administratif accorda à la Supérieure de disposer comme elle l'entendrait d'une partie des vastes terrains dépendants autrefois de la *Sanitat*, et qu'on laissait vagues et incultes autour de l'Hôpital. A défaut de capitaux qu'on ne pouvait lui donner, on lui fournit des bras. Quatre jardiniers et six hommes valides de la maison travaillèrent sous sa conduite, et dès la seconde année l'industrieuse activité de Sœur Elisabeth avait créé deux magnifiques chenevières dont le rapport dépassa de beaucoup l'espérance, et dont le souvenir s'est conservé dans l'Hôpital longtemps après que la ligne du chemin de fer, et la route et la gare eurent occupé les terrains mis en rapport par Mme Bourgoing, et remplacé par des revenus peut-être plus sûrs, mais moins occupants et moins utiles, les ressources dont une humble femme avait doté l'Hôpital.

Notes de la Communauté.

Sous son gouvernement, ferme sans dureté, la Mère Bourgoing avait réuni presque autant de sympathies et d'hommages que la douce Mère Mabilat, de vénérée mémoire. — Nous l'avons dit, elle avait un admirable talent pour se faire obéir, et il eut fallu être bien osé, dit un contemporain, pour lui résister. Mais la profonde et réelle charité de son cœur permettait d'oublier ce qu'il y avait de mâle et sévère fermeté dans les ordres qu'elle donnait. Elle était

Supérieure sans oublier qu'elle était Mère, et le respect qu'inspirait sa dignité un peu fière n'excluait pas l'affection. — Sœur Elisabeth, par l'exigence de sa position, avait dû nouer des relations avec les grandes familles charitables de Bourges. Des amitiés nombreuses et choisies venaient la chercher jusque dans l'asile de la souffrance et du malheur.

L'Hôpital-Général de Bourges était donc à l'extérieur comme à l'intérieur dans un état de prospérité bien établie, et le bon ordre qui régnait dans la maison, l'excellente tenue des emplois, les soins assidus et dévoués dont on entourait les pauvres et les malades, la sympathie respectueuse et bienveillante témoignée en toutes circonstances à la Supérieure par les meilleures familles de la ville, tout cela faisait aux Sœurs de l'Hôpital une espèce d'auréole si bien connue de chacun que les premières et terribles émotions de 1789 à 1791 passèrent presqu'inaperçues pour l'établissement et celles qui en avaient soin.

Mais la crise terrible qui bouleversait la France et renversait l'ancien régime ne devait pas longtemps laisser l'Hôpital dans l'oubli.

Nous abordons un chapitre bien douloureux pour nos Sœurs et pour la chère maison qui était pour elles l'autel, le foyer, la patrie.

LIVRE VI

L'Hôpital-Général de Bourges pendant la période révolutionnaire.

1792 à 1802.

Les Hospitalières refusent de prêter le serment constitutionnel...

Leur expulsion de l'Hôpital-Général en 1792...

Dix années de laïcisation de l'Hôpital...

Les Supérieures intrues { Dame Chabenat. Dame Aupic. Dame Bonté.

Rappel de Madame Bourgoing et des Hospitalières.

LIVRE VI

L'Hôpital-Général de Bourges pendant la Période Révolutionnaire 1792 à 1802 (1).

En 1791, quand la Révolution avait déjà causé bien des ravages autour de lui, l'Hôpital-Général de Bourges, nous l'avons dit au chapitre précédent, n'avait pas encore trop souffert de ses atteintes. Il continuait à être régi par ses règlements primitifs. Au civil, il dépendait des administrateurs nommés de concert par Mgr l'Archevêque et la municipalité; au spirituel, du chapelain régulièrement investi de ses fonctions par l'autorité ecclésiastique; et le gouvernement intérieur était exercé par cette chère famille d'*Hospitalières*, dont nous écrivons l'histoire, nées avec lui en 1657, ne l'ayant jamais quitté, et n'ayant jamais voulu s'étendre à d'autres maisons que lui. La Supérieure, Mme Bourgoing (Sœur Elisabeth) était une femme de tête, de vertu et de cœur, dans la pleine force de l'âge et de la volonté. Elle n'avait que quarante-cinq ans; mais elle avait déjà passé vingt-six ans de sa vie au service des pauvres. Elle avait, pour la seconder, dix-huit Sœurs ou *aspirantes*, auxquelles on donnait le nom d'*Officières*.

L'Hôpital prospérait sous ces dignes filles de Dieu.

(1) Ce chapitre a paru comme étude locale dans le volume de 1893, de la Société des *Antiquaires du Centre*. — Nous le reproduisons presque sans changement.

Ne s'occupant que de leurs pauvres, elles n'avaient point d'oreilles pour les bruits sinistres qui venaient du dehors. Pour continuer leur œuvre de charité, elles étaient prêtes à tout.... à tout,... hors le sacrifice de la conscience. Et le moment arriva où la conscience se dressa en face de la charité.

Le fatal décret du 26 septembre 1790, qui brisa la hiérarchie sacerdotale, et partagea le clergé en prêtres *réfractaires* et en prêtres *jureurs*, vint jeter le trouble dans cette maison paisible, provoquer l'expulsion des Sœurs, et livrer l'Hôpital au désordre et à la misère.

Le 28 octobre 1791, une réunion avait lieu au bureau de l'administration de l'Hôpital-Général, sous la présidence du citoyen Gay, maire de Bourges. A cette réunion avaient été convoqués les officiers municipaux, tous les administrateurs, et M. Privat, premier vicaire assermenté de la Métropole. L'objet de la réunion était de remplacer M. l'abbé Giret, chapelain de l'Hôpital, qui avait refusé de prêter le serment exigé par la Constitution. Le conseil de la Métropole, par la voix de M. Privat, délégué de l'évêque constitutionnel, le trop fameux Torné, proposait à sa place le citoyen prêtre Johandeau.

M. l'abbé Giret, mandé devant le Bureau, refusa de se présenter. Tenant ses pouvoirs de l'évêque légitime, il n'acceptait pas d'être dépossédé par des intrus.

Plusieurs des administrateurs de l'Hôpital, qui n'étaient pas convertis aux idées nouvelles, et qui croyaient pouvoir continuer à remplir leurs fonctions d'après les règlements traditionnels, se réunirent huit jours après, le 6 novembre, et protestèrent contre ce qui avait été décidé dans la réunion du 28 octobre, comme attentatoire à leur droit de présentation du chapelain.

Après cette protestation, les choses restèrent quelques mois en l'état, soit que la municipalité reculât devant l'illégalité de sa démarche, soit qu'elle méditât un changement plus radical pour lequel elle n'était pas suffisamment préparée.

Le 3 avril 1792, M. Gay, maire, accompagné de plusieur officiers municipaux, se transporte de nouveau au Bureau de l'hospice. Il est reçu par MM. Soumard de Boisroux, de Bonnault, Gibieuf, Grandjean de La Coudray et Gaulmier, administrateurs.

> M. le Maire ayant pris la parole, annonce à mesdits sieurs administrateurs qu'ils ont été chargés par le corps municipal de se transporter audit bureau pour lui faire part de l'arrêté du Directoire du département du Cher, en date du 30 mars dernier, envoyé à la dite municipalité par le Directoire du district, le 31... Après quoi, M. le Maire fait lecture dudit arrêté qui porte en son contenu le nom du sieur Jean-Jude Tardiveau aux fonctions de chapelain dudit Hôpital, pour par lui les remplir, et jouir du traitement y attaché, à compter du jour de son installation et prestation de serment, à la place du sieur Giret, lequel cessera ses fonctions et sera privé de traitement.
>
> Registre des délibérations, 3 avril 1792.

Après la lecture de cet arrêté que les administrateurs écoutent sans mot dire et refusent de signer, le maire et les officiers municipaux se retirent ; et les administrateurs aussitôt renouvellent la protestation déjà faite après la tentative du 28 octobre 1791.

Ledit jour, 3 avril 1792, nous, administrateurs de l'Hôpital-Général, soussignés, délibérant sur l'acte de l'autre part, signé par mesdits sieurs maire et officiers municipaux, avons pensé ne pouvoir adhérer à la nomination du sieur Tardiveau à la place de chapelain de cette maison, attendu que cette nomination n'a pas été précédée de la présentation à faire par nous des sujets proposés à remplir cette place, ainsi que le droit nous en est dévolu par le règlement du 29 mai 1658, et l'article 4 de la loi du 10 avril 1791, qui nous y maintient. Et pour la conservation dudit droit, nous protestons, autant que de besoin, contre ladite nomination.

La protestation, cette fois, devait demeurer sans effet. Le 15 avril, le maire, le procureur de la commune et plusieurs membres du conseil général de la commune, se transportent une troisième fois à l'Hôpital pour procéder en personne à l'installation définitive du chapelain assermenté. Ils convoquent les *Sœurs Hospitalières* au Bureau de l'administration pour le leur présenter ; ils réunissent les pauvres pour qu'ils le reconnaissent et lui rendent honneur et respect ; puis l'introduisent à la chapelle où le sieur Tardiveau dit la messe, fait chanter le *Te Deum*, et renouvelle devant l'autel le serment exigé par la loi du 26 décembre 1790.

Délibération du 15 avril 1792.

Les Sœurs n'avaient pas assisté à cette prise de possession de leur chapelle qu'elles considéraient à bon droit comme une profanation. Elles n'avaient rien répondu quand les magistrats civils leur avaient présenté le chapelain que leur conscience leur défendait de reconnaître. Elles s'étaient préparées à ce qui devait briser les liens qui les unissaient à l'Hôpital et à leurs chers pauvres et malades, et leur détermination était prise. Les cérémonies de l'installation étaient à peine terminées, avant que le maire et ceux qui l'accompagnent aient quitté l'Hôpital, elles se présentent toutes ensemble au Bureau, et déclarent :

> Qu'elles refusent de reconnaître le sieur Tardiveau comme chapelain.
>
> Qu'elles ne peuvent plus continuer sous son ministère leurs soins pour le soulagement des pauvres...
>
> Et qu'elles demandent qu'on fixe le jour où elles rendront leurs comptes et représenteront les meubles, effets et comestibles qui sont en leur possession...
>
> Délibération du 15 avril 1792.

Le procureur de la commune enjoint aux Sœurs et aux Officières de continuer leurs fonctions jusqu'à ce qu'elles soient remplacées, et de fournir au chapelain les aliments et le linge qui lui seraient nécessaires. Dix jours après, le 25 avril 1792, sans rien emporter que leur vêtement, sans avoir rien reçu de l'administration, ni de la municipalité, les Sœurs quittaient cette maison, le berceau de leur Institut et leur unique asile, à laquelle, pendant un siècle et demi, elles avaient donné leur dévouement et leurs soins, leur santé, leurs personnes et leurs biens souvent, depuis sa fondation en l'an 1657. — Un architecte de la ville, qui avait fait ses preuves de civisme, mais qui ne craignait pas non plus de faire ouvertement le bien, et dont la communauté a conservé religieusement le nom dans ses archives, M. Cloué, recueillit les Sœurs à leur sortie de l'Hôpital et fournit à celles qui en avaient un, le moyen de regagner leur domicile séculier, et aux autres le moyen de trouver une position et un abri.

Voici les noms des Sœurs qui sortirent de l'Hôpital-Général le 25 avril 1792 :

Mme Bourgoing, dite Sœur Elisabeth, Supérieure;
Sœur Françoise Lafosse;
Marie-Madeleine Lefebvre, dite Sœur Rosalie;
Sœur Madeleine;
Catherine Mauduit, dite Sœur Angèle;
Françoise Marteau, dite Sœur Cécile;

Les Sœurs Jeanne,... Marie Berchon,... Marie Descoutz,... Anne Changeux,... Antoinette Autourde,... Anne André de Châteaufort,... Catherine Charpentier;

Et les aspirantes ou Officières, Sœurs Bruno, Luquette, Lafosse, Garnier et Landienne.

En tout dix-huit. Rarement, depuis la fondation de l'Hôpital, elles avaient été plus nombreuses (1).

(1) M. Renaudet dit, dans son Histoire manuscrite du Berry, conservée à la bibliothèque du Grand-Séminaire : « C'est Torné qui, avec le représentant du peuple Laplanche, fit expulser les

Elles furent remplacées par des femmes veuves et demoiselles, dont les noms sont consignés dans les délibérations des 25 avril, 6, 7 et 9 mai 1792, et auxquelles on donna pour supérieure, le 19 juin, sans doute pour ménager la transition, la citoyenne Chabenat, native de La Châtre, *ex-Religieuse* de la paroisse d'Orsennes (Indre).

*
* *

Le départ des Sœurs ne fut pas favorablement accepté des pauvres de l'Hôpital. De violentes protestations se firent entendre, et des scènes de désordre suivirent, qui forcèrent d'établir dans la maison « une *garde de sûreté*, pendant tout le temps qu'il serait jugé convenable pour rétablir l'ordre et prévenir les abus. »

Délibération du 15 avril 1792.

En installant les officières laïques, il avait fallu songer à leur donner une gratification. C'était trop juste, et nous devons dire qu'elles se contentèrent au début d'une rétribution modeste.... 100 livres pour la supérieure, de 60 à 80 livres pour chacune des autres, avec l'entretien complet, le vivre, le couvert, le chauffage et le reste. — C'était néanmoins une charge : les Sœurs, d'après leur règle, n'avaient jamais rien reçu jusqu'à la Révolution, que la nourriture des pauvres, leur vêtement religieux, le logement commun.... Elles n'étaient fournies que par exception de *coëffes et de souliers*, quand elles n'avaient

Dames de l'Hôpital-Général après leur refus de serment civique ».
.... Les Sœurs étaient sorties avant l'arrivée de Laplanche, et Torné seul doit porter la responsabilité de cette expulsion comme président du Directoire.

pas de quoi s'en fournir elles-mêmes ; et non contentes de se donner corps et âme au service des pauvres, elles avaient souvent augmenté de leur avoir les ressources de l'Hôpital.... Maintes délibérations en font foi.

Quand la première surexcitation causée dans les esprits par le départ des Sœurs fut apaisée, tout rentra ensuite assez facilement dans l'ordre. On ne détruit pas en un jour une tradition séculaire de discipline et de subordination. D'ailleurs la nouvelle supérieure, la citoyenne Chabenat, ne devait pas manquer d'énergie, nous le verrons bientôt. Si ce titre d'*ex-Religieuse* sonne mal aux oreilles, il est du moins la preuve qu'elle savait ce qu'était une règle, et pouvait être capable de la faire appliquer.

Nous n'avons donc rien à signaler d'extraordinaire pendant les dix à douze mois qui suivirent la laïcisation (pour employer le mot qui a cours aujourd'hui), si ce n'est le renvoi, pour *indocilité et inconduite* de deux nouvelles officières, les dames Maillet et Michaud (*Délibération du 7 mai et du 19 juin*). On les avait pourtant choisies, disait l'acte d'installarion, «... après examen de leurs mœurs et capacités, et comme offrant toutes garanties de remplacer avantageusement les Sœurs... »

Le 10 août 1793, la grande manifestation patriotique organisée par l'évêque constitutionnel, le citoyen Torné, et présidée par lui en souvenir des tragiques événements que rappelait cette date, faisait sa première station dans la cour de l'Hôpital-Général (*Tablettes berruyères*, année 1793). Les pauvres, ce jour-là, virent défiler devant eux, au chant du *Ça ira !*

et de la *Carmagnole*, toutes les autorités administratives, civiles et judiciaires, hélas ! et tout le clergé constitutionnel aussi !

Ce fut pour eux un bien beau jour !...

Un mois après, les portes de l'asile des pauvres s'ouvraient à deux battants pour laisser passer l'envoyé de la Convention, le *missionnaire de la Montagne*, le citoyen Laplanche, qui a laissé dans Bourges et toute la province un si terrible renom.

Nous citerons intégralement la délibération qui relate cette visite à l'Hôpital du farouche conventionnel. C'est à cette visite que nous devons attribuer; pour la plus grande part, le débordement de misère et de désordres qui suivra.

VISITE A L'HOPITAL DU CITOYEN LAPLANCHE

REPRÉSENTANT DU PEUPLE

(Extrait du registre des délibérations)

« Le 6 octobre 1793, l'an II de la République une et indivisible, le citoyen Laplanche, représentant du peuple, visite l'Hôpital, accompagné des membres du Comité révolutionnaire.

« Reçu au Bureau par la citoyenne Chabenat, supérieure, il parcourt toutes les salles, cuisines, réfectoires, dortoirs, etc., partout accompagné par des bénédictions et par des acclamations de « Vive la République ! Vive le citoyen Laplanche ! »

« Rentré au Bureau, il a fait rassembler les officières, y compris la supérieure ; il s'est informé du régime intérieur de la maison, et a écouté les demandes qui lui ont été faites.

« Après avoir écouté les différentes réclamations, le représentant du peuple a dit :

L'Hôpital-Général doit goûter les bienfaits de la Constitution, qui, faite pour ramener l'égalité parmi les hommes, doit spécialement venir au secours des personnes pauvres... — Le régime pour la nourriture est mauvais... Dorénavant les pauvres auront de la viande tous les jours ; et je charge le citoyen Poncet de tenir la main à l'exécution de cet ordre.

Les supérieures et officières auront une entrée à chaque repas. Le vin sera le même pour toutes. Ce serait blesser les droits de l'égalité que de donner des vins différents à des femmes dont les fonctions sont également pénibles. — Le chapelain, à raison de son âge et de ses infirmités, continuera à boire du vin vieux.

Les officières n'ont point les appointements suffisants ; elles auront désormais 250 livres au lieu de 70, et le Comité révolutionnaire payera les appointements sur les mandats délivrés par le Bureau de l'administration de l'hospice. Il sera donné aussi des gratifications aux différents hommes et femmes de cette maison. Elles seront réglées par le Comité révolutionnaire en raison des services que rend chaque individu.

Les dortoirs sont malsains par défaut de la circulation de l'air. J'ordonne au citoyen Poncet d'aérer ces dortoirs. Je laisse à sa vigilance le choix des moyens. Je l'autorise à les changer de place, s'il le juge convenable;... s'il est besoin de faire de nouveaux bâtiments, il les fera faire. — Les enfants, les femmes, les hommes sont mal couchés... les enfants coucheront désormais seuls dans un lit séparé. — Les matelas, les couvertures et lits de plume, qui sont maintenant à Saint-François, appartiendront à l'Hôpital, et, dès demain, y seront transportés d'après l'ordre qui en sera donné par le Comité révolutionnaire. -- Il sera acheté du linge pour l'usage, soit des malades, soit des autres pauvres de l'Hôpital.

Pour ces dépenses, y compris les changements, le Comité révolutionnaire versera, dans le jour de demain, la somme de 50,000 livres dans la caisse de l'Hôpital... Si cette somme n'est pas suffisante, je l'autorise à en donner une plus forte.

Tous les pouvoirs ci-dessus donnés au citoyen Poncet sont également donnés au citoyen Merceret, administrateur de l'Hôpital. Ils donneront leurs soins à ce que tous les ordres ci-dessus soient exécutés avec toute la célérité possible.

La supérieure et les officières sont absolument subordonnées aux ordres de l'administration et du Bureau de l'Hôpital, et soumises à la surveillance du citoyen Poncet, auquel les pouvoirs nécessaires seront donnés, tant par les décrets, en qualité d'envoyé de l'assemblée primaire de la station des Sans-Culotte de cette ville, que par nous...

Signé: Laplanche, représentant du peuple, Poncet, Merceret.

Vit-on jamais disposer avec plus de désinvolture de l'argent et des choses dés autres ?

Après cette visite de Laplanche, et cette omnipotence absolue par lui donnée au Bureau de l'Hôpital, une sorte de frénésie de zèle s'empara de tous les administrateurs. Ils se partagent à l'envi les différents services. Les uns auront le soin de l'apothicairie, de l'infirmerie et de la cuisine ; les autres, des travaux intérieurs et extérieurs, des bâtiments et des provisions ; ceux-ci veilleront à l'achat du blé et de la boulangerie ; ceux-là, à la lingerie, à la couture et à l'habillement. C'était à se croire revenu aux temps originels, quand les fondateurs de l'Hôpital, mûs par la sainte charité, allaient chaque semaine quêter à domicile la subsistance des pauvres.

Tant de maîtres et de surveillants à la fois ne valaient rien pour le bon ordre, et la supérieure était trop autoritaire elle-même pour se prêter à une facile obéissance. « Puisque les administrateurs semblent disposés à se charger de l'exécutif, eh bien, elle leur fournira de l'occupation ! »

Un jour, c'est une demande de savon urgente. Le citoyen Guichard court à la municipalité pour se faire autoriser à acheter 100 livres de savon. — Un autre jour, les sabots manquent. Le citoyen Merceret s'empresse d'en commander six grosses de paires (*Délibération du 11 octobre 1793*). Les demandes succèdent aux demandes, les observations aux observations, tant et si bien que les administrateurs se posent la question de savoir s'ils ne feront pas bien de renvoyer la supérieure.

Ici, il nous faudrait la plume de Molière pour

raconter les scènes qui vont suivre. Mais, comme nous faisons œuvre d'antiquaire plutôt que de littérateur, nous nous bornerons à faire parler les documents et les délibérations. Du reste, les emprunts que nous allons faire au registre de l'Hôpital ne manqueront pas par eux-mêmes de piquante saveur.

EXPULSION DE LA CITOYENNE CHABENAT

(*Délibération du 5 novembre 1793.*)

Aujourd'hui, 5 novembre 1793, sur les plaintes de plusieurs membres portées sur la manière dont la citoyenne Chabenat gouverne cette maison, et la proposition faite de savoir si elle serait remerciée ou conservée, la matière mise en délibération, il a été arrêté que la dite citoyenne Chabenat serait conservée jusqu'à nouvel ordre, aux conditions qu'elle se comporterait mieux dans son administration, qu'elle serait plus soumise aux ordres du Bureau, qu'elle ne se permettrait plus d'en donner d'autres que ceux qui concernent la police de cette maison, qu'elle n'oublierait pas qu'elle n'en est que la première officière ;... qu'injonction lui serait faite de manger au réfectoire, et qu'elle serait sur le champ mandée au Bureau où il lui serait fait lecture du présent arrêté.

Signé : Corbinou, Louriou, Rossignol, Sabathier, Poncet, Jacquemet, Pricalet, etc.

On voit les griefs ; — ils sont assez nombreux. — Il paraît que des griefs plus graves n'avaient pas été consignés par mesure de prudence, comme il sera dit plus loin.

Lecture est faite de cette délibération à la citoyenne Chabenat mandée devant le Bureau. — Interrogée si elle veut s'y conformer, elle répond : qu'elle refuse de répondre, et ne rendra compte de sa conduite que devant un Bureau général.

Même jour 5 novembre, an II de la République.

La citoyenne Chabenat retirée, le Bureau a arrêté que trois de ses membres se transporteraient à la municipalité pour lui demander si elle regardait le Bureau comme *général*, composé de 10 membres sur 12, et pour se concerter avec elle sur le parti à prendre contre la citoyenne Chabenat.

Les trois membres de retour, l'un d'eux dit : que la municipalité avait répondu que le Bureau composé de 10 membres sur 12 devait être regardé comme *général*;... Qu'en nommant les administrateurs elle les avait investis de toute sa confiance ; que, persuadée de leur sagesse, elle applaudissait d'avance aux mesures qu'ils allaient prendre.

D'après cet exposé, il a été mis aux voix si l'on conserverait encore ou si l'on renverrait la citoyenne Chabenat... La discussion fermée, il a été arrêté à l'unanimité que la citoyenne Chabenat serait renvoyée *dans le jour de demain*.., et pour remplacer la citoyenne Chabenat, le Bureau a nommé, aussi à l'unanimité, la citoyenne Aupic, qui entrera *dès demain* en fonctions.

La citoyenne Chabenat n'était pas si pressée de quitter la place. Trois jours après, nous la trouvons encore à l'Hôpital, prête à la lutte, et disposée à ne céder qu'à la force.

> Aujourd'hui, 8 novembre, an II de la République une et indivisible, d'après l'arrêté pris par le Bureau le 6 courant de procéder à l'inventaire des effets confiés à la citoyenne Chabenat, cy-devant supérieure, nous, administrateurs délégués, assemblés au Bureau, et descendus dans la chambre de la citoyenne Chabenat, nous lui avons demandé à remplir notre mission... ce à quoi elle s'est formellement refusée, en nous disant qu'elle ne nous regarde que comme des *délégués de la municipalité*, et qu'elle voulait des ordres précis des magistrats du peuple pour faire ce que nous demandions d'elle : qu'en outre elle ne consentirait jamais à aucun inventaire que le Bureau ne lui ait préalablement remis l'arrêté qui la destitue.
>
> Duquel refus nous avons fait acte, et l'avons sommée de signer après lecture... ce qu'elle a refusé...

Trois administrateurs seulement, les citoyens Lacorde, Louriou et Jacquemet, avaient été délégués pour procéder à cet inventaire. Ne voulant rien prendre sur eux après le refus de la supérieure, tout le Bureau est convoqué d'urgence.

> Le Bureau formé, il a été arrêté que la citoyenne Chabenat serait mandée sur l'heure... Arrivée dans la salle du Bureau, un membre lui a exposé les dangers qu'elle courait en persistant

> dans les sentiments de révolte qu'elle a manifestés jusqu'à ce moment,... lui a exposé ses devoirs et la soumission qu'elle devait au Bureau,... lui a annoncé qu'elle ne *pouvait sortir de la maison,... qu'elle était consignée dans sa chambre*, et lui a dit que le Bureau lui accordait une demi-heure pour faire ses dernières réflexions, passé lequel temps, il prendrait les mesures qu'il croirait convenables pour l'expulser.

La citoyenne Chabenat sourit et se retire.

> Environ un quart d'heure après, un des portiers est venu dire au Bureau que la citoyenne Chabenat était *sortie de la maison* malgré lui; qu'en vain il lui avait représenté que la consigne était de l'empêcher de sortir, qu'elle avait répondu : qu'elle s'embarrasse fort peu de cette consigne !... Et qu'elle était sortie...

Ainsi ouvertement bravés, les administrateurs décident qu'ils enverront trois des leurs à la municipalité requérir une force suffisante pour obtenir de la citoyenne Chabenat l'apurement de ses comptes et l'inventaire obligé, et pour l'expulser ensuite... A cinq heures de relevée le Bureau se trouve de nouveau réuni; les trois membres qui avaient été délégués vers la municipalité prennent séance accompagnés de deux officiers municipaux; l'un d'eux dit :

> Citoyens, vos commissaires se sont rendus à la municipalité, et lui ont fait part de toutes vos opérations relatives à la destitution de la citoyenne Chabenat, et de l'impossibilité où vous étiez de faire exécuter vos ordres, si vous n'étiez

aidés d'une force coercitive ;... qu'en outre le Bureau n'était point tranquille *sur les effets qui étaient entre les mains de* la cy-devant supérieure.

La municipalité ayant pris en grande considédération vos très justes réclamations a arrêté qu'elle donnerait sur le champ un réquisitoire au commandant de la force armée, pour qu'il envoie deux citoyens pour tenir en arrestation (ce, à ses dépens) la citoyenne Chabenat, jusqu'à ce qu'elle ait fait son inventaire et vidé les lieux,... se réservant de prendre des mesures plus sévères en cas de trop longue résistance.,

Le Bureau satisfait remercie les officiers municipaux présents... Quelques instants après arrivent les deux gardes requis, lesquels sont consignés dans la chambre même de la supérieure, avec défense de l'en laisser sortir. Sur ce, le Bureau s'ajourne au lendemain, 8 heures du matin.

Mais la citoyenne Chabenat n'avait pas dit son dernier mot, et, malgré les gardes et les officiers municipaux, elle réservait à ceux qui ne voulaient plus d'elle plus d'une surprise encore.

Aujourd'hui, 9 novembre 1793, l'an II de la République une et indivisible..., le Bureau installé..., les citoyens Gilbert et Bonneville, officiers municipaux, commissaires nommés par la municipalité sont entrés, et nous ont requis de procéder en leur présence à l'inventaire des effets appartenant à l'Hôpital, et qui sont entre les mains de la citoyenne Chabenat et à l'apurement définitif de ses comptes.

A l'instant le citoyen Roffiquet, officier de santé, est venu dire, que la citoyenne Chabenat était *tellement incommodée d'un asthme* qu'il lui était impossible d'assister à l'inventaire... Sur quoi les officiers municipaux susnommés, ont requis le Bureau de délibérer sur ce qu'il y avait à faire d'après ce rapport.

La discussion fermée, le Bureau, d'après l'avis des officiers municipaux, arrête que deux membres descendront chez la citoyenne Chabenat, et lui demanderont de nommer quelqu'un de confiance pour être présent à l'inventaire en son lieu. — Ce qui a été fait... Et la citoyenne Chabenat, qui a été trouvée dans son lit, a nommé la citoyenne Chaudron, de la section de la Fraternité, pour assister à l'inventaire.

Et sur l'ordre des officiers municipaux on a envoyé chercher la citoyenne Chaudron.

Nous supposons que les membres du Bureau, pendant que le messager était en quête, prirent au moins le temps d'aller dîner, car cette délibération déjà longue, et que nous résumons, continue et s'achève ainsi :

Le commissionnaire rentré a dit *qu'il n'avait pu trouver la citoyenne Chaudron*... Quelqu'un vient dire alors que la citoyenne Chabenat est levée... Aussitôt, trois membres du Bureau, avec les officiers municipaux, sont descendus chez elle, et lui ont demandé si elle voulait être présente à l'inventaire... Ce qu'elle a accepté.

Et, de suite, les membres dudit Bureau ont procédé à l'inventaire des effets appartenant à l'Hôpital, et qui sont entre les mains de la citoyenne Chabenat, le tout en présence des officiers municipaux.

Mais attendu qu'il est huit heures du soir, et que la journée n'est plus suffisante pour achever une opération d'une si longue haleine, le Bureau s'est ajourné à demain, 9 heures du matin, et a terminé la séance en donnant aux gardes municipaux la même consigne que la veille. »

Il semble que cette journée avait été assez laborieusement remplie, et que les administrateurs avaient bien gagné le repos... Douze heures de séances consécutives, en vérité, c'est suffisant... Tel n'était pas l'avis de celle qu'on tenait enfermée sous la garde de deux sentinelles installées dans sa chambre.

Et le même jour, au moment où la séance était levée, et que chacun allait se retirer, un commissionnaire est entré, et a mis un paquet sur le bureau... Le président l'ayant ouvert, y a trouvé une pétition, pour ne pas dire un *libelle* de la citoyenne Chabenat, dont il a fait lecture... la dite pétition adressée aux membres composant le Comité révolutionnaire, et sommant la municipalité et les administrateurs de l'Hôpital de donner les raisons pour lesquelles ils ont cru devoir destituer la citoyenne Chabenat de sa place de supérieure de ladite maison.

Cet appel à une juridiction avec laquelle il ne faisait pas bon de se mettre en désaccord, retint les administrateurs désireux de partir... Une longue discussion s'ouvre pour savoir si le Bureau donnerait par écrit les *vraies raisons de la destitution*, ou s'il userait toujours envers l'ex-supérieure des mêmes mesures de prudence qui l'avaient empêché jusqu'ici de les consigner sur les registres.

> La discussion fermée, il a été arrêté que l'on enverrait sur le champ une députation au Comité révolutionnaire... — Et, rentrés, un des commissaires a dit : — qu'ils avaient, au désir du Bureau, donné aux citoyens composant le Comité révolutionnaire, tous les éclaircissements nécessaires pour les mettre à portée de juger les motifs qui ont déterminé le Bureau à agir comme il a fait contre la citoyenne Chabenat, que cette question allait être décidée, lorsqu'un des membres du Comité a demandé que la citoyenne Chabenat fût entendue à son tour. Cette opinion ayant prévalu, le Comité révolutionnaire a arrêté que ladite citoyenne serait mandée demain à midi, et a invité les administrateurs à s'y trouver.
>
> D'après ce rapport, il a été arrêté que tous les membres se transporteraient au Comité révolutionnaire à l'heure indiquée... »

Nous n'avons pu mettre la main sur la pièce relatant les résultats de la comparution devant le terrible Comité qui dirigeait tout alors sous l'œil redouté du citoyen Laplanche. Il faut croire que raison fut donnée aux administrateurs, ou que la citoyenne Chabenat, rendant enfin les armes, fit soumission avant de s'être présentée, car, dès le 10 novembre, le jour même désigné pour la confrontation, elle assiste en personne à l'inventaire général qui est fait *de la cave au grenier* de tous les effets appartenant à l'Hôpital, elle dépose ses registres de compte entre les mains des administrateurs délégués, elle remet les clefs à la nouvelle supérieure, et enfin elle demande qu'on retire de sa chambre les deux gardes qu'on y a mis, et qui, dit-elle, *la gênent horriblement.*

> Les administrateurs, considérant la justice de la réclamation de la citoyenne Chabenat, et qu'il y aurait de l'inhumanité à lui refuser ce qu'elle demandait, prennent sur eux de renvoyer la garde... ce, sur le champ... *Après toutefois qu'elle aura été payée par la citoyenne Chabenat.*
>
> Délibération du 10 novembre 1793.

Il fallait un épilogue à ces scènes d'intérieur, qui ne furent qu'une comédie, mais qui, étant donné les circonstances, pouvaient facilement tourner au tragique. Si la citoyenne Chabenat était restée fidèle à ses vœux, et n'avait donné des gages à la Révolution, elle aurait probablement payé bien cher sa résistance. Pour moins que cela alors on voyait se dresser l'échafaud. Ce drame toutefois ne devait pas finir sans victimes. Si ce ne fut pas le fatal couperet, ce fut le couteau qui les fit. Le 27 frimaire, an II de la République, le Bureau de l'Hôpital prenait la grave délibération suivante :

> Une officière s'étant plaint que depuis très longtemps la citoyenne Chabenat avait dans la maison des poules et des poulets qui y étaient nourris aux dépens des pauvres... le Bureau, considérant qu'il est de l'essence d'un hospice de charité de recevoir et non de donner, a arrêté que les volailles, soi-disant appartenant à

la citoyenne Chabenat, seraient réputées appartenant à l'Hôpital, et, en cette qualité, données à l'infirmerie pour les besoins des malades. Motivé sur ce que le temps qu'il y a qu'on les nourrit gratuitement a plus que payé le prix de ces volailles...

C'était juste et mérité... C'était de plus bien appliqué... Ne plaignons donc pas les victimes!...

*
* *

Pas n'est besoin de dire que rien de ce qui précède n'avait échappé aux pauvres et à tout le personnel de l'Hôpital. On peut juger de l'état d'esprit qui régna dans la maison pendant la durée du conflit.

Dès que la citoyenne Aupic fut dûment investie de ses fonctions de supérieure, elle ne tarda pas à voir que ce n'était pas une sinécure qu'on lui donnait, et que la dose de capacité qui lui était impartie, avec toute sa bonne volonté, aurait peine à suffire à toutes les difficultés de sa charge. — Tout s'en allait à la dérive... Il y avait désordre dans les esprits, désordre à la cuisine et désordre aussi dans la caisse.

On se souvient que le citoyen Laplanche avait décidé qu'on donnerait de la viande tous les jours aux pauvres de l'Hôpital. — Après cinq à six semaines de ce régime le Bureau s'aperçut qu'on avait déjà une note de 3.600 livres à payer pour la viande, et qu'à continuer ainsi on ne tarderait pas à manquer d'argent pour acheter du pain.

Le 6 frimaire, an II... délibération pour réglementer l'usage de la viande, « qu'on ne servira plus que par « portions de 10, au lieu d'en donner une portion particulière à chacun ».

Le 27 frimaire, — nouvelle délibération pour demander à la municipalité de payer les 3.600 livres de viande, consommée d'après les ordres du citoyen Laplanche.

Même jour, décision du Bureau d'après laquelle il ne sera plus distribué de viande à l'Hôpital que deux jours par décade.

Ainsi, de par le calendrier révolutionnaire, et par suite d'un excès momentané d'abondance, les pauvres se trouvaient en réalité traités plus mal qu'ils ne l'étaient avant.

Et ce n'était pas seulement la viande qui manquait. Par incurie administrative, ou faute de ressources, car, nous devons le reconnaître, la misère partout était bien grande alors, et nous ne voudrions pas faire peser injustement sur l'administration de l'Hôpital une responsabilité qui peut-être ne dépendait pas d'elle, on se voyait réduit à rationner les aliments de première nécessité... Et, ce qui est plus triste à dire, les malades, qui ne pouvaient se servir eux-mêmes, manquaient complètement de soins, et, faute d'argent pour le payer, n'avaient pas même de médecin qui vînt les visiter.

Aujourd'hui, 8 frimaire, an II, le Bureau expose que les malades dudit Hôpital sont dans l'état le plus déplorable, n'étant visités par aucun officier de santé... Qu'il serait nécessaire d'apporter du soulagement à leurs maux, soit en pansant les plaies de ceux qui en ont, soit en donnant différents secours à ceux qui ont d'autres maladies...

Le Bureau, considérant qu'il n'est pas possible d'intéresser à leur sort un officier de santé sans le payer, arrête que trois de ses membres iront mettre sous les yeux de la municipalité l'absolue nécessité où se trouve l'Hôpital, et l'impossibilité où est le Bureau de fournir les appointements d'un médecin.

Que cette délibération est navrante, et qu'elle nous montre bien, sous la réserve de sa rédaction, qu'il y a des soins que la charité seule sait donner!...

En vérité, les officières de l'Hôpital, qui avaient remplacé les Sœurs, avaient bien autre chose à faire alors que se mettre en souci des pauvres et des malades qu'elles devaient servir!... Ce qui se passait au dehors les intéressait bien davantage, et j'appellerai d'une manière toute particulière l'attention sur les deux délibérations que voici :

27 *frimaire*, an II de la République.

Sur les représentations d'un membre, que les officières négligeaient leurs devoirs, sortaient souvent de très bonne heure, et rentraient fort tard, *sous le pieux prétexte d'aller au club*.

Le Bureau considérant que l'esprit public ne pouvait trop se propager; qu'il n'y avait pas de lieu où l'on pût mieux s'en pénétrer que dans le sein des assemblées populaires; — considérant surtout combien il est avantageux pour nos frères de l'Hôpital que celles qui les conduisent fussent profondément instruites des graves préceptes de la Montagne ;

Ordonne et arrête que, tous les jours de séance, deux officières se rendraient au club ; qu'un registre serait tenu par la supérieure pour y inscrire à chaque fois le nom de celles qui sortiraient, afin que toutes participassent à ces avantages, et que toutes fussent en état d'en partager les fruits avec leurs élèves.

Est-ce assez complet ?... Non, voici mieux encore !

Un membre ayant observé qu'il était indécent, et même dangereux, d'exposer des jeunes filles à revenir seules du centre de cette commune à la résidence, a demandé que deux citoyens fussent chargés de les conduire toutes les fois qu'elles sortiraient.

« Ce qui a été arrêté...

« Et les officières ont été sur le champ mandées pour leur faire part du présent arrêté... »

Je m'abstiens de réflexion, et j'arrive à la délibération du 14 nivôse qui complète celle qu'on vient de lire.

Un membre absent lors de la délibération prise relativement à la liberté accordée aux officières d'assister aux séances du club, a réclamé contre cette délibération... Il serait plus décent, a-t-il dit, d'engager la Société populaire d'envoyer à l'Hôpital national, deux fois par décade, quelques apôtres tirés de son sein. Les officières resteraient à leur poste. L'instruction civique s'étendrait à tous, jeunes, vieux, malades, invalides... Au lieu que, n'étant reçu que par de jeunes personnes, qui souvent ne comprennent pas les mots qui s'y discutent, et ne pouvant que mal les redire, les intentions de l'administration ne sont pas remplies.

Le Bureau approuve, et prend le parti de charger Bellanger, auteur de la réclamation et clubiste, de présenter à la Société populaire les motifs importants qui nous déterminent à lui demander des apôtres, deux fois par décade, pour instruire nos pauvres.

Voilà donc un club installé à l'Hôpital. On y plante en même temps un arbre de la liberté; et les administrateurs l'arrosent, « en faisant des vœux pour qu'il prenne racine dans le dit hospice, et qu'il croisse avec la liberté dont il est le symbole. »

Délibération du 14 nivôse an II.

Faudra-t-il s'étonner maintenant des désordres qui vont aller se multipliant, et progresser de jour en jour, pendant les tristes années qui s'écoulent, de 1794 où nous sommes parvenus jusqu'en 1802 où nous voulons atteindre, mais en condensant désormais ce qu'il nous reste à dire?... La cause est posée, l'effet doit fatalement en sortir.

Voit-on bien ces déshérités de tout, recueillis par la charité, auxquels il faudrait faire comprendre la résignation, le sacrifice et la reconnaissance aussi pour ceux qui les soutiennent, et qui leur assurent tout le bien-être compatible avec la misérable condition que la nature leur a faite, ou peut-être même l'abus de leurs qualités personnelles, leurs défauts, leurs excès ; — les voit-on bien, réunis de cinq jours en cinq jours, sous la parole ardente d'un de ces orateurs populaires, qui, dans les termes sonores et pompeux qui avaient cours alors, et qui remplaçaient l'éloquence, venait leur commenter les immortels principes, les Droits de l'homme, la Liberté, l'Egalité et la Fraternité ?

Quelle pratique pour eux devait sortir de ces théories enivrantes ?...

On voit d'ici les conséquences ; et toutes les conséquences que l'on peut voir ne manquèrent pas de se produire...

Le portier se rit des ordres de la Supérieure, ouvre la porte à quiconque veut sortir, et laisse entrer qui veut entrer.

Délibération du 14 nivôse an II.

Les barrières tombent entre les sexes, et l'Hôpital devient le théâtre de scènes scandaleuses. — L'insubordination et l'inconduite ne sont pas seulement chez les pauvres, elles sont aussi parmi les officières qui doivent veiller sur eux.

13 vendémiaire an III.

Sur les plaintes réitérées contre la citoyenne Gilbert, et sur le peu de subordination qu'elle apporte dans la maison, sur sa mauvaise conduite et son emportement, sur les plaintes notables faites contre elle, portant qu'elle occasionne du trouble, en souffletant ses compagnes, en sortant fréquemment, en faisant aux uns et

> aux autres constamment des paquets, en exigeant que sa portion de table lui soit portée dans sa chambre les jours qu'elle sort de la maison ;... et, sur le mépris des observations fraternelles que le Bureau lui a données à plusieurs reprises... le Bureau a arrêté l'expulsion de la citoyenne Gilbert, et charge la citoyenne Aupic d'y procéder, *et d'inspecter son paquet avant son départ.*

La misère est à l'Hôpital ;... on n'a point d'argent pour payer un médecin ; mais les officières, rétribuées dès leur entrée, augmentées par le citoyen Laplanche, exigent une augmentation nouvelle et l'obtiennent.

Délibération du 26 fructidor an III.

Il n'était plus question de culte ni de prière. Les vases sacrés avaient été enlevés et transportés à la municipalité (*Séance du 9 frimaire an II*). — Le citoyen Tardiveau, ce prêtre assermenté, dont la nomination comme chapelain avait provoqué le départ des Sœurs, était resté à titre de simple pensionnaire à l'Hôpital, en payant 500 livres, et n'était plus écouté de personne.

Séance du 4 pluviôse an II.

Cependant, au milieu de ce désordre matériel et moral, on est heureux de rencontrer un acte digne d'éloges, de constater un effort dans le bien, encouragé par la citoyenne Aupic, et toléré peut-être par les administrateurs de l'Hôpital.

Le 5 nivôse an V (26 décembre 1796), la supérieure avait fait agréer à l'Hôpital le citoyen Garros.

prêtre fidèle selon l'Eglise, et réfractaire selon la loi, qui, accablé d'infirmités, et hors d'état de pourvoir à sa subsistance, tous ses biens, meubles et immeubles ayant été vendus au profit de la République, demandait l'asile et le pain des pauvres, en abandonnant la pension qui lui était due par le gouvernement. La présence de ce confesseur de la foi réveilla dans plus d'un cœur des sentiments que l'on croyait éteints. On allait à lui volontiers, et plus d'un malheureux, grâce à son ministère, put se réconcilier avec lui-même et avec Dieu.

C'était intolérable, et le fait ne tarda pas à être porté à la connaissance de la municipalité. Immédiatement, lettre du maire aux administrateurs de l'Hôpital.

19 germinal an V de la République.

Citoyens,

Je viens d'être instruit qu'un nommé Garros, prêtre insermenté, s'est retiré dans l'Hôpital-Général dont l'administration vous est confiée... On m'assure que le prêtre Garros exerce dans votre Hôpital les fonctions de ministre du culte catholique, *et que tout ce qui compose cette maison assiste assidûment aux différents exercices de ce culte...* C'est une prévarication manifeste que vous ni moi ne pouvons tolérer. . Je m'adresse à vous, citoyens, pour me procurer des renseignements certains sur ce fait. Je préfère cette voie à celle d'envoyer des commissaires de police, qui se trouveraient obligés d'en dresser

procès-verbal, dont les suites seraient funestes à ce ministre, et désagréables pour vous qui l'auriez souffert.

Signé : Gay, Maire.

Par suite de cette lettre, le citoyen prêtre Garros fut condamné à quitter l'Hôpital. Mais la Providence en avait décidé autrement. Attaqué subitement d'une maladie violente, la Commission administrative consentit à le garder, moyennant que son frère se ferait caution pour lui... Quinze jours après, le vertueux prêtre mourait à l'Hôpital, le 9 floréal an V.

Quand il mourut, la citoyenne Aupic avait cessé d'être supérieure, et avait été remplacée par la citoyenne Bonté.

Délibération du 30 nivôse an V.

A dater de cette époque le pain se fait rare à l'Hôpital. Ce qu'on voit le plus souvent revenir dans les délibérations, ce sont les demandes de secours aux citoyens et à la municipalité pour procurer aux pauvres et aux malades les choses de première nécessité. Le linge s'en allait, et nul moyen de remplacer le vieux par du neuf... Trop souvent, au contraire, on dut essayer de faire du neuf en se servant du vieux.

Séance du 13 floréal an VIII.

« On accorde deux draps et six serviettes aux officières Palotte et Maçonneau pour en faire des béguins, drapeaux et mouchoirs pour les enfants. »

Séance du 3 prairial an XIII.

« L'officière Pinette demande deux nappes usées pour faire des mouchoirs aux garçons. »

Même séance.

« La principale officière, la dame Bonté, Supérieure de l'Hôpital, demande aux administrateurs de lui donner *au moins de quoi raccommoder le vieux linge.* »

Et voici qui est plus triste encore que tous ces détails de misère :

Séance du 18 germinal an X.

« La Commission administrative des hospices invite le sieur Duplan, économe de l'Hôpital-Général, à renvoyer du dit Hôpital les filles Jeanne Robert et Marie Petit, qui, non contentes de se battre entre elles, ont contusionné plusieurs fois l'officière de la boulangerie dont elles sont sous-officières, *et à veiller à ce qu'elles n'emportent rien de la maison.* »

Si l'on avait de telles craintes sur celles qui avaient charge de surveiller les autres et de leur donner l'exemple ; s'il se passait entre elles de telles scènes de pugilat et d'insubordination, on doit facilement juger de l'ordre et de la tenue, de la discipline et de l'obéissance de tout le personnel surveillé.

*
* *

Cependant les mauvais jours touchaient à leur fin pour la France. La patrie se reconstituait sous la forte main d'un homme. Le Concordat passé entre Pie VII et Bonaparc avait rouvert les églises et rendu les autels au culte. Les prêtres et les religieux pouvaient reprendre leur ministère en paix.

Dès son arrivée à Bourges, M. du Belloc, deuxième préfet du Cher, avait pu se rendre compte de la situation de l'Hôpital-Général, et avait résolu d'y porter remède. Il n'en trouva pas de meilleur que de rétablir l'ancien ordre de choses, et de rendre l'Hôpital aux Sœurs, qui l'avaient habité depuis sa fondation, et dont le départ et l'absence depuis dix ans lui avaient été si fatals...

La Supérieure d'avant la Révolution, Mme Elisabeth Bourgoing, vivait encore. Les dix ans écoulés ne lui avaient rien fait perdre de sa force, de son énergie, de son intelligence, de son dévouement et de son cœur. Elle s'empressa de répondre à l'appel de M. du Belloc, et de se mettre à sa disposition avec celles de ses Sœurs, qui avaient survécu comme elle à la tempête révolutionnaire.

Les derniers actes administratifs qu'il nous reste à citer montreront combien ce rappel s'imposait, confirmeront, en les résumant, tous les détails que nous avons donnés, et serviront de conclusion et de morale à cette étude.

Séance du 30 floréal an X.

« La Commission administrative des hospices, réunie au bureau, il est fait lecture d'une lettre du citoyen maire de la ville, en date du 30 floréal, qui lui est remise par le citoyen Loiseau, concierge de la maison commune. Cette lettre est ainsi conçue :

Je vous transmets un arrêté du citoyen préfet, en date d'hier, par lequel il ordonne que la dame Bourgoing sera chargée, à dater du mois prochain, à la place de la dame Bonté et des autres officières qui desservent actuellement l'Hôpital-Général de cette ville, de la direction de cet hospice avec six de ses compagnes. Je vous invite à donner à cet arrêté son exécution, et à m'en accuser réception.

Signé : BERNARD, adjoint.

« La Commission, après avoir pris connaissance, arrête qu'il sera inscrit sur les registres, notifié dans le jour à la dame Bonté et autres officières y désignées, et que deux de ses membres se transporteront demain à l'Hôpital-Général, à 10 heures du matin, pour l'exécution dudit arrêté, dont la teneur suit. »

EXTRAIT

DU REGISTRE DE LA PRÉFECTURE DU DÉPARTEMENT DU CHER

29 floréal an X.

La Préfecture du département du Cher, informée qu'il s'est introduit dans le régime et la manutention intérieurs de l'Hôpital-Général de Bourges un relâchement funeste à l'ordre qui doit s'y observer, qu'il n'y existe plus de subordination entre les pauvres qui l'habitent et les femmes chargées de les surveiller et de pourvoir à leurs besoins, que le travail est en quelque sorte banni de cette maison par l'oisiveté et une nonchalance considérable dans ceux des indigents qui sont en état de travailler, que les petits garçons surtout y sont livrés à une dissipation scandaleuse, enfin qu'il s'y est commis contre les bonnes mœurs des désordres inouïs dans un établissement de ce genre.

Considérant que si les abus ne peuvent pas être imputés à un défaut de zèle de la part des femmes chargées d'y maintenir l'ordre, ils sont au moins l'effet de leur faiblesse, du peu d'harmonie qui règne entre elles, et particulièrement de l'incapacité de celle qui est à la tête de cette maison...

Considérant qu'on ne saurait trop promptement faire cesser de pareils abus, *et que le meilleur moyen d'y remédier est de rappeler dans cet hospice les ci-devant religieuses et leur Supérieure* qui est autorisée à s'adjoindre six filles de son ancienne communauté, lesquelles veilleront, sous sa direction immédiate, et sous la surveillance de la Commission des hospices de Bourges, aux besoins et à l'entretien de tous pensionnaires, vieillards, infirmes, et enfants des deux sexes admis dans cet hospice,

Arrête :

Art. 1er. — Tel que dessus.

Art. 2. — Id.

Art. 3. — La dame Bourgoing se fera représenter, par les femmes sortantes, tous les meubles, linges et effets confiés à leur garde, dont elle se chargera, au bas de l'inventaire qui en sera dressé par l'économe dudit hospice.

Art. 4. — La Commission administrative des hospices de Bourges est chargée de l'exécution du présent arrêté, et d'en donner connaissance tant à la dame Bourgoing qu'aux femmes qu'elle doit remplacer.

Pour expédition :

Le Secrétaire-Général de la Préfecture,

Signé : Devaux.

Pour copie conforme :

Le Maire de la ville de Bourges,

Signé : Bonnard, adjoint.

*
* *

Le 1er prairial an X de la République française (21 mai 1802), en exécution de l'arrêté susdit, l'adjoint au maire de la ville de Bourges, en présence des administrateurs, réinstallait solennellement la dame Bourgoing en qualité de Supérieure. — Mme Bonté et les officières laïques cédaient la place aux Sœurs ; et l'Hôpital-Général, grâce à ce changement, allait retrouver le calme et le bon ordre avec la prospérité d'autrefois.

LIVRE VII

Réintégration des Sœurs. La Réforme. Les Vœux.

Dernières années du Supériorat de Madame Bourgoing. Sa démission. Sa mort.

La Révérende Mère Louise d'Héré, Réformatrice des Hospitalières de Bourges et Fondatrice des Sœurs de Marie-Immaculée.

De 1802 à 1836.

LIVRE VII

La Réintégration des Sœurs. La Réforme. Les Vœux.

I

CE QUE DEVIENNENT LES SŒURS EXPULSÉES PENDANT LES ANNÉES RÉVOLUTIONNAIRES

Dans l'année qui suivit les traités de Lunéville et d'Amiens, le premier consul, qui bientôt sera l'empereur, profita de la courte période de paix conquise par ses victoires, pour fermer les plaies saignantes de la France, et la faire aussi forte au dedans qu'il l'avait faite glorieuse au dehors. Il mit un terme aux réactions des partis, pacifia la Vendée, rappela les émigrés, rouvrit les églises, conclut avec le Pape le Concordat, réorganisa tous les services, créa l'ordre de la Légion-d'Honneur, institua la Banque de France, et enfin fit achever la rédaction du Code civil.

Au milieu de tous ces immenses travaux, Lui, qui, entre deux batailles, avait trouvé le temps de donner un règlement au Théâtre Français, trouva aussi le temps de s'occuper des Sœurs des Hôpitaux.

Un jour, il vit arriver vers lui, avec une lettre d'audience, une grande femme dont les yeux intelligents, comme beaucoup d'yeux de saintes, semblaient avoir plongé au fond de l'abîme des misères humaines.

Sous la coiffe des filles de Saint-Vincent de Paul qu'elle n'avait jamais quittée pendant la Révolution, cette femme éteignait, effaçait les physionomies les plus distinguées autour d'elle. La Révolution lui avait tout pris, elle ne lui avait laissé que sa tête, mais solide, où le feu brillait dans le regard, et dont les rides profondes marquaient qu'elle avait été labourée par tous les genres de douleurs.

C'était la Supérieure des filles de Saint-Vincent de Paul.

Présentée par Portalis, elle raconta au consul tout-puissant l'histoire de son ordre. Elle ne venait pas lui demander la possession nouvelle des biens qu'on lui avait enlevés ; elle voulait simplement reprendre auprès des malades le poste d'où la Révolution avait arraché ses Sœurs.

Le général Bonaparte n'attendit pas la fin de la requête. Il se leva et dit à Portalis :

« Il faudra voir à faire rendre justice pleine et entière à ces excellentes filles. »

— Vingt-quatre heures après... (tout allait vite alors) un décret signé de Chaptal rouvrait les maisons des filles de la Charité.

Ce fut par suite de ce décret, qui eut son effet, non seulement pour les filles de Vincent de Paul, mais pour tous les ordres, visant au même but, que nos Sœurs Hospitalières de Bourges virent se rouvrir pour elles les portes de la chère maison qui leur avait donné naissance.

Avant de suivre la Révérende Mère Bourgoing et ses compagnes dans le travail de réorganisation de l'Hôpital-Général, arraché après dix ans aux mains des officières laïques de la Révolution, nous avons à nous demander ce que devinrent les Hospitalières pendant ces dix ans d'exil.

Après l'énergique protestation qu'elles avaient fait entendre le 15 avril 1792, et leur refus formel d'accepter comme chapelain le prêtre *assermenté* qu'on imposait à l'Hôpital, et d'avoir aucun rapport de conscience avec lui, Mme Bourgoing et ses compagnes ne furent pas le jour même, brutalement et tout d'un coup, jetées sur le pavé de Bourges. — On avait encore besoin d'elles. Leur attitude résolue avait décontenancé les municipaux, le citoyen maire en tête, qui avaient cru en imposer à ces humbles filles, en se transportant de leur personne à l'Hôpital pour faire exécuter l'arrêt de la Commune. On avait compté sur leur obéissance accoutumée, et on n'avait pas supposé que ces dociles servantes des pauvres, toujours prêtes à se sacrifier, sauraient se reconquérir elles-mêmes, et retrouver une volonté intrépide pour résister aux hommes afin de ne pas désobéir à Dieu. — Aucune mesure n'avait été prise pour leur remplacement immédiat. De sorte que l'on peut dire qu'à la Révolution, les Sœurs en réalité ne furent pas expulsées de l'Hôpital-Général, mais s'en expulsèrent elles-mêmes par devoir et par vertu. — Ce n'était d'ailleurs que prévenir la proscription qui n'eût pas manqué de les frapper, comme elle frappait tous les autres ordres, et c'était même s'exposer à attirer sur elles, en les bravant, les sauvages rigueurs des bourreaux de l'époque.

Au lieu de les laisser sortir pour obéir à leur conscience, la première mesure que l'on prit contre elles, fut de les contraindre, par arrêt du procureur syndic de la commune, à continuer leurs services dans cette maison désormais profanée à leurs yeux par la présence du prêtre prévaricateur. — On se pressa néanmoins de leur chercher des remplaçantes, et on sentait le besoin d'aller vite, car, aussitôt que la nouvelle de leur prochain départ se fut répandue, il n'y eut plus que trouble et désordre dans la maison, que cris, plaintes et colères dans cette nombreuse famille d'abandonnés du monde, qui se voyaient sur le point de perdre leurs protectrices et leurs mères.

Nous avons dit quelque chose, dans le chapitre précédent, de la fermentation violente qui émut l'Hôpital au moment du départ des Sœurs; nous n'en reparlerons pas. Une semaine se passa pour elles dans les angoisses de l'attente. — Pourquoi les retenait-on ? — Qu'allait-on faire d'elles lorsqu'elles seraient remplacées ? — Ne se vengerait-on pas cruellement de leur nécessaire résistance ? — Cette semaine fut un siècle, au milieu des plaintes et des regrets des enfants, des femmes, des vieillards, qui venaient les supplier de ne pas les quitter; au milieu des injures et des menaces des gardes civiques que la municipalité avait établis dans la maison pour y maintenir l'ordre, et qui faisaient remonter jusqu'à elles le trouble des esprits quand, au contraire, elles faisaient tous leurs efforts pour le calmer. Enfin, après huit jours, à mesure que leurs remplaçantes laïques furent trouvées, non pas toutes ensemble, mais les unes après les autres, selon le bon plaisir de ceux qui s'arrogeaient le droit de disposer d'elles, elles reçurent enfin la liberté de l'exil.

Oui, c'était bien l'exil; car cette maison dont elles s'éloignaient, elle était tout pour elles, le foyer, l'autel, la Patrie. Et ce monde où on les jetait, inconnu de plusieurs et oublié de toutes, c'était la mer immense où leur barque désemparée ne pouvait aller qu'aux écueils.

Quelque cruels que soient les persécuteurs, ils ont rarement le courage de leur cruauté, ils cherchent toujours à s'excuser eux-mêmes en déshonorant leurs victimes, et en se donnant pour eux la raison. En ouvrant aux Sœurs les portes de l'Hôpital, il eût été trop simple de les laisser partir avec tous les honneurs de leur courageuse résistance, emportant avec elles l'estime et l'affection de tous. Puisqu'on ne pouvait plus les retenir, et qu'on avait honte de les poursuivre et de les frapper pour incivisme, il fallait au moins se donner le plaisir de les renvoyer, et justifier par quelque prétexte leur départ aux yeux des pauvres de la maison. L'ingéniosité des municipaux se donna carrière afin de leur trouver des torts :

> Sœur Marie-Madeleine Lefebvre est accusée d'avoir maltraité un enfant de chœur qui avait servi la messe — au citoyen chapelain Tardiveau.
>
> Délibération du 15 avril 92.

On fait grief à Sœur Angèle Mauduit de ne pou [illegible] endre ses comptes — bien qu'on tienne ses livres sous scellés.

Délibération du 25 avril 92.

Une Sœur est accusée d'avoir rudoyé un homme qui s'était introduit dans la salle des femmes.

Délibération du 15 avril.

Les Sœurs fomentent le désordre — il ne se calmera que par leur départ...

Délibération du 28 avril.

En conséquence, la sortie des Sœurs Bourgoing, Berchon, Lafosse, Lefebvre, déjà effectuée depuis trois jours, est acceptée définitivement le 25 avril. — Le 26, les Sœurs André de Châteaufort et Marie Descoutz sont remerciées de leurs services. Le 27, Sœur Antoinette Autourde, Sœur Marie Lafosse et les officières Jeanne Pinette, Bruneau et Françoise Landier sont aussi renvoyées, — et enfin le 28, l'exode douloureuse s'achève par la sortie des Sœurs Cécile Marteau et Madeleine — et des officières Luquette et Changeux.

Nous avons vu déjà qu'au sortir de l'Hôpital, toutes les Sœurs se réunirent chez M. Cloué, y reçurent les derniers avis de leur Supérieure, Mme Bourgoing, avec les secours qu'elle put leur donner, grâce à quelques personnes charitables de la ville, et cherchèrent chez leurs parents et amis un abri protecteur.

A partir de cette dispersion, plusieurs des Sœurs et officières de l'Hôpital-Général disparaissent complètement, et nous n'avons pu rien retrouver sur elles. Sans doute elles se retirèrent dans leur famille ; et comme aucun vœu de religion ne les liait, et que les années s'écoulaient sans ramener le calme, elles purent s'établir dans le siècle.

Une tradition pieusement conservée à l'Hôpital fait mourir deux des Sœurs en prison pendant les mauvais jours. — Quelqu'honorable que soit pour les Hospitalières le privilège de compter dans leurs rangs deux martyres, nous regrettons de ne pouvoir le leur laisser, sinon à l'état de tradition qu'aucun document certain n'appuie. La Terreur fut relativement douce à Bourges. Elle y eut bien quelques accès violents comme partout, mais ils n'allèrent jamais jusqu'à l'effusion du sang. Nous y voyons beaucoup d'emprisonnés, beaucoup de spoliés, mais peu ou point de morts en prison. La *Revue du Centre* (1) de Châteauroux, organe de l'Académie qui a son siège dans cette ville, a publié sous le titre : *Les Prisons de Bourges pendant la Terreur*, — et sous la signature du Cte de Toulgoët, une liste des personnes qui furent emprisonnées à Bourges à cette fatale époque. Cette liste ne contient que quelques noms de Sœurs, mais aucun nom d'Hospitalières qui, vu leur petit nombre, auraient été vraiment favorisées entre toutes si elles avaient eu deux martyres.

(1) Numéro du 15 janvier 1893.

Nous devons aussi considérer comme une pieuse légende, une autre tradition également accréditée parmi les Sœurs, qui fait mourir deux des leurs au service des fous, auxquels elles s'étaient consacrées, après avoir quitté le costume de l'ordre, comme la prudence l'exigeait.

Les Sœurs Marie Descoutz, Antoinette Autourde, et aussi Andrée de Châteaufort, étaient jeunes encore au moment de l'expulsion. Elles appartenaient toutes trois au diocèse de Limoges. — La première était née à Chambon (Creuse), l'autre à Boussac, l'autre à Evaux. Il y avait loin pour rejoindre la famille, et les routes n'étaient pas sûres. — Aussi, après avoir attendu quelques mois dans une maison amie, et avoir pris conseil, voyons-nous Sœur Andrée de Châteaufort que son nom exposait plus que toutes les autres, tenter de reprendre des services à l'Hôpital, et de retrouver ses chers pauvres. Brutalement repoussée par le Bureau de la Révolution, peut-être alla-t-elle servir chez les fous, peut-être l'isolement, le chagrin ou les privations et les mauvais traitements abrégèrent-ils ses jours, et devint-elle une des bases des pieuses traditions que nous avons dû relater avec le grand regret de ne pouvoir les établir solidement.

Les Vénérables Sœurs Jeanne et Françoise Lafosse, admises comme Sœurs, celle-ci en 1739, celle-là en 1741, et dont la plus jeune avait 75 ans en 1794, comme nous le voyons dans une délibération du 27 germinal an II, moururent de leur belle mort pendant les années révolutionnaires. Elles étaient assez mûres pour l'éternité, et n'y rentraient pas les mains vides. Sœur Françoise la première dit adieu à la terre. Quand Sœur Jeanne se vit seule et privée de celle qui était doublement sa sœur, elle alla frapper à la porte de l'Hôpital pour demander à y finir ses jours et offrir ses services ; mais on la repoussa inexorablement à cause de son âge, et surtout à cause de sa fidélité à Dieu.

Des Sœurs et Officières, Anne Changeux, Catherine Charpentier, Garnier et Françoise Landier, nous ne savons rien, absolument rien, et nous ne pouvons rien dire ni supposer.

Restent les Sœurs Elisabeth (Mme Bourgoing), Cécile Marteau, Madeleine, Jeanne Berchon, Marie-Madeleine Lefebvre, et les Officières Bruneau et Luquette sur lesquelles nos renseignements sont précis.

Sœur Marie-Madeleine Lefebvre appartenait à une bonne famille de Bourges. Son père était huissier royal, et lui avait laissé une assez large aisance. Mais en entrant à l'Hôpital en 1765, à l'âge de 23 ans, elle avait tout donné, et ne s'était réservé qu'un mobilier auquel elle tenait, et qui devait lui être rendu au cas où elle sortirait de la maison. Cette clause avait été insérée dans son acte de réception par les administrateurs de l'époque, mais la bonne Sœur comptait bien ne jamais en user. Ni eux, ni elle ne prévoyaient ce qui devait arriver à 27 ans de là. — Quand elle sortit avec ses compagnes de la maison chérie, sans argent, sans ressources, des amis de sa famille firent valoir ses droits, et obtinrent qu'une partie de son mobilier lui fût rendue (*Délibération du 7 mai 1792*). Elle demeura à Bourges, dans la retraite et la prière, vivant de peu, et trouvant encore le moyen d'exercer la charité autour d'elle. Et telle était la force de l'habitude et de la vocation que souvent ses pas se tournaient vers la maison des pauvres, et que son grand bonheur était de s'y introduire avec quelques dons recueillis, et de prêter son aide aux citoyennes laïques qui savaient l'admirer, mais ne l'imitaient pas.

Sœur Madeleine ne connaissait pas le monde quand elle fut brusquement jetée au sein de ses orages par les proscripteurs de 1792. C'était une de ces âmes d'élite que Dieu semble marquer d'un signe indélébile, et qu'il amène à lui par la main de l'épreuve. Son berceau cachait un mystère douloureux. Victime sacrifiée par des parents fortunés, mais coupables, qui ne pouvaient l'élever auprès d'eux, elle fut confiée à l'Hôpital, grandit à l'ombre de ses murs, y reçut des soins particuliers, grâce aux libéralités de ses auteurs, qui les faisaient tenir par un notaire afin de rester inconnus, et enfin, à l'âge de choisir sa carrière, pour mieux faire oublier, et de Dieu et des hommes, la tache originelle, elle obtint des administrateurs la faveur bien désirée d'être admise au nombre des Sœurs qui l'avaient élevée, et qui faisaient le plus grand cas de ses éminentes qualités.

Sa foi, sa piété étaient grandes. Ame ardente, généreuse, aimante et dévouée à l'excès, l'Eucharistie devint la passion de sa vie. Elle soupirait sans cesse après son Dieu, ne vivait qu'en lui et pour lui. Cédant à ses instances, son directeur lui avait permis de communier tous les jours.

Pendant la Révolution, une épreuve bien douloureuse vint s'ajouter à ses autres épreuves. Elle fut atteinte de la cataracte, et dut se rendre à Paris, où, grâce aux secours qu'on ne cessait de lui faire parvenir sans qu'elle sût directement d'où ils lui étaient envoyés, d'habiles praticiens lui donnèrent leurs soins, et, après une opération heureuse, lui rendirent la vue.

Pendant le cours de son traitement, elle s'était liée d'amitié avec quelques religieuses sécularisées comme elle, et qui se réunissaient en secret pour ne pas perdre l'esprit de leur ancien état qu'elles comptaient reprendre. L'influence qu'elles exercèrent sur Sœur Madeleine ne fut pas très heureuse. Eprises des erreurs de Saint-Cyran et des autres jansénistes, elles étaient d'ardentes prosélytes du rigorisme, et se consolaient de la privation forcée de la Table sainte, par leur indignité de s'approcher de Dieu. Leurs paroles et leurs exemples firent une telle impression sur l'âme sensible de Sœur Madeleine que, depuis lors, elle s'abstint des sacrements avec presque autant d'ardeur qu'elle en mettait autrefois à les recevoir. C'était le martyre du cœur, l'immolation de la plus forte tendresse, puisqu'elle s'adressait au divin Bien-aimé. — Sœur Madeleine éprouva tous les tourments du doute, subit toutes les angoisses de la crainte, supporta tous les délaissements du désespoir... Cruel état intérieur qui ne cessa qu'après la rentrée à l'Hôpital, où, s'étant fait une loi d'obéir simplement et droitement au pasteur de son âme, elle vit peu à peu la paix, le calme et la tendresse, refleurir, avec les saintes pratiques, dans son cœur uniquement épris de Dieu.

Marie Berchon, dite Sœur Jeanne, était fille d'un huissier royal de Saint-Amand. Reçue comme postulante à l'Hôpital, à l'âge de 22 ans, le 16 avril 1786, elle n'avait donc que 28 ans, quand la Révolution la rendit à la liberté du monde. — Quelques membres de sa famille lui firent des offres cordiales d'hospitalité. Sœur Jeanne ne pouvait refuser, puisqu'elle était comme toutes ses compagnes, renvoyée sans ressources ; mais elle réfléchit et, au lieu d'accepter un asile dans la demeure de ses proches où elle n'eût manqué de rien, elle demanda comme une faveur d'habiter avec une vieille cousine épileptique et de méchante humeur, afin de pouvoir la soigner. — Ainsi, elle trouva le moyen de continuer son saint état d'Hospitalière. — Nous ne saurions dire les actes héroïques que Sœur Jeanne cacha sous l'apparence d'une profonde affection pour cette parente infirme et acariâtre, qui l'éprouvait de toutes façons, et ne réussit pas un instant à mettre en défaut sa bienveillance et son courage.

Les triomphes sur elle-même, qu'elle multipliait chaque jour, sa patience et sa douceur, ne furent certainement pas étrangers au changement notable qui se manifesta dans le caractère de la vieille demoiselle, et à sa sainte et édifiante mort.

Le testament de la défunte assurait à la garde dévouée de ses derniers jours une pension de 600 francs. Sœur Jeanne se retira alors chez un de ses frères, percepteur à Nevers, et attendit sous ce toit ami la fin de la tourmente révolutionnaire.

Mme Bourgoing, la vénérable Supérieure, ne fut pas la moins éprouvée pendant les années de malheur.

Après avoir veillé au départ de ses Sœurs, et leur avoir distribué les faibles ressources qu'elle avait pu recueillir, elle s'occupa de chercher pour elle-même une position conforme au saint état qu'elle devait forcément interrompre. — Car, de rester dans l'oisiveté de l'attente, elle n'y pouvait songer ; et la tranquillité d'une vie sans but réel au sein de la famille n'allait pas à son activité et à son courage.

Ce fut donc moins par besoin matériel, que pour donner à son exil le travail sans lequel il lui était impossible de vivre, que Mme Bourgoing accepta d'entrer comme gouvernante dans une opulente famille de l'arrondissement de Saint-Amand, dont nous tairons le nom. — Le maître du château dans lequel elle entra était un vaillant chrétien, que sa bienfaisante charité sauva de toute tracasserie, quoiqu'il n'eut jamais fait de concession aux idées nouvelles. — Deux jeunes et beaux enfants animaient sa demeure ; mais son bonheur était troublé par l'épreuve la plus cruelle. Sa compagne bien-aimée, la mère de ses enfants, avait été frappée dans sa raison. — Le corps vivait, les facultés intellectuelles n'existaient plus. — C'était la charge difficile de veiller sur la mère, et d'élever les deux enfants que Mme Bourgoing s'était empressée d'accepter.

Deux mots résumeraient la vie de notre digne Supérieure pendant ce dur et laborieux épisode de sa vie. — Charité... Dévouement... ces nobles vertus avaient toujours été la règle de sa conduite, le premier mobile de ses actes. — Elles furent pendant ces dix ans grandement et généreusement exercées. — Mme Bourgoing fut Sœur Hospitalière dans ce château, servante infatigable de la souffrance comme elle était à l'Hôpital, et cependant elle fut aussi Supérieure, car le maître, appréciant ses rares qualités, lui abandonna la direction intérieure et la surveillance du personnel, et assura ainsi le bon ordre et la tranquillité de sa maison. — Il ne tenait qu'à elle d'y vivre heureuse et honorée ; mais son cher Hôpital n'avait pas un instant cessé d'occuper sa pensée. — Dès qu'elle vit la possibilité d'y rentrer, et d'y reprendre son œuvre, elle se mit à la disposition des autorités religieuses et civiles pour qu'il lui fût de nouveau permis de consacrer sa vie au service des pauvres de l'Hôpital.

C'était courir au devant des vœux de l'administration ; et nous allons maintenant la suivre dans le travail de réorganisation de sa maison et de son ordre.

II

RÉORGANISATION DE L'HOPITAL-GÉNÉRAL ET DES HOSPITALIÈRES DE BOURGES

Par suite du Concordat conclu entre Pie VII et le premier Consul, Mgr de Puységur avait donné sa démission du siège de Bourges, et avait cédé la place à Mgr Marie-Charles-Isidore de Mercy, transféré de l'évêché de. Luçon en 1801. — Il prit possession le 9 juin 1802, et fut reçu dans sa ville archiépiscopale (d'après Butet) par M. de Luçay, 1er préfet du Cher.

Ce serait donc aussi M. de Luçay, et non M. de Belloc, second préfet du Cher, qui aurait rappelé les Sœurs dans les deux établissements hospitaliers de la ville de Bourges, à savoir : les Sœurs de la Charité du Montoire à l'Hôtel-Dieu, en remplacement des Augustines qui l'avaient desservi jusqu'à la Révolution, et Mme Bourgoing et ses compagnes à l'Hôpital-Général, qu'elles avaient toujours occupé. — En effet, l'acte de réintégration de ces dernières est du 1er prairial an X (21 mai 1802), antérieur, par conséquent, de 19 jours à l'installation de Mgr de Mercy. Du reste, voici cet acte, qui a pour nous une importance majeure :

« Ce jourd'hui, 1er prairial an X de la République Française, nous, adjoint à la mairie de la ville de Bourges, et membre de la commission administrative des Hospices, en exécution de l'arrêté du Préfet du Cher, en date du 29 floréal dernier, nous nous sommes transportés à l'Hôpital-Général de la commune, où étant, s'est présentée la Dame Elisabeth-Christine Bourgoing, ancienne Supérieure de la maison, réintégrée dans cette place par l'arrêté ci-dessus ; laquelle nous avons installée dans cette qualité audit hospice, après avoir notifié, tant à la Dame Bonté qu'aux autres officières chargées du soin et de la surveillance des pensionnaires et des pauvres des deux sexes admis audit hospice ;... et avons au surplus chargé le citoyen Duplan, économe de la maison, de l'exécution des dispositions du susdit arrêté en ce qui les concerne... Arrête et ordonne qu'elles sortiront aujourd'hui de cette maison, et qu'elles remettront à la Dame Bourgoing les effets qui ont été confiés à leur garde (1). »

Signé : Calande, maire, — Ballard, Carré Bernard, adjoints.

(1) La pièce ci-dessus, montre que l'historien de *La Congrégation des Sœurs de la Charité de Bourges* s'est trompé en les faisant installer à l'Hôtel-Dieu en 1801 par M. de Belloc.

En 1801, M. de Belloc n'était pas encore préfet du Cher, et le décret de réorganisation des Hôpitaux est du 29 floréal an X — (19 mai 1802).

L'auteur, évidemment, s'est embrouillé dans les dates révolutionnaires, et son désir d'installer ses Sœurs à l'Hôtel-Dieu un an plus tôt qu'elles n'y furent en réalité, le porte aussi à les réinstaller avant le temps dans la maison du Poids-le-Roy, qu'elles occupaient avant la Révolution.

Il écrit, page 227 de son livre : « Un arrêté préfectoral daté du 16 vendémiaire an XII rendit la maison du Poids-le-Roy aux Sœurs de la Charité ; et elles s'y installèrent au printemps de l'année suivante, le 22 mai 1802. »

Un peu d'attention, et un regard sur le calendrier républicain

Le décret préfectoral du 29 floréal an X autorisait Mme Bourgoing à s'adjoindre six de ses anciennes compagnes. Les survivantes de la Révolution qui répondirent à l'appel de leur Mère furent :

Sœur Rosalie (Marie-Madeleine Lefebvre).
Sœur Madeleine.
Sœur Cécile (Françoise Marteau).
Sœur Jeanne (Marie Berchon).
Sœur Bruno } Officières élevées au
Et Sœur Luquette, } rang de Sœurs.

« Comment rendre les transports joyeux de la réunion ? — Enfants, infirmes, vieillards, tous tendaient les bras vers celles qui venaient les dédommager des souffrances qu'ils avaient endurées pendant leur absence. Comme elles furent bien accueillies ces humbles exilées ! Comme les fronts s'épanouissaient sous leurs regards émus, qui doucement scrutaient ces rangs humains pour compter les vides de la mort. Beaucoup manquaient en effet à l'heure de la réunion. Des dix-huit Sœurs parties, sept seulement se retrouvaient en présence des pauvres bien-aimés ; et parmi ces derniers, que de vides, que de victimes la mort avait emportées, et que de visages inconnus ! — Tout était à refaire ; et, tandis que l'administration, généreusement soutenue et secondée par M. de

rapproché du calendrier grégorien, l'auraient empêché d'imprimer ces erreurs, et l'auraient fait se corriger lui-même :

Le 16 vendémiaire an XII correspond au 9 octobre 1803... Le printemps de l'année suivante, pour conserver sa date, était donc le 22 mai 1804.

Ce qui paraît, en effet, conforme à l'histoire vraie ; mais peut-être l'auteur avait ses raisons pour s'embrouiller ainsi.

Belloc, cherchait à reconstituer les revenus modiques qui avaient échappé à la rapacité de la municipalité administrative, Mme Bourgoing et ses Sœurs donnaient les soins indispensables à cette multitude négligée, malpropre, mal vêtue. — Remèdes, linge, vêtements, tout avait disparu ou était hors d'usage. Mais la bonne ville de Bourges n'avait rien perdu de cette charité qui faisait dire autrefois au bon Catherinot : « La charité des pauvres qui est la vertu générale du Christianisme a toujours été, nous pouvons le dire sans ostentation, l'inclination particulière de la ville de Bourges et le premier soin de ses magistrats.... L'hôpital de la ville, ce grand hostel de la miséricorde, bâti dans un temps où la charité était morte dans les cœurs, en était une illustre preuve (1). » — Lorsqu'on fut bien assuré que les « *Dames de l'Hôpital* (on redonnait aux Sœurs, à leur retour, ce nom de leur première origine) avaient repris leur poste de dévouement, chacun, comme en 1657, apporta de son superflu, même de son nécessaire, pour aider à leur œuvre. — M. de Belloc avait donné l'exemple le premier, en achetant, à ses frais, l'étoffe destinée à une « change de vêtements. » — Les négociants de la ville ne se contentèrent pas de vendre aux conditions les plus avantageuses pour les modiques ressources dûes aux aumônes, beaucoup d'entre eux donnèrent des ballots d'étoffe, surtout des pièces de toile, pour concourir à la noble et rude tâche de la restauration de l'Hôpital par les « Dames de l'Hôpital. » Tout afflua comme par enchantement, les

(1) Discours politique sur l'Etablissement de l'Hôpital-Général.

vivres aussi bien que le reste ; et pendant plusieurs semaines, le personnel de l'établissement fut nourri par les habitants de la ville, avec un entrain de charité, de bienveillance, dont on ne peut se faire une idée. »

Notes de la Communauté.

Il ne nous est pas permis de passer sous silence une tradition fortement accréditée chez les Sœurs Hospitalières de Bourges, qui nous a été transmise par celles d'entre elles qui ont vécu avec Mme Bourgoing, et qui, si elle ne repose pas sur des preuves écrites, a pour elle les caractères de la vraisemblance et de la raison.

Dès que Mme Bourgoing se fut présentée aux autorités pour reprendre son œuvre, et eût été agréée, le Préfet qui n'avait pas seulement l'Hôpital-Général à pourvoir, mais aussi l'Hôtel-Dieu, — car les Religieuses Augustines qui l'avaient desservi avant la Révolution n'y devaient plus rentrer, — frappé de l'énergique attitude de cette femme supérieure, de la force de caractère, de l'esprit d'organisation, de la fermeté qu'elle déployait en exposant ses vues pour sortir l'Hôpital du chaos où il était plongé, songea à réunir les deux établissements hospitaliers sous son unique direction, et le lui proposa. Mais Mme Bourgoing ne crut pas pouvoir se prêter à cette offre. Dame de l'Hôpital, vouée à cette chère maison, en y revenant après l'avoir crue perdue pour toujours, elle ne voulait pas se donner à une autre, et il lui coûtait trop de se séparer des quelques Sœurs que la tourmente n'avait pas emportées. — Elles étaient si peu nombreuses pour reprendre en commun leur œuvre interrompue, et la refaire ce qu'elle était avant l'heure fatale de la séparation. — Son idéal unique était de continuer les Dames fondatrices de 1657, sans changement dans la forme, dans le but. Vivre pour l'Hôpital, uniquement pour l'Hôpital, sans chercher à en sortir et à s'étendre au loin. Reconstituer son ordre au nombre de dix-huit, comme avant la dispersion, sans augmenter les admissions, sinon dans des besoins urgents, et pour remplacer les décès. Telle était l'ambition de Mme Bourgoing, tel était son programme, et telles furent les raisons qui l'empêchèrent de répondre aux instances qui lui furent faites. Ce fut par suite de son refus, et par suite aussi de ses indications, si nous en croyons les mêmes souvenirs, que l'Hôtel-Dieu fut confié aux Dames de la Charité du Montoire qui transportèrent depuis lors le siège de leur communauté à Bourges.

Après avoir réformé dans l'intérieur de la maison tous les abus qui avaient pris naissance sous le gouvernement des intruses de la Révolution, Mme Bourgoing se mit aussitôt à la tâche qui lui tenait le plus à cœur ; la reconstitution de sa famille d'Hospitalières dans les conditions d'autrefois. Dès qu'elle y fut autorisée, elle fit ouvrir les portes de l'Hôpital aux postulantes qui sollicitaient l'admission, et s'affilia d'autres Sœurs ; et pour la seconder, Monseigneur l'Archevêque et le Préfet lui-même se firent un plaisir de lui offrir des auxiliaires de leur choix.

Le 24 nivôse an XII (15 mars 1804), Marthe Faucher, originaire de Bourges, après une épreuve de 15 mois, comme postulante, est reçue Sœur par le Bureau, sur la présentation de la Supérieure, — sous la dénomination de Sœur Louise.

Le 1er thermidor an XII (21 juillet 1804), sur la présentation de M. le Préfet, les Sœurs Charmeton, Toinier et Proust, venues de Vendôme quelques jours auparavant, où elles n'avaient plus retrouvé leur ancienne maison, et désireuses de reprendre la vie de dévouement et de sacrifices, sont mises à la disposition de Mme Bourgoing, pour être employées aux fonctions qu'elle jugera à propos de leur assigner.

Le 13 thermidor, même année, sur la présentation de Monseigneur, Sœur Marie Girard, ex-Bénédictine de Bourges, est reçue Hospitalière.

Le 8 mai 1807, Marie-Madeleine Boutet, ex-religieuse de la Visitation, âgée de cinquante-un ans, est reçue Sœur hospitalière, sous le nom de Sœur Marie.

Ainsi l'Hôpital devenait l'asile des victimes de la Révolution, avides de servir Dieu et de reprendre leur vocation interrompue, et dont les couvents aliénés ou détruits ne pouvaient plus les recevoir. — Mais pour ces Sœurs, appartenant à d'autres ordres, fallait-il encore, malgré leur profession antérieure, passer par l'épreuve ordinaire des Hospitalières.

Le 22 mai 1807, une jeune fille, à peine âgée de quatorze ans, sollicite avec instance son admission à l'Hôpital pour y commencer son noviciat de servante des pauvres. — La mère vient elle-même présenter sa fille à Messieurs les administrateurs, et expose combien est grand son désir de dévouer sa vie aux membres souffrants de Jésus-Christ. — Vu la jeunesse de la postulante, on ne l'admet qu'au titre de pensionnaire payante, et ce n'est qu'après deux ans de résidence avec les pauvres qu'elle aspire à servir que ses désirs sont enfin comblés, et qu'il lui est permis officiellement de commencer l'épreuve du noviciat, le 28 juillet 1809.

Cette même année 1809, la petite communauté s'augmente de façon notable. Messieurs les administrateurs, en assemblée générale, tenue le 11 août, consentent à recevoir trois Sœurs à la fois, et motivent cette triple admission par ce considérant flatteur dans leur délibération :

Considérant qu'il est de la plus haute importance de faciliter les moyens d'accroître une congrégation aussi charitable et aussi précieuse aux malheureux, etc...

Les trois Sœurs admises dans cette assemblée du 11 août furent :

Sœur Madeleine Gaudron, postulante du 5 novembre 1805, et reçue Sœur sous le nom de Sœur Thérèse.

Marie-Hortense Amyot, nièce de la Supérieure, postulante du 2 août 1806, et reçue Sœur sous le nom de Sœur Elisabeth.

Marie-Françoise Nazian, postulante du 11 janvier 1808, et reçue Sœur sous le nom de Sœur Justine.

L'année 1810 est marquée par un événement important pour la congrégation des Hospitalières de Bourges.

Le 8 novembre, au palais de Fontainebleau, l'empereur Napoléon signa le décret qui approuvait leurs statuts, et leur octroyait les privilèges accordés aux congrégations hospitalières reconnues.

Voici le texte de ce décret :

DÉCRET IMPÉRIAL
de Napoléon Ier.

8 Novembre 1810. — Sœurs Hospitalières de Bourges.

Ministère des Cultes. — Extraits des minutes de la secrétairie d'Etat. 13983.

Au Palais de Fontainebleau, 8 Novembre 1810.

Napoléon, Empereur des Français... Sur le rapport de notre ministre des cultes... Notre Conseil d'Etat entendu... Nous avons décrété et décrétons ce qui suit :

Art. I. — Les statuts des Hospitalières attachées à l'Hôpital-Général de Bourges, lesquels demeuseront annexés au présent décret, sont approuvés et reconnus.

Art. II. — Les membres de cette congrégation continueront de porter le costume actuel, et jouiront de tous les privilèges par nous accordés aux congrégations hospitalières, en se conformant aux règlements généraux concernant ces congrégations.

Art. III. — Le présent brevet d'institution publique et les statuts y annexés, seront insérés dans le Bulletin des Lois.

Art. IV. — Notre ministre des cultes est chargé de l'exécution du présent décret.

Signé : Napoléon.

Par l'Empereur :

Le Ministre d'Etat,

L. B., duc de Bassano.

Pour expédition conforme :

Le Ministre des cultes,

Cte Bigot de Préamenec.

Par le Ministre :

L'auditeur au Conseil d'Etat, Secrétaire-général,

Signé : de Lauzé.

Ce décret impérial qui assurait l'existence légale des Sœurs de l'Hôpital, fut dû à la paternelle affection et au tendre intérêt que leur portait Mgr de Mercy. Ce fut lui qui força, pour ainsi dire, Mme Bourgoing à faire les démarches nécessaires, et qui mit en mouvement, pour les faire aboutir, M. le Préfet et les autorités civiles. Et ceci nous amène à parler des rapports de bienveillance extrême que, pendant tout son épiscopat, Mgr de Mercy eut avec l'Hôpital.

III

MONSEIGNEUR DE MERCY. MADEMOISELLE DE MERCY, SA SŒUR... COMBIEN ILS AIMAIENT L'HOPITAL-GÉNÉRAL ET LES HOSPITALIÈRES

Pendant les dix années de son épiscopat, Mgr Isidore de Mercy fut, pour les Sœurs de l'Hôpital, un véritable père et un ami généreux et dévoué. — Comme tous ses prédécesseurs, le saint archevêque avait une prédilection spéciale pour ce rendez-vous de l'infortune et du malheur. Aussi donna-t-il souvent à l'Hôpital-Général une large part dans ses aumônes. Il fit mieux, il lui donna son cœur, et le prouva en lui multipliant ses visites, toutes les fois qu'il pouvait s'arracher aux grands travaux de l'administration de son vaste diocèse. C'est que l'humble prélat voyait le divin Maître dans la personne des pauvres et des malades ; il se plaisait à le consoler dans ses membres souffrants, comme aussi il voulait encourager le dévouement, l'abnégation de Mme Bourgoing et de ses filles.

Rien d'aimable et de bon, comme l'abandon paternel de Mgr de Mercy au milieu des Sœurs de l'Hôpital-Général. — Lorsqu'il avait visité les différentes salles et s'était entretenu avec les pauvres et les malades, auxquels il parlait longuement, Monseigneur aimait à réunir les Sœurs dans la salle de la communauté, à leur donner des encouragements, des félicitations quand elles les méritaient, ou à leur faire des observations toujours aussi fines que délicates. « Il n'est pas facile « de plaire à tout le monde, disait-il, lorsque « quelques rapports lui avaient été faits par les « pauvres; aussi, mes bonnes filles, ne vous étonne- « rez-vous pas qu'on se soit plaint à moi de telle ou « telle chose; et l'aimable Archevêque glissait adroite- « ment le fait, sans froisser personne, et de façon « même, s'il était réel, à ce que la Sœur en défaut « ne pût soupçonner l'auteur du rapport... — « Tra- « vaillons bien pour le Bon Dieu, chères filles, « disait-il souvent, et remercions-le particulièrement « lorsque la reconnaissance des pauvres nous manque, « ou même lorsqu'ils se plaignent injustement et « nous accusent, parce que c'est une preuve qu'au « ciel nous serons doublement récompensés. »

Souvenirs d'une contemporaine.

Dans les premières relations de Mgr l'Archevêque avec les Sœurs de l'Hôpital-Général, on se servait, bien entendu, du cérémonial et de l'étiquette usités dans les visites officielles; mais bientôt l'intimité du Père et des filles ne connut d'autres règles que celles de la vénération et du respect. Mgr de Mercy était infirme et de petite taille. Plusieurs fois, dans ses visites aux Sœurs, il avait refusé le fauteuil préparé à son intention pour prendre une chaise basse. « Non, ma fille, disait-il à la Supérieure, point de fauteuil; donnez-moi cette petite chaise là-bas, elle me convient beaucoup mieux, parce qu'elle est de ma taille et ne me gêne pas. Aussi cette chaise qu'il affectionnait était-elle gardée comme une relique, et on la nommait : *La chaise de Monseigneur.* »

« Comme ils passaient vite, ces heureux moments des visites de notre bon Archevêque ! — Comme nous sentions bien que son cœur de Père et de pasteur battait à l'unisson des nôtres ! — Pour lui comme pour nous, l'Hôpital-Général était l'objet d'inquiètes sollicitudes et d'un amour sans nom. »

Souvenirs d'une contemporaine.

Nous ne voulons pas oublier ici de dire un mot sur Mlle de Mercy, sœur du saint archevêque de Bourges, car c'est en grande partie à l'ardente amitié que cette pieuse demoiselle avait vouée à la Supérieure et aux Sœurs que l'établissement doit la haute et précieuse protection dont ne cessa de l'entourer l'illustre et bien-aimé pontife.

Mlle de Mercy consacrait un jour de chaque semaine à la visite des pauvres de l'Hôpital-Général. Bientôt elle conçut tant d'estime pour Mme Bourgoing et ses filles, qu'elle ajouta une seconde journée à sa visite ordinaire, afin de la partager entre les malades et leurs humbles et dévouées servantes. C'était le jeudi qu'avait choisi Mlle de Mercy pour se donner la joie de vivre intimement de la vie des Hospitalières. Dès le matin, on la voyait arriver, le plus souvent à pied, suivie d'une femme de service qui portait les provisions de la journée, car la noble demoiselle, tout en mangeant à la table des Sœurs, ne voulait pas être à leur charge, et apportait, pour être distribué aux plus infirmes, le double de sa dépense personnelle. Ainsi, toute la journée, confondue avec les Sœurs, Mlle de Mercy se délectait d'avoir l'honneur d'être comptée au nombre des servantes des membres souffrants de Jésus-Christ. Sous l'obéissance de la directrice de l'office où la plaçait Mme Bourgoing, l'Hospitalière improvisée remplissait avec la plus scrupuleuse fidélité les plus minutieux détails de l'emploi qui lui était échu. Les pauvres, habitués à voir cette noble et sainte fille prodiguer à tous les soins ingénieux d'une généreuse et délicate charité, la vénéraient à l'égal d'un ange de Dieu, et disaient naïvement que les heures de souffrance semblaient plus courtes quand cette aimable protectrice les passait auprès de leur lit de douleur.

Mlle de Mercy ne permettait aucune attention qui pût la distinguer des Sœurs. « Je suis Dame de l'Hôpital, toute la journée du jeudi, disait-elle gracieusement, et la moindre chose qui m'enlèverait cette chère illusion serait une peine pour moi. » — Aussi se gardait-on bien de lui infliger cette peine. Les Sœurs étaient elles-mêmes si heureuses de pouvoir la traiter en Sœur !... Mme Bourgoing et ses filles professaient un culte d'estime et d'admiration pour la sœur chérie de leur digne archevêque. Le souvenir de cette âme angélique, pétrie de mansuétude, de charité et de dévouement, s'est conservé comme un doux parfum. Le frère et la sœur ont aimé notre œuvre ; l'un et l'autre ont contribué de tout leur pouvoir, et par des moyens différents, à préparer les voies qui devaient transformer l'association des Sœurs Hospitalières en congrégation religieuse.

Peu de temps après la reconnaissance légale des Sœurs Hospitalières, Mgr de Mercy quitta cette terre d'exil pour un monde meilleur. Ce fut le 10 février 1811 que cet illustre pontife alla recevoir du Dieu rémunérateur la récompense de son zèle, de sa charité et des éminentes vertus qu'il avait pratiquées à un si haut degré. Il fut enterré dans le cimetière commun. Puis, en 1825, son corps fut transporté dans les caveaux de la cathédrale.

Notes de la Communauté.

IV

DE 1810 A 1825

Réceptions de Sœurs... Divers faits intéressant l'Hôpital... Entrée de Sœur Louise comme postulante... Une assistante est donnée à Mme Bourgoing... Sœur Louise est nommée sous-Supérieure... Démission de Mme Bourgoing.

Le décret impérial de 1810 donnait à l'Institut des Hospitalières l'existence légale. — Sous l'ancien régime, elles avaient été reconnues et approuvées par les lettres patentes de Louis XIV, le grand Roi. — Sous le régime nouveau, le Grand Empereur leur conférait les droits des congrégations autorisées. Et cependant rien ne les réunissait formellement encore en congrégation, que leur libre volonté, leur amour de Dieu et des pauvres. Mais le moment approchait qui allait faire d'elles une véritable congrégation soumise à l'Ordinaire, et liée par la consécration et les vœux.

En attendant, la petite communauté achevait de se constituer au fur et à mesure des besoins du grand établissement qu'elle desservait.

Le 8 août 1811, réception comme Sœurs : 1° de Jeanne Piron, âgée de 18 ans, sous le nom de Sœur Angèle.

2° De Marguerite Etienne, âgée de 25 ans, sous le nom de Sœur Saint-Etienne.

Sœur Saint-Etienne, dont nous nous bornerons ici à signaler l'entrée à l'Hôpital, sera plus tard l'assistante et la collaboratrice dévouée de Mère Louise d'Héré, dans la réformation et le perfectionnement des Hospitalières. — Nous aurons à revenir longuement sur elle dans le volume consacré à la vie de Mère Louise.

Le 21 janvier 1813, Anne Amyot, nièce de Mme Bourgoing est reçue Sœur sous le nom de Sœur Félicité. Son postulat avait commencé en 1806. — Il avait donc duré sept ans. — La Supérieure avait elle-même exigé cette longue épreuve pour bien montrer aux autres postulantes qui attendaient impatiemment leur tour d'admission qu'elle ne voulait pas de faveur pour les siens.

Le 13 janvier 1815, Solange Dugré, depuis 5 ans à l'Hôpital comme postulante, est reçue Sœur sous le nom de Sœur Solange.

Le 20 novembre 1818, Catherine Berger, âgée de 25 ans, et Luce Bunel, âgée de 24 ans, commencent ensemble leur noviciat, et sont reçues ensemble comme Sœurs, un an après, le 19 novembre 1819,

Catherine Berger, sous le nom de Sœur Julie, et Luce Bunel, sous le nom de Sœur Luce.

Ce fut le 5 octobre 1819 que Mlle Louise-Joséphine d'Héré vint frapper à la porte de l'Hôpital, pour entrer comme postulante chez les Hospitalières, se mettre sous la direction de Mme Bourgoing, et dévouer sa vie au service des pauvres.

Cette date est à retenir, et nous devons la marquer d'un signe tout particulier, comme une des plus importantes, sinon la plus importante et la plus heureuse, dans les fastes de l'Hôpital.

La jeune postulante allait bientôt devenir la Mère, et de l'arbre modeste qui abritait seulement l'Hôpital-Général sous son ombre, faire l'arbre déjà grand, et qui doit croitre encore, qui ombrage à présent plus de soixante maisons. Hélas! après avoir été brutalement arraché du sol où avait germé sa racine.

Mais n'anticipons pas.

Cependant l'âge commençait à faire sentir son poids sur les épaules de la vénérable Supérieure. Elle avait 73 ans alors. Toujours ferme et vaillante de cœur, elle résistait aux fatigues, et faisait l'impossible pour accomplir les devoirs de sa charge. — Mais les forces physiques menaçaient de manquer au courage et, de peur de la perdre, on résolut de lui donner une aide. — Déjà en 1810, une délibération avait été prise pour mettre près d'elle une assistante ; mais cette délibération était demeurée en suspens, sur le désir de Mme Bourgoing elle-même, qui se trouvant encore assez forte pour suffire seule à sa tâche, ne voulait pas immobiliser auprès d'elle les services d'une de ses Sœurs, si nécessaires ailleurs. Le 23 septembre 1820, un arrêté de MM. les administrateurs reprit le projet en suspens, donna pour assistante à la Supérieure sa propre nièce, la mit absolument sous sa main, et la fit révocable à son choix.

Cette délibération toute remplie d'égards et de précautions pour ménager la susceptibilité de Mme Bourgoing, et lui bien démontrer que c'était elle seule la Supérieure véritable, est la plus belle preuve des services rendus par elle à l'Hôpital, et de la haute estime qu'elle avait su s'attirer pendant sa longue administration. — Elle serait à citer en entier. — Nous n'en détacherons que le passage suivant :

« La Commission...

Considérant que l'ordre, l'économie, la propreté et l'harmonie qui distinguent si éminemment cette maison ne sont dûs qu'au zèle actif et éclairé et aux talents extraordinaires de Mme Bourgoing, Supérieure, ainsi qu'au religieux dévouement des respectables Sœurs qui concourent avec elle au gouvernement de la maison, que la conservation des jours de cette vénérable directrice est le premier besoin de l'établissement, qu'il importe d'alléger le poids du fardeau qu'elle supporte en plaçant toujours auprès d'elle, *et de celles qui doivent lui succéder*, une personne en état par sa force et son intelligence de les seconder, de transmettre et de faire exécuter leurs ordres, dans toutes les branches de l'administration, et dans toutes les parties de la maison.

Considérant en outre qu'il doit résulter de cette mesure un avantage inappréciable pour l'avenir, en ce que les jeunes personnes qui se dévouent au service des pauvres peuvent se trouver successivement appelées aux fonctions d'aide *d'une telle* Supérieure, se formeront à une école si parfaite, et s'habitueront à en saisir l'ensemble, qu'elles feront ainsi sous l'œil immédiat de la Supérieure un second noviciat qui perpétuera dans la maison un excellent esprit et l'ordre admirable qui y règnent, et procurera à la Commission les moyens de connaître et d'apprécier plus facilement les talents de tous les sujets qui concourent à la desserte de l'établissement,

Arrête : 1° Il y aura toujours auprès de la Supérieure de l'Hôpital-Général, une Sœur chargée de l'aider dans ses fonctions, recevoir, exécuter et transmettre ses ordres dans toutes les parties de l'établissement.

2° Tous les individus qui concourent au service de la maison, et ceux qui l'habitent, à quelque titre que ce soit, seront tenus d'obéir et de se conformer aux ordres qui leur seront transmis par l'Aide de Mme la Supérieure, et en son nom.

... 3°. . . . .

8° M. Duplan, économe à l'Hôpital, est chargé de faire connaître le présent arrêté à tous les habitants de la maison, et d'en recommander la stricte exécution.

Par suite de cette délibération, l'Assistante n'était pas créée uniquement en vue de Mme Bourgoing, mais d'une manière générale et à titre permanent, pour être une aide à toutes les Supérieures à venir. Et si l'on rapproche les considérants de cet arrêté de ceux de l'arrêté préfectoral du 29 floréal an X, remplaçant les laïques de la Révolution par les Sœurs, quel contraste! Là, tout a été conduit au pire, ici tout est revenu au mieux; là, le désordre et l'incapacité, ici l'intelligence et l'ordre... C'est écrit et signé. Les administrateurs en rendent témoignage. Ainsi, Mme Bourgoing et ses dévouées collaboratrices avaient transformé l'Hôpital.

Le 5 janvier 1821, Mlle Louise-Joséphine d'Héré, âgée de 24 ans, dont nous avons signalé l'entrée comme postulante le 5 octobre 1819, était admise comme Sœur hospitalière, sous le nom de Sœur Louise, après une épreuve qui avait duré 15 mois; *tous les supérieurs ecclésiastiques consultés*, dit l'acte de réception. On revenait pour elle aux anciens usages, presque détruits par la Révolution. L'élément ecclésiastique reprenait son antique influence; et les administrateurs d'alors, les Rapin, les de Noray, les d'Haranguier de Quincerot, les de La Chaussée, les de Bonnault, ces grands et généreux chrétiens, se prêtaient à cela, et ce n'était que justice. Ils se rappelaient que l'Hôpital-Général était sorti de l'union charitable de l'Eglise et de la municipalité, et ils avaient à cœur de rétablir cette union.

Le 6 avril 1823, *avis pris de Monseigneur*, Mlle Rose-

Perpétue Chasles, née en 1797, postulante du 10 juin 1821, est reçue Sœur sous le nom de Sœur Marthe.

Le même jour, Mlle Catherine Rollet, née à Norges, près Dijon, le 25 juillet 1802, postulante du 22 juin 1821, est reçue Sœur sous le nom de Sœur Thérèse.

Ces mots que nous avons soulignés : *Avis pris de Monseigneur*, qu'on lit dans la délibération, ne prouvent pas seulement, ainsi que nous l'avons dit au sujet de Sœur Louise, que les administrateurs laïcs ne se trouvent plus suffisamment compétents pour faire des Sœurs à eux tout seuls, et comprennent la nécessité de recourir à l'administration diocésaine et aux Supérieurs de droit ; mais dans la circonstance, ils servent à démontrer un des traits du caractère, une des rares faiblesses de Mme Bourgoing, qu'on ne soupçonnerait pas d'après ces simples mots, si nous ne le mettions en évidence ici.

D'après une tradition gaîment et spirituellement conservée parmi les Sœurs de l'Hôpital, et qui ne nuit en rien à l'affection et au respect pour la vénérable Supérieure, il ne fallut rien moins que l'avis, et presque l'ordre de Monseigneur, pour faire agréer Sœur Marthe par Mme Bourgoing. Quel empêchement rédhibitoire avait-elle donc !... La pauvre Sœur Marthe était d'une laideur extrême. Or, Mme Bourgoing, dans ses dernières années surtout, aimait à voir ses filles parées des avantages extérieurs. Le cas était d'autant plus grave, que Sœur Marthe se présentait en même temps que Sœur Thérèse Rollet, admirablement douée, elle, de tous les dons de la nature et de la grâce, et qu'on avait surnommée *La Belle Dijonnaise*, non seulement dans la maison, mais au dehors. Grâce à Monseigneur, qui avait deviné la belle âme, sous les traits nullement séduisants, Sœur Marthe fut pourtant agréée, et Mme Bourgoing prit bientôt son parti de sa laideur que maintes qualités et maintes vertus rachetaient. C'était une sainte religieuse, au caractère jovial, à la gaîté exubérante, et qui s'amusait la première de sa laideur qu'elle savait augmenter et changer à plaisir. Elle était l'âme des récréations, et sut gagner les cœurs autant et mieux que les plus belles à force de bonté et d'esprit.

A cette même séance du 6 avril, on reçut des Officières et sous-Officières, d'après les règles anciennes, pour aider les Sœurs dans leurs services :

Furent reçues Officières.	Augustine VICTOIRE. F[se] Cécile DUPUIS. Marguerite JARLAT.
Sous-Officières.	Madeleine DE CULON. Reine GRESSY.

Ces Officières et sous-Officières devaient prendre le costume affecté à ce genre d'emploi, et se dévouer aux pauvres *librement et gratuitement* comme les Sœurs.

Le 25 mars 1824, on célébrait à l'Hôpital la fête de la mi-carême. Mgr l'Archevêque avait présidé cette fête. Tous les administrateurs, MM. Rapin, de Noray, d'Haranguier de Quincerot, de Puyvallée, etc., étaient présents. — Après la fête religieuse à la chapelle, et la visite accoutumée aux pauvres, dans les salles et dans les cours, il y eut séance extraordinaire du Bureau. Il ne s'agissait de rien moins que de nommer une sous-Supérieure, pour prendre la direction de la maison que le grand âge ne permettait plus à Mme Bourgoing d'exercer avec l'activité de ce zèle qui lui avait acquis tant de droits à la reconnaissance des pauvres et de l'administration.

Sœur Louise fut nommée sous-Supérieure à l'unanimité.

Il y avait à peine trois ans qu'elle était entrée à l'Hôpital, mais ses qualités transcendantes avaient immédiatement percé, et toutes les espérances des Sœurs et de l'autorité administrative s'étaient fixées sur elle.

Dès que Sœur Louise lui fut donnée comme coadjutrice, Mme Bourgoing, qui l'appréciait mieux que personne, comprit qu'elle pouvait, sans remords de conscience, songer tout-à-fait au repos, et que ce repos si bien gagné, dans la circonstance, devenait presque le devoir. Ses 78 ans allaient être une entrave à la jeune activité de la sous-Supérieure. — Elle ne voulut pas compromettre son initiative, en la laissant obligée, comme de droit, à lui soumettre ses actes et ses projets. — En vain sa vertueuse auxiliaire se montrait bonne et affectionnée pour elle, ne s'efforçait de marcher qu'après avoir pris ses conseils, et était heureuse de lui obéir en commandant aux autres. — En vain les administrateurs, avec la plus exquise délicatesse, s'efforçaient de persuader à Mme Bourgoing qu'à leurs yeux c'était elle toujours qui était tout dans la maison. — La vaillante femme savait voir et juger. — Une fois convaincue du sacrifice à faire, elle n'hésita pas... et le fit.

Le 25 janvier 1825, elle remettait entre les mains des administrateurs de l'Hôpital sa démission de Supérieure.

Ceux-ci, qui avaient appris depuis longtemps à connaître son inflexible énergie, et qui savaient par expérience qu'on ne la faisait pas aisément revenir sur une décision prise, surtout sur une décision capitale comme celle-là ; qui, du reste, en comprenaient et approuvaient les motifs, acceptèrent cette démission, et la consignèrent dans les registres de la maison en ces termes flatteurs qu'il faut préserver de l'oubli :

> Considérant qu'après avoir pendant un demi-siècle rendu les services les plus importants à cette maison, l'avoir gouvernée avec autant de zèle, de prudence et d'intelligence, y avoir toujours entretenu par sa sagesse et sa fermeté unies à la douceur et à la bonté, l'ordre et l'économie, notamment depuis qu'elle a été rappelée à la tête de cet établissement dont elle avait été momentanément écartée par les orages révolutionnaires, que c'est principalement à ses vertus et au respect qu'elle savait inspirer qu'est dû le retour de la subordination et des principes religieux et moraux, que la licence et les scandaleuses prédications des agents de l'anarchie en avaient totalement bannis, qu'il est juste qu'elle jouisse maintenant du repos qu'elle a si bien mérité, et qu'elle trouve dans la reconnaissance de l'administration, dans la considération et le respect dont elle ne cessera pas d'être

environnée, la récompense due à ses longs et importants services et à ses éminentes vertus... etc.

Délibération du 27 janvier 1825.

Nous verrons plus loin comment l'administration reconnaissante chercha à s'acquitter envers Mme Bourgoing, en lui assurant la plus honorable retraite dans la maison qu'elle avait tant aimée.

Le même jour où fut reçue la démission de Mme Bourgoing, Sœur Louise d'Héré fut nommée Supérieure de l'Hôpital-Général.

V

SUPÉRIORAT A L'HOPITAL-GÉNÉRAL DE LA TRÈS RÉVÉRENDE MÈRE LOUISE D'HÉRÉ JUSQU'A LA MORT DE Mme BOURGOING, DE 1825 A 1835.

Nous serons très concis dans cet ouvrage sur la Révérende Mère Louise d'Héré.

Qu'on n'oublie pas que le présent volume n'est que le frontispice du monument que nous voulons élever à la mémoire de Sœur Louise, réformatrice des Hospitalières, et fondatrice des Sœurs de Marie-Immaculée. Nous aurons à reprendre en détail, dans la vie de cette Vénérable Mère, ce que nous avons dit déjà d'Elle, et ce qu'il est indispensable que nous en disions encore ici pour faire un tout compact et uni de cet ensemble de matériaux dont nous avons fait un ouvrage, en les rapprochant simplement, et en cherchant à peine à dissimuler les joints.

Nous nous bornerons à parler de l'installation de Mère Louise d'Héré, en tant que Supérieure de l'Hôpital, et de la réforme opérée par ses soins; et comme nous sommes arrivés trop loin pour changer à présent de méthode, nous laisserons aux pièces officielles le soin d'édifier le lecteur.

Séance du 31 janvier 1825.

Où étaient présents: MM. de la Chaussée, Rapin, de Noray, de Puyvallée, etc...

La commission administrative des hospices de Bourges, réunie au Bureau de l'Hôpital-Général, pour procéder à l'installation de Sœur Louise d'Héré en qualité de Supérieure dudit hospice, en remplacement de Mme Elisabeth Bourgoing, démissionnaire, fait appeler les religieuses de l'hospice à sa séance; et après leur avoir fait donner lecture de sa délibération du 27 janvier, proclame devant elles Mme Louise d'Héré Supérieure dudit Hôpital et déclare qu'elle entre en fonctions à dater de ce jour.

En conséquence, la commission recommande aux Sœurs de la reconnaître pour leur Supérieure, et de lui vouer, en cette qualité, soumission et obéissance. Ce qui a été fait sur-le-champ et à l'unanimité par toutes les religieuses présentes.

Alors l'administration s'est transportée avec Mme Louise d'Héré dans toutes les salles, et après l'avoir fait successivement reconnaitre comme

Supérieure par tous les pauvres et autres habitants de l'hospice, et dans tous les offices, elle est rentrée en séance au Bureau, et il a été de suite dressé procès-verbal desdites nomination et installation.

La cérémonie officielle de l'installation de Sœur Louise terminée, MM. les administrateurs, de concert avec elle, s'occupent aussitôt des mesures à prendre relativement à la Supérieure démissionnaire.

Mme Bourgoing s'était démise purement et simplement, sans faire de conditions pour assurer ses derniers jours, se contentant, comme toutes les Sœurs reposantes de la maison, du vivre et du couvert; mais il ne pouvait convenir à ceux qui l'avaient si longtemps admirée dans la conduite de l'Hôpital, de l'y entretenir dans une condition abaissée, et en se tenant strictement aux clauses de son admission comme Sœur. On s'ingénia pour l'entourer de bien-être et d'honneurs, autant que les ressources le permettaient. Il fut décidé :

1° Que Mme Bourgoing prendrait le titre de Supérieure honoraire, et conserverait à l'Hôpital le logement particulier qu'elle occupait avant de quitter ses fonctions;

2° Qu'elle y serait traitée et servie à part, selon ses besoins ;

3° Qu'elle aurait le choix de deux filles des plus valides de la maison pour son service ;

4° Qu'une somme de 300 livres lui serait allouée pour ses besoins extraordinaires;

5° Enfin, recommandation instante fut faite à la nouvelle Supérieure, à toutes les Sœurs et à l'économe, de veiller à ce que la vénérable démissionnaire ne manquât absolument de rien.

C'était une retraite honorable, parfaitement gagnée, et la reconnaissance de l'administration se justifiait amplement. Néanmoins sachons-lui gré de sa reconnaissance et de sa générosité. C'est chose si rare que la gratitude officielle après les services rendus. Nous l'avons bien vu depuis à l'égard des filles de celle qu'en 1825 on honorait ainsi.

Quant à la nouvelle Supérieure et à ses Sœurs, elles n'avaient pas besoin de recommandation pour entourer d'égards et de vénération cette *Mère*, déjà *aïeule*, autour de laquelle elles s'étaient de nouveau réunies après les mauvais jours.

LA RÉFORME ET LES VŒUX

Quelques mois avant la nomination de Sœur Louise comme Supérieure de l'Hôpital, Mgr Guillaume-Aubin de Villèle avait été transféré de l'évêché de Soissons à l'archevêché de Bourges. Nommé le 21 octobre 1824, il prit possession de son siège par procureur, le 1er mai 1825, et, en personne, le 21 juin suivant.

Ces dates nous montrent qu'il n'avait pas pu prendre part directement à la nomination et à l'installation de la Supérieure; mais à peine installé, il s'empressera de prêter son bienveillant concours pour la grande réforme que Sœur Louise projetait depuis son entrée à l'Hôpital comme novice, et que sa promotion si prompte comme Supérieure lui permettait maintenant de réaliser.

Il s'agissait d'ériger enfin en congrégation religieuse véritable, la Société libre des Sœurs Hospitalières dont nous avons suivi le développement à travers les deux siècles de son existence, par l'émission des vœux ordinaires de pauvreté, de chasteté, d'obéissance, et de consécration au service des pauvres.

Cette transformation n'allait pas d'elle-même et sans devoir trouver d'obstacles... Il ne fallait rien moins que le tact, la prudence et l'habileté de Sœur Louise pour la mener à bien.

La plus grosse difficulté à surmonter devait venir de l'administration de l'Hôpital, du maire et de la municipalité, supérieurs temporels, ne dépendant plus de personne depuis la Révolution pour le gouvernement intérieur, et devenus presque les maîtres souverains du personnel hospitalier... « Une fois les Sœurs liées par les vœux de religion, disaient-ils, ne leur échapperaient-elles pas? Ne seraient-elles pas désormais bien plus soumises à leur Supérieur ecclésiastique qu'à eux-mêmes? Auraient-ils encore le pouvoir de nommer comme autrefois la Supérieure de l'Hôpital qui devrait toujours être la Supérieure des Sœurs; ou bien ne seraient-ils pas obligés de ratifier le choix fait par les religieuses sur le conseil et l'indication de Mgr l'Archevêque ?.. »

Ces raisons et bien d'autres se posaient en travers de la transformation désirée, et furent, en effet, longuement et sérieusement discutées. Mais les administrateurs d'alors, parfaitement décidés à ne rien sacrifier de leurs droits, comprenaient aussi leurs devoirs, et respectaient les droits des autres. La Religion pour eux n'était pas l'ennemie, et ils savaient toute la force que les Hospitalières puisaient en elle pour exercer leur difficile et saint état.

Dans une réunion tenue le 12 mars 1826, sous la présidence du maire de Bourges, la commission administrative, composée de MM. de Puyvallée, Rapin, d'Haranguier de Quincerot, de La Chaussée, de Noray, prenait la délibération suivante dont la lecture fera ressortir l'importance :

« La Commission administrative des Hospices de Bourges, vu la lettre adressée à elle, le 25 décembre dernier, par la Sœur Louise d'Héré, Supérieure de l'Hôpital-Général, tant en son nom qu'en celui des autres Sœurs de cette congrégation, pour prier l'administration de prendre incessamment avec Mgr l'Archevêque de Bourges tous les arrangements convenables, afin que ce prélat puisse exercer dans cette maison la direction spirituelle qui lui appartient, et y établir la discipline religieuse qui doit y être observée.

« Considérant que, par décret du 8 novembre 1810, les statuts des offices attachés à l'Hôpital-Général de Bourges ont été légalement approuvés et reconnus ; mais que ces statuts, tous relatifs au temporel, ne contiennent aucune règle de religion pour le spirituel.

« Considérant qu'un autre décret du 18 février 1807, relatif aux congrégations des maisons hospitalières de femmes, porte, article 18, que chaque maison sera, quant au spirituel, soumise à l'évêque diocésain, qui la visitera et règlera exclusivement ; — que les Sœurs de l'Hôpital-Général de cette ville *n'ont jusqu'à présent consulté que d'anciennes traditions pour l'admission des postulantes, pour le temps du noviciat qu'elles doivent faire, pour le choix de la Supérieure, qu'elles n'ont jamais contracté de vœux*, quoique le susdit décret du 18 février 1809, article 8, autorise à en faire pour 5 ans.

« Considérant que la Commission, exclusivement chargée de la direction du temporel, n'a jamais prétendu s'immiscer dans tout ce qui concerne la direction spirituelle qui appartient de plein droit à l'autorité ecclésiastique ; que le concours de cette autorité dans les objets de son ressort, ne peut que donner à l'administration de nouvelles et plus fortes garanties pour les devoirs que les Sœurs ont à remplir dans les différentes fonctions qui leur sont confiées.

« Après en avoir conféré avec les Sœurs de l'Hôpital-Général... arrête :

« Que Monseigneur l'Archevêque de Bourges sera instamment supplié de continuer d'étendre sa sollicitude pastorale sur les Sœurs de l'Hôpital-Général de cette ville, et de prendre, en conséquence, les mesures nécessaires pour compléter les règlements de cet établissement, quant au spirituel, particulièrement en ce qui concerne le mode d'admission des postulantes, des novices et des Sœurs, les engagements qu'elles peuvent être autorisées à contracter, le choix de la Supérieure par les autres Sœurs de la Congrégation, ainsi que cela se pratique dans la plupart des congrégations religieuses, et la durée de ses fonctions.

... « Et, qu'à cet effet, expédition de la présente délibération sera adressée, tant à Monseigneur l'Archevêque qu'à la Supérieure et aux Sœurs de l'Hôpital-Général de cette ville.

« Fait et arrêté au Bureau de la Commission, le 12 mars 1826. »

M. Gassot, vicaire-général, l'héroïque confesseur de la Foi, sous la Terreur, avait vivement encouragé Sœur Louise, et sa zélée coopératrice, Sœur Etienne Etienne, à tenter ce pas décisif. Il contribua à la rédaction de la règle perfectionnée des Hospitalières, qui fut approuvée et signée par Monseigneur de Villèle, le 21 novembre 1826.

Huit jours après, le 28 novembre, Monseigneur daigna présider en personne à la cérémonie émouvante de la première profession religieuse des Sœurs dans la chapelle de l'Hôpital. Ce fut entre ses mains, en présence du Dieu de l'Eucharistie, qu'elles prononcèrent les vœux sacrés qui les vouaient irrévocablement à leur sainte mission.

Douze Sœurs furent appelées à prononcer les vœux dans cette première profession. L'acte authentique, signé par Mgr de Villèle, les range dans l'ordre suivant.

Sœur Louise D'HÉRÉ, *Supérieure de l'Hôp.-Gén.*
Sr Cécile MARTEAU.
Sr Madeleine CONSTANT.
Sr Etienne ETIENNE, *assistante de la Supérieure.*
Sr Elizabeth AMYOT.
Sr Félicité AMYOT.
Sr Angèle PIRON.
Sr Solange DUGRÈS.
Sr Julie BERGER.
Sr Marthe SCHALE.
Sr Luce BUNEL.
Sr Thérèse ROLLET.

Dans cette solennelle circonstance, le costume des Sœurs reçut un notable changement par l'addition du voile noir.

Le conseil d'administration au grand complet assistait à cette émission des vœux, voulant par là donner un témoignage irrécusable de son acceptation du nouveau genre de vie des Sœurs, qui, dès lors, ne relevaient plus de l'administration que pour le temporel seulement et le service matériel des pauvres et de la maison.

Mme Bourgoing n'avait pas prononcé les vœux avec les autres Sœurs.

Elle aurait pu le faire, ses compagnes le désiraient, et Monseigneur l'Archevêque y aurait, pour l'exemple, et malgré son âge, volontiers consenti.

Elle ne crut pas devoir le faire.

Elle suivait avec intérêt et amour les travaux de Sœur Louise; elle approuvait hautement ses projets, et y voyait le bien de sa chère communauté ;.. Mais, pour elle-même, se voyant un pied dans la tombe, elle refusa de s'engager par vœu à pratiquer une règle qu'elle avait toujours librement et exactement pratiquée.

A côté des Hospitalières, vraiment religieuses désormais, elle tint à rester l'Hospitalière des anciens jours.

Et cela était bon ainsi, et c'était une faveur de la Providence pour la petite congrégation naissant à sa nouvelle vie. Quel motif d'émulation, quel admirable exemple pour les Sœurs, de voir cette vénérable remplaçante des aïeules aimées, les Motin, les Dugué, les Groslier, les Mères Jourdin et Mabilat et les autres, pratiquer sous leurs yeux la règle antique dans toute sa rigueur, et les forcer, pour ainsi dire, à être plus pieuses, plus zélées, plus attachées à leur dévoir qu'elle ne l'était elle-même, puisqu'à présent elles étaient bien et véritablement religieuses.

Neuf ans elles eurent sous les yeux cet admirable exemple ; neuf ans, elles prodiguèrent à l'envi à leur ancienne Mère, l'amour, le dévouement, le respect, avec tous les soins empressés que réclamaient son âge et ses infirmités. Enfin, en l'année 1835, le 19 du mois de mars, jour de la fête de saint Joseph, à 88 ans, cette grande servante des pauvres alla recevoir la couronne.

Elle n'eut pas l'honneur d'être inhumée dans la chapelle de l'Hôpital.., Elle ne put même pas espérer, avant de mourir, de dormir son dernier sommeil au milieu des pauvres qu'elle avait tant aimés, dans le cimetière de la maison, au pied de la croix...

Un décret du 31 mars 1823 avait interdit le cimetière de l'Hôpital, et les Sœurs, comme tout le personnel, devaient, dorénavant, être enterrées dans le cimetière commun.

En elle s'éteignait la dernière des Hospitalières proprement dites, bornant leur ambition et leur zèle aux quatre murs d'enceinte de l'Hôpital-Général ; et pour que la tradition fût bien renouée en sa personne avec les Hospitalières d'origine, on avait repris pour elle, cette appellation de *Dames* qui était le titre donné aux premières Supérieures. On l'appelait plus volontiers *Mme Bourgoing*, que *Sœur Elisabeth* qui était son nom de religion. Elle fut une des figures les plus caractérisées et les plus frappantes de ce libre Institut dont nous avons reconstitué la chaîne, un des types les plus complets et les plus parfaits que les Hospitalières aient produit, soit à Bourges, soit ailleurs.

Nous terminerons ici la première partie de notre œuvre. Le reste de l'histoire de l'Hôpital-Général et des Hospitalières appartient à la vie de la Révérende Mère Louise d'Héré, et ce serait faire double emploi que de l'écrire en ce volume.

Il ne nous reste plus qu'un souvenir douloureux à évoquer, et à montrer, dans un court appendice, comment les Sœurs de l'Hôpital furent récompensées, par la plus brutale expulsion, des deux cents ans de travail et de dévouement qu'elles avaient consacrés à la chère maison qui avait été leur berceau.

APPENDICE

EXPULSION DES SŒURS HOSPITALIÈRES DE L'HOPITAL-GÉNÉRAL. — ARRÊT DE LA COUR DES COMPTES DÉGAGEANT LEUR RESPONSABILITÉ.

I

La conclusion à tirer des pages qu'on vient de lire paraît bien simple et naturelle :

— Reconnaissance des services rendus...

— Protection accordée aux pieuses et saintes filles qui, pendant plus de deux cents ans, ont donné leurs soins aux pauvres et aux malades de Bourges...

— Désir efficace de voir prospérer le seul ordre religieux qui ait pris naissance dans les murs de la capitale du Berry...

C'est bien là, en effet, ce qu'on eût dû attendre. — Hélas ! c'est pourtant le contraire qu'il nous faut maintenant constater !

Nous voudrions pouvoir supprimer cette page douloureuse, la différer du moins, et attendre pour l'écrire que le temps ait fait son œuvre, ait corrigé le mal et cicatrisé les blessures. Mais la justice et la vérité réclament trop haut leurs droits, et il ne nous est pas permis de nous taire. Nous parlerons donc ; nous dirons ce qu'il est absolument nécessaire de dire pour compléter cette histoire de l'Hôpital-Général de Bourges et des Hospitalières qui l'ont si longtemps desservi; mais nous nous bornerons au strict nécessaire en ménageant la charité.

Le 21 janvier 1867, la Révérende Mère Louise d'Héré achevait par la mort d'une sainte sa généreuse vie d'Hospitalière, et son long supériorat de 42 ans, le plus long supériorat que nous ayons pu voir depuis la fondation de l'Hôpital-Général.

Dans sa vie tourmentée de toutes façons, elle avait porté mille croix. Elle avait dû lutter pour maintenir à son ordre sa vie propre et en empêcher la fusion avec un autre ordre similaire. — Elle avait dû lutter pour obtenir de l'étendre en dehors des murs de l'Hôpital. — Elle avait dû lutter pour obtenir de construire un noviciat séparé, augmenter le nombre de ses Sœurs, et ajouter le titre d'*Enseignantes* à leurs titres si chers d'*Hospitalières*, de *servantes des pauvres*. — Elle avait enfin réussi. — A quel prix, et en traversant quels obstacles ?... Dieu le sait, et ses filles reconnaissantes aussi !...

Sa consolation dans ses épreuves était son cher Hôpital, où l'ordre ancien régnait toujours, et dont l'Administration paternelle la secondait de tout son pouvoir, sans lui sacrifier ses droits.

Elle morte, la même Administration continua à sa remplaçante et aux Sœurs la bienveillance et les encouragements que leur zèle et leur dévouement méritaient.

Cela dura jusqu'en 1880.

A cette époque, l'ancienne Administration fut complètement renouvelée, ainsi que les employés de service... Receveur, économe, architecte, etc... Les Sœurs furent néanmoins conservées; mais elles ne ardèrent pas à s'apercevoir qu'elles devenaient une gêne pour les hommes nouveaux que nos désastres de 70 avaient porté à la tête de la municipalité ou plutôt qu'elles n'avaient jamais cessé de l'être, car dès le changement de régime, elles avaient dû reconnaître qu'on les considérait comme des témoins importuns de ce passé qu'on voulait faire disparaître à tout prix.

Les tracasseries de toutes sortes leur arrivent de tous les côtés; on leur enlève toute autorité dans cette maison où elles servaient et commandaient à la fois, on les surveille dans leurs offices comme si on se défiait d'elles, on les contrôle partout; l'emploi de sommes dont elles avaient toujours disposé sous toutes les Administrations précédentes, au vu et su de ces Administrations, est incriminé, attaqué comme illégal, et finalement dénoncé à la Cour des Comptes.

Soutenues dans ces circonstances difficiles de la sympathie et des conseils de l'autorité diocésaine qui ne pouvait leur donner que cela, elles supportaient le joug de fer qui leur était imposé, prêtes à souffrir plus encore pour ne pas se séparer de leur berceau religieux, et dans l'espoir que leur travail, leur abnégation, leur dévouement finiraient par ramener à elles ceux qui les abreuvaient d'ennuis et de tourments.

Mais la patience et la résignation ont-elles jamais prévalu contre le parti-pris et les préventions de certaines natures?...

On voulait l'Hôpital... On le voulait pour d'autres, et on ne voulait plus d'Elles... Avant d'être parties, dans la pensée des expulseurs, elles étaient déjà remplacées...

En 1884, un prétexte ridicule — une tasse de café servie sans ordre, après la messe, à M. l'Aumônier (1) — fut la goutte d'eau qui fit déborder le vase, la grande raison invoquée pour briser un contrat existant et des liens moraux que deux siècles de reconnaissance auraient dû irrévocablement serrer.

Sans demander d'explications, de sa seule autorité, le maire de Bourges (2), par une lettre où la politesse était à peine ménagée, annonçait aux Hospitalières que tout était fini entr'elles et l'Hôpital, et qu'elles n'avaient plus que deux mois pour quitter leur chère maison.

Que furent ces deux mois pour nos Sœurs ?... On le comprend bien mieux que je ne puis le dire.

L'autorité diocésaine, la première autorité dans l'Hôpital d'après les règlements de la fondation, ne fut pas même consultée par l'Administration civile. On lui notifia la décision prise, et on osa la mettre en présence de la laïcisation de l'Hôpital ou du changement des Sœurs.

Mgr Marchal, balancé entre la bonté et la justice pour ses filles en Dieu que l'on persécutait, et son

(1) Lettre du 8 octobre 1884, de M. Eugène Brisson, maire de Bourges, signifiant aux Sœurs leur renvoi.

(2) Dieu l'a rappelé à lui, depuis, pour rendre aussi ses comptes, et sa mort foudroyante est encore un mystère. — Nous pourrions signaler aussi la fin lamentable de presque tous ceux qui ont contribué à l'expulsion de nos Sœurs... Mais nous le répétons, nous ménageons la charité.

devoir d'Evêque qui lui ordonnait de veiller à ce que le mal ne s'introduisît pas dans les établissements hospitaliers dont il avait la garde, ne crut pas néanmoins devoir imposer aux Hospitalières le sacrifice que l'on attendait d'elles. En prenant part à leur douleur, en s'efforçant de l'adoucir par ses consolations et ses conseils, il leur permit d'attendre l'expulsion, et cependant, de peur d'un mal plus grand, il ne refusa pas un autre ordre religieux du diocèse la permission de les remplacer.

La lettre suivante, dont je ne cite que des extraits, montre bien les angoisses paternelles du vénérable Archevêque en cette occasion :

« Ma Révérende Mère,

« Le moment approche où je devrai donner le conseil qui m'a été demandé, au sujet de la réaction de l'Hôpital-Général. C'est un besoin pour mon cœur de ne rien dire avant de vous avoir exprimé la peine profonde que me cause la mesure qui vous exclut de la maison où votre Congrégation a pris naissance, où vos premières Mères vous ont appris, par leurs exemples, à vous dévouer pour les pauvres, par amour pour Notre-Seigneur Jésus-Christ, et où vous feront toujours r porter vos regards, vos meilleurs souvenirs et vos traditions les plus chères. Hélas ! ce qui vous arrive aujourd'hui pouvait être prévu, mais ces prévisions ne diminuent ni ma douleur, ni la vôtre, et elles n'ôtent rien à sa légitimité. C'est le cas de se soumettre à la volonté de Dieu, en le bénissant dans un sentiment de confiance en ses secrets desseins, car il sait tirer le bien du mal, même pour ceux qui l'aiment et qui le servent. N'est-ce pas une marque de sa bonté qu'à l'époque où l'on pouvait croire que vous n'en auriez jamais besoin, il vous ait fait préparer cette Maison-Mère qui est aujourd'hui votre refuge ?

« J'ai dû prier M. Blanchet (1), dont vous connaissez tant le dévouement à votre Institut, de vous exposer de ma part la situation réelle et de vous suggérer ce qu'il croirait le plus conforme à vos intérêts les plus vrais et les plus élevés. Ainsi que je m'y attendais, il vous a trouvée courageusement résignée, soumise à la volonté de Dieu, et résolue à faire tout ce qui dépendra de vous pour que ces sentiments soient ceux de toutes vos filles comme ils sont les vôtres. J'en remercie Dieu qui vous les a inspirés, et j'espère qu'il vous en récompensera par ses plus abondantes bénédictions. »

A cette lettre si bonne, la Révérende Mère Générale répondit :

Monseigneur et Révérendissime Père,

Je viens vous remercier, au nom de la Congrégation, de la lettre que Votre Grandeur a eu la bienveillance de nous adresser par l'intermédiaire de M. Blanchet, à l'occasion de notre expulsion de l'Hôpital-Général.

Dans les circonstances profondément doulou-

(1) Alors Vicaire-général de Bourges et Supérieur des Sœurs Hospitalières de Marie-Immaculée, depuis mort évêque de Gap.

reuses que nous traversons, Monseigneur, rien ne va plus droit à nos cœurs de religieuses, après le témoignage d'une bonne conscience et l'accomplissement de la volonté de Dieu, que la vive et sincère sympathie de notre Evêque.

Oui, Monseigneur, nous souffrons, et ces souffrances, que Votre Grandeur partage si largement, sont bien intimes et bien vives. Quoi de plus cruel que de se voir en butte aux plus affreuses calomnies. Votre grande âme le comprend.

Mais la grâce de Dieu, Monseigneur, attirée sur nous par les prières que nous ne cessons d'adresser au ciel, par le désir unique et vrai de la gloire de Dieu, et par votre bénédiction paternelle, nous soutiendra jusqu'au bout.

Nous savons apprécier la tâche difficile qui vous incombe à cette heure, et j'aime à vous le redire, Monseigneur, quoi qu'il arrive, vous nous trouverez toujours sincèrement résignées, soumises et respectueuses.

C'est dans ces sentiments, Monseigneur, que je me dis,

De Votre Grandeur,

la très humble fille,

Signé : Sr M.-Angèle.

Bourges, 26 novembre 1884.

Les choses en restèrent là jusqu'au jour du départ des Sœurs de l'Hôpital-Général.

Le 29 décembre, elles firent conduire à leur maison

de Fussy deux des Sœurs reposantes, qui avaient acquis le droit, par leurs services, de vivre et de mourir à l'Hôpital; l'une, âgée de 80 ans, était aveugle; l'autre gardait le lit depuis 7 ans.

Ce même jour, trois autres Mères reposantes, âgées l'une de 83, l'autre de 80, et l'autre de 77 ans, furent conduites à la Maison-Mère pour y trouver un asile et y recevoir les soins dont ne pouvait se passer leur vieillesse.

Ces cinq vénérables anciennes étaient à l'Hôpital depuis l'âge de 18 ans; c'étaient les Mères Sainte-Thérèse Rollet, Gabrielle Bonnet, Madeleine Cotasson, Claire Duperron et Sœur Bruno, converse.

Dans la soirée du 30 décembre, le sacrifice était consommé. La *Maison-Mère* de la place du Château s'ouvrait pour recevoir les exilées de l'Hôpital. C'est là qu'elles attendent et qu'elles prient, comptant, à défaut de la reconnaissance des hommes, sur la justice de Dieu.

Les Chenu, les Motin, les Dugué avaient fondé l'Hôpital. Voici les noms de leurs filles qui en furent chassées le 31 décembre 1884, après 227 ans de services rendus dans cette maison par leurs Mères vénérées :

Sr M. Laurence Lutinier,	*Supérieure.*
Sr M. Stanislas Passelaigue,	*à l'office des nourrices.*
Sr M. St-Denis Pauvoisin,	*à l'Infirmerie.*
Sr M. Ephrem Maillot,	*aux hommes.*
Sr M. Victorine Bouquin,	*aux filles.*
Sr M. Justin Cousteix,	*aux garçons.*
Sr M. Félicie Bonaventure,	*à la lingerie.*
Sr Ste-Luce Piarrat,	*à la cuisine.*
Sr M. Hyppolite Barré,	*aux femmes.*

II

COUR DES COMPTES

RÉPUBLIQUE FRANÇAISE

Au nom du peuple français, la Cour des Comptes a rendu l'arrêt suivant :

La Cour,

Vu l'arrêt du 16 mai 1883, qui a déclaré comptable de deniers appartenant aux Hospices de Bourges (Cher), la dame Marie Breuil, en religion Sœur Angèle, Supérieure des Sœurs qui desservent lesdits Hospices.

Vu les lois et règlements sur la matière, notamment les lois des 16 septembre 1807, 18 juillet 1837 et 7 août 1851, et l'ordonnance royale du 23 avril 1823, le décret du 31 mai 1862 et l'instruction générale du ministère des finances du 20 juin 1859.

Vu le compte présenté par la dame Breuil, le 16 octobre 1883, et les pièces produites au soutien dudit compte.

Vu la délibération de la Commission administrative des Hospices de Bourges, en date du 5 juin 1889, statuant conformément à la loi du 6 août 1851, article 9, et approuvant le compte présenté à la Cour :

Vu l'avis conforme du Conseil municipal de Bourges en date du 3 juillet 1889.

Vu l'arrêté du 18 octobre 1889 par lequel le Préfet du Cher a admis les dépenses comme ayant été faites dans l'intérêt des Hospices.

Vu les conclusions du Procureur général de la République ; Ouï, en leurs rapports et observations, MM. Petit, Conseiller Référendaire et Pichault de la Martinière, Conseiller maître, considérant qu'aux termes de l'article 25 du 31 mai 1862, le Juge des comptes peut, à défaut de justifications suffisantes et lorsqu'aucune infidélité n'est relevée à la charge du Comptable, suppléer par des considérations d'équité.

Considérant que la dame Breuil a porté aux chapitres 1 et 2 de son compte :

1° En recette, une somme mensuelle de 55 francs versée entre ses mains par le Receveur municipal pour être employée par elle à l'amélioration du régime alimentaire des enfants.

2° En dépense, l'emploi desdits versements mensuels ;

Que ces deniers, régulièrement sortis de la Caisse du Receveur des Hospices, figurent d'autre part en dépense dans les comptes de la gestion patente et que cette dépense a déjà été soumise au contrôle judiciaire.

Que, par conséquent, il n'y avait lieu d'inscrire de ce chef.

Aux chapitres 1 et 2 du compte de gestion irrégulière ;

En recette, une somme de 8,580 francs.

En dépense, pareille somme de 8,580 francs.

Ordonne ce qui suit :

La recette totale est admise pour la somme de vingt-deux mille cinq cent quarante-cinq francs trente-cinq centimes........... 22,545,35.

La dépense totale est allouée pour la somme de vingt-deux mille quatre cent quatre-vingt-six francs, quatre-vingt centimes..... 22,486,80.

L'excédent de recette est définitivement fixé à la somme de cinquante-huit francs, cinquante-cinq centimes dont il n'y a pas lieu d'ordonner le versement, attendu que suivant quittance à souche n° 146, jointe au compte, la dame Breuil a versé au Receveur des Hospices de Bourges, le 20 juillet 1880, comme solde de son compte, la somme de soixante-et-onze francs cinq centimes.. 71,05.

supérieure au reliquat ci-dessus fixé.

Mention est faite que la dame Breuil a remis au Receveur, à la même date et suivant même quittance à souche, sept titres de rente 5 0/0 au porteur montant ensemble à 130 francs dont le prix a été payé sur les deniers irrégulièrement perçus par les Sœurs de l'Hôpital-Général. En conséquence, la dame Breuil est déclarée définitivement quitte et déchargée de la gestion irrégulière dont elle a rendu compte le seize octobre mil huit cent quatre-vingt-trois.

Main levée est donnée et radiation sera faite de toutes oppositions ou inscriptions mises ou prises sur ses biens meubles et immeubles ou sur ceux de ses cautions ou ayants-cause pour sûreté de ladite gestion.

Fait et jugé en la Cour des Comptes, première Chambre.

Présents : MM. Dumez, président ; Grimprel,

Colmet, Daage, Ducrey, Pichault, de La Martinière, de Girardin et Delmas, conseillers maitres.

Le six juillet mil huit cent quatre-vingt onze.

Signé :

Albert Petit, Conseiller référendaire.

A. Dumez, Président, et Roy, Président de la Chambre des vacations, pour le premier Président.

En conséquence, le Président de la République française mande et ordonne à tous les huissiers sur ce requis, de mettre ledit arrêt à exécution et à tous commandants et officiers de la force publique de prêter main forte lorsqu'ils en seront légalement requis.

En foi de quoi, le présent arrêt a été signé par le premier Président de la Cour et par le Greffier en chef.

Pour le premier Président :
Le Président de la Chambre des Vacations,

Signé : Roy.

Pour le Greffier en chef :
Le Greffier de la Chambre des Vacations,

Signé : Ch. Louet.

TABLE

LIVRE Ier

Etude préliminaire sur l'hospitalité en général. Quelques mots sur les établissements hospitaliers de la ville de Bourges avant la fondation de l'Hôpital-Général.

LIVRE II

Fondation de l'Hôpital-Général de Bourges.

LIVRE III

Les Dames de l'Hôpital.

LIVRE IV

Les premières Mères formées à l'Hôpital.

LIVRE V

La Règle écrite.

LIVRE VI

L'Hôpital-Général pendant les années révolutionnaires.

LIVRE VII

Reintégration des Sœurs... La Réforme... Les Vœux.

APPENDICE

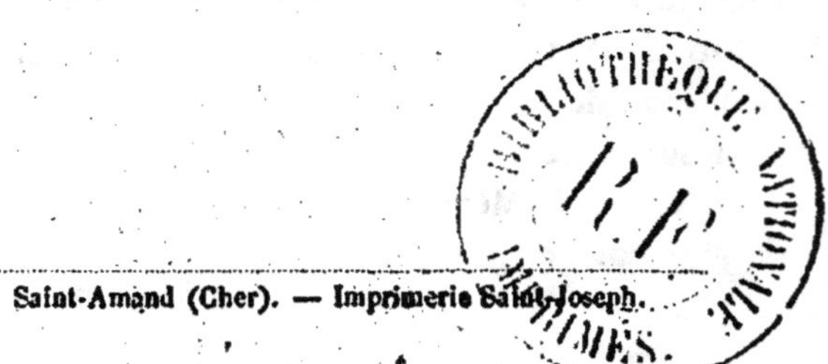

Saint-Amand (Cher). — Imprimerie Saint-Joseph.

OUVRAGES DU MÊME AUTEUR

Chez GATTIER, éditeur à Tours.

L'Invasion musulmane en Afrique et la Croisade noire. . . . . 1 vol gr. in-8°
Sitting-Bull. — Le héros du désert. . . . 1 vol. in-8°
Catastrophes contemporaines. . . . . . id.
Les premiers Mérovingiens . . . . id.
Les grandes chasses de Levaillant . . . id.
Loup de terre et Loup de mer . . . . . . id.
Drames pour la jeunesse. . . . . id.
Taïti, son présent, son passé et son avenir id.
Cri d'alarme, poésies (en collaboration avec V. H. et L. B.) . . . . id.

Chez DOUNIOL, Paris.

Le Livre du jour . . . . 1 vol. in-8°

Chez GAUTHIER, Paris.

Le château de l'Ours . . . . 1 vol. in-12

A L'IMPRIMERIE SAINT-JOSEPH, Saint-Amand (Cher).

Un des beaux faits de Lourdes. — Guérison de Madame Gordet. . . . . 1 vol. in-8°
Jacques-Cœur, drame en 5 actes . . . . . . 1 vol. in-12
Drames-mystères. — **Trilogie sacrée : Le Sacrifice d'Abraham. Joseph. La Passion de N.-S. J.-C.**
Orval et Montrond ou le dernier des Monfaucon, drame en trois actes.

POUR PARAITRE PROCHAINEMENT :

Vie de la R. Mère Louise d'Héré, Réformatrice des Hospitalières de Bourges, et Fondatrice des Sœurs de Marie-Immaculée.

www.ingramcontent.com/pod-product-compliance
Lightning Source LLC
Chambersburg PA
CBHW072005270326
41928CB00009B/1546
9782014503845